论国民经济动员能力

贺 琨 著

经济管理出版社

图书在版编目（CIP）数据

论国民经济动员能力/贺琨著 . —北京：经济管理出版社，2023.6
ISBN 978-7-5096-9079-6

Ⅰ.①论…　Ⅱ.①贺…　Ⅲ.①国民经济—经济学—研究　Ⅳ.①F014.1

中国国家版本馆 CIP 数据核字（2023）第 105620 号

组稿编辑：王光艳
责任编辑：王光艳
责任印制：黄章平
责任校对：徐业霞

出版发行：经济管理出版社
　　　　　（北京市海淀区北蜂窝 8 号中雅大厦 A 座 11 层　100038）
网　　址：www. E-mp. com. cn
电　　话：(010) 51915602
印　　刷：北京市海淀区唐家岭福利印刷厂
经　　销：新华书店
开　　本：720mm×1000mm/16
印　　张：20
字　　数：271 千字
版　　次：2023 年 6 月第 1 版　　2023 年 6 月第 1 次印刷
书　　号：ISBN 978-7-5096-9079-6
定　　价：88.00 元

近代中国历史深刻表明，无论是洋务运动的表浅层"革器"，还是戊戌变法、辛亥革命和新文化运动的精英层"革制"，都未能彻底地改变旧中国，只有在中国共产党领导下的新民主主义革命最终迎来了新中国，其根本原因就在于全民性的组织与最广泛的动员。这既符合马克思历史唯物主义的基本原理，也揭示出了动员能力的重大意义。在国民经济动员领域，经济动员能力是将经济动员潜力转化为经济实力的本领，并决定经济动员潜力这个"自在之物"所能转化和发挥作用的程度。但是，在充斥着"暴力制胜"与"物质崇拜"意识倾向的人类战争历史中，人们对经济动员潜力的重视远远高于经济动员能力。国家安全形势、经济发展模式等的最新变化，都要求重视和重构经济动员能力。为此，本书以新制度经济学和行为经济学的基本理论为基础，以博弈论为基本工具，从集体行动的角度重新解释经济动员的本质，并厘清经济动员能力生成的内在逻辑和实现途径，从而为拓展与深化对经济动员能力的理解提供新视角，为重构经济动员能力提供理论依据。

经济动员的直接作用对象是国民经济各行各业中从事经济活动的人，经济动员的服务对象经历了从"国王的战争"到"国家的战争"的发展变化，经济动员的产出则由私人产品、俱乐部产品演变为纯公共产品，因此，国民经济动员本质上是一种参与者范围不断扩大的集体行动，经济动员能力便是一种集体行动能力，经济动员能力生成的核心问题就是如何走出集体行动困境，否则将产生严重的经济效率问题。引发集体行动困境的原因复杂多样，在我国经济动员能力生成过程中，还需要特别考虑社会制度、经济条件、人口等影响集体行动成败的主客观因素。经济动员集体行动符合"有条件合作"的基本假设，本书从经济动员的国家属性出发，建立了经济动员能力生成的"领导者—追随者"理论分析框架，其中"领导者"即担负组织职能的国家政府，"追随者"即广大民众。那么，基于该分析框架，要有效生成经济动员能力，需要解决以下两个问题：

一是处理好"领导者"与"追随者"之间的共容利益问题，实现对"领导者"的可置信约束。经济动员历史充分表明，共容利益是释放经济动员能力的基本前提，但当前市场逻辑的逐渐渗透、科学技术在经济动员中所处地位的上升、经济动员功能的不断拓展，分别从不同层面对传统形式的共容利益提出了新的挑战。根据市场经济条件下利益诉求的机制和原理，完善产权制度是应对这些挑战的根本措施。

二是进行适当的制度安排，实现对"追随者"的有效激励和约束，如强制措施、选择性激励和基于"小集团理论"的行业动员制度。其中，强制措施是由经济动员本质属性所决定的宏观制度能力，能够发挥"领导者"的比较优势，并在宏观层面实现对"追随者"无差别的激励和约束。选择性激励是基于市场经济条件下"追随者"异质性的微观制度能力，符合激励相容原理，可以实现对"追随者"赏罚分明的激励和约束。从行业层面实施动员则能避免大集团集体行动的困境，从中观层面增强经济动员能力的可实现性。博弈论模型分析结果表明，只有共容利益与适当的制度安排搭配使用，才能更好地破除经济动员集体行动的困境。

中国共产党领导的经济动员实践及其相关经验表明，当时历史条件下的共容利益和相应的制度安排产生了强大的经济动员能力。同时，中国共产党这个坚强的"领导者"所发挥的特殊作用，充分验证了"领导者—追随者"模型的适用性。由此，适应新的历史条件，优化和升级我国经济动员能力生成模式，既需要夯实"领导者"的治理根基，以更好地发挥信念管理和科层治理的效能；也需要推动经济动员一体化发展，以深化"领导者"与"追随者"的共容利益；还需要发挥信息技术的战略支撑作用，以提升制度安排的实施效率。

总的来说，本书从集体行动的角度构建了经济动员能力的"领导者—追随者"理论分析框架，核心创新点体现在：首次从集体行动理论视角分析了国民经济动员的本质与困境，开辟了经济动员能力理论研究的新空间，为研究和解决经济动员能力生成问题提供了新的理论基础和思路；首次通过"领导者—追随者"博弈分析框架，对中国共产党领导的经济动员的历史经验进行了新的解释，论证了具有坚强领导核心的"领导者"在经济动员能力生成中的关键作用，说明了中国共产党这个"领导者"是破除大集团集体行动困境的关键变量，实现了对奥尔森经典集体行动理论的突破和发展。

本书在内容安排上，第一章、第二章分别是提出问题、分析问题；第三章到第五章共同构成了全书的核心理论体系，并采用总分的结构进行分析；第六章为案例实证环节，即对全书的理论体系进行检验；第七章为对策环节；第八章对全书进行总结和展望。

贺琨

2023 年 1 月 12 日于上海

目　录

第一章　导论 ……………………………………………………… 1

第一节　问题的提出 …………………………………………… 2

第二节　研究背景 ……………………………………………… 3

一、"大安全"与"大动员"呼唤基于能力的动员模式 …… 3

二、国民经济发展进入新时代彰显经济动员能力的地位 …… 5

第三节　国内外相关研究述评 ………………………………… 8

一、关于经济动员能力的研究 ……………………………… 8

二、关于集体行动的研究 …………………………………… 21

三、述评 ……………………………………………………… 37

第四节　研究意义 ……………………………………………… 41

一、实践意义 ………………………………………………… 41

二、理论意义 ………………………………………………… 43

第五节　基本内容 ……………………………………………… 45

一、研究方法 ………………………………………………… 46

二、技术路线 ………………………………………………… 48

三、内容概要 ………………………………………………… 49

第六节　创新与不足 …………………………………………… 51

一、主要创新点 ……………………………………………… 52

二、存在的不足 ……………………………………………… 53

第二章 集体行动：理解国民经济动员本质的新视角 …… 55

第一节 无处不在的集体行动 ………………………… 56

一、二分法：从个体行动到集体行动 …………… 56

二、丰富多彩的集体行动实践 …………………… 60

三、集体行动的困境 ……………………………… 65

第二节 国民经济动员的集体行动本质 …………… 74

一、关于国民经济动员的各种争论 ……………… 74

二、国民经济动员演变过程中的集体行动特征 ………… 79

第三节 我国特定环境下的国民经济动员集体行动 ……… 87

一、特殊的政治制度：集中力量办大事的体制优势 ……… 87

二、特定的经济条件：社会主义市场经济基础 …… 89

三、特别的人口因素：基于人民战争的集体行动

规模结构 ……………………………………… 93

第四节 本章小结 ………………………………… 96

第三章 "领导者—追随者"：经济动员能力生成的分析框架 …… 98

第一节 "领导者—追随者"分析框架的构建 …… 99

一、"领导者—追随者"模式取决于国民经济动员的

主客体属性 ………………………………… 100

二、"领导者—追随者"分析框架适用于经济动员主客体间的

有条件合作机制 …………………………… 102

三、"领导者—追随者"分析框架下的经济动员能力 …… 105

第二节 "领导者—追随者"分析框架的分析工具 …… 109

一、基本假设 ……………………………………… 109

二、"领导者—追随者"序贯博弈模型 ………… 113

第三节 "领导者—追随者"模式运行的困境及其影响 …… 116

一、经济动员能力生成的困境 …………………… 116

二、造成困境的原因分析 ………………………… 120

三、困境的直接后果：效率损失 ·················· 122

第四节 本章小结 ·································· 130

第四章 共容利益：约束"领导者"的可信承诺机制 ············· 131

第一节 指引集体行动的"另一只看不见的手" ·········· 132

一、共同利益的细分：狭隘利益和共容利益 ·········· 133

二、共容利益支撑经济动员集体行动的基本逻辑 ········ 137

三、经济动员共容利益的比较分析 ················ 142

第二节 我国国民经济动员共容利益的现实挑战剖析 ······ 148

一、市场逻辑对共容利益的挑战 ················ 148

二、经济动员科技密集化对共容利益的挑战 ········· 152

三、国民经济动员功能拓展对共容利益的挑战 ········ 156

第三节 基于产权的现代经济动员共容利益治理 ·········· 162

一、现代经济动员共容利益的产权基础 ············ 162

二、我国国民经济动员的产权现状与问题 ·········· 165

三、共容利益的产权治理之道 ················· 169

第四节 本章小结 ·································· 172

第五章 制度安排：将"追随者"组织起来的现实手段 ·········· 174

第一节 宏观制度能力：强制 ····················· 175

一、经济动员的强制逻辑 ····················· 175

二、经济动员的强制形式 ····················· 180

三、经济动员能力生成的强制模拟 ··············· 185

第二节 微观制度能力：选择性激励 ················· 195

一、选择性激励是动员实践的必然选择 ············ 196

二、选择性激励的基本内涵与逻辑 ··············· 198

三、经济动员能力生成的选择性激励模拟 ·········· 204

第三节　中观制度能力：行业动员 ···················· 209

一、基于小集团理论的行业动员逻辑 ············· 210

二、依托行业协会的行业动员能力 ··············· 214

三、行业动员能力生成的现实经验 ··············· 216

第四节　本章小结 ································· 219

第六章　历史解释：中国共产党领导的经济动员能力生成实践 ······· 221

第一节　经济动员能力生成实践的历史事实 ············· 222

一、1927—1949 年的根据地时期：经济动员能力
生成的 1.0 版本 ······························ 223

二、1949—1978 年的中华人民共和国成立后"前三十年"：
经济动员能力生成的 2.0 版本 ·················· 228

三、1978 年至今的改革开放后的新时期：经济动员能力
生成的 3.0 版本 ······························ 231

第二节　经济动员能力生成的经验分析 ··············· 235

一、经验一：拥有先天的共容利益基因 ··········· 235

二、经验二：开展了党坚强领导下的二阶集体行动 ······· 238

三、经验三：实施了有效的制度安排 ············· 241

第三节　经济动员能力生成实践存在的问题与挑战 ········· 245

一、盲目性与低效性并存的突出问题 ············· 245

二、外在要求与内生模式的双重挑战 ············· 247

第四节　本章小结 ································· 249

第七章　路径分析：打造新时代经济动员能力生成的 4.0 版本 ······ 250

第一节　根基：筑牢"领导者"的治理基础 ············· 250

一、加强"领导者"的自身建设 ················· 250

二、提升"领导者"的办事能力 ················· 254

第二节　战略：深化国民经济动员一体化发展 ……………… 259

　　一、溢出效应：一体化的共容利益机制 …………………… 259

　　二、推动国民经济动员一体化发展的措施 ………………… 263

第三节　工具：发挥信息技术的战略支撑作用 ………………… 266

　　一、经济动员能力生成的信息原理 ………………………… 266

　　二、经济动员能力生成的信息举措 ………………………… 269

第四节　本章小结 ……………………………………………… 271

第八章　结论与展望 …………………………………………… 272

第一节　结论 …………………………………………………… 272

　　一、经济动员能力是一种集体行动能力 ………………… 272

　　二、经济动员能力生成始于共容利益 …………………… 273

　　三、经济动员能力生成成于制度安排 …………………… 273

　　四、"领导者"是决定经济动员能力生成的关键变量 ……… 274

第二节　展望 …………………………………………………… 274

　　一、理论研究 ……………………………………………… 274

　　二、实践进展 ……………………………………………… 276

参考文献 ………………………………………………………… 277

后记 ……………………………………………………………… 304

第一章

导　论

常常有这种情形，资源多，但是使用得极不得当，优势等于零。很显然，除了资源以外，还必须有善于动员这些资源的能力和正确使用这些资源的本领……战争历史教导说，只有那些在经济的发展和组织方面，在本国军队的经验、技能和士气方面，在整个战争期间人民的坚定和团结一致方面，都胜过敌人的国家，才能经受得住这种考验。①

——《斯大林军事文集》

动员了全国的老百姓，就造成了陷敌于灭顶之灾的汪洋大海，造成了弥补武器等等缺陷的补救条件，造成了克服一切战争困难的前提。②

——《毛泽东军事文集（第二卷）》

日本人敢于欺负我们，主要的原因在于中国民众的无组织状态。③

——《毛泽东选集（第二卷）》

---

① 中国人民解放军军事科学院．斯大林军事文集［M］．北京：战士出版社，1981：321-325.

② 毛泽东．毛泽东军事文集：第二卷［M］．北京：军事科学出版社，1993：308-309.

③ 毛泽东．毛泽东选集：第二卷［M］．北京：人民出版社，2009：511.

▌▌ 第一节　问题的提出

　　国民经济动员能力（以下简称经济动员能力）深深根植于国家能力之中，是一个与国民经济动员潜力紧密相关的概念，是指将经济动员潜力转化为国防经济实力的能力和本领。实现经济动员能力的有效生成，既是一个事关国民经济动员效能的实践难题，也是一个具有挑战性的重大理论课题。当前，经济动员能力生成面临的现实困难及其理论研究的相对滞后，迫切要求对该问题进行深入的机理分析与基础研究。

　　首先，就世界历史经验而言，经济动员能力在各国战争及安全实践中都发挥了极其重要的作用。但是人类社会战争活动所表现出的"暴力制胜"和"物质崇拜"倾向，使经济动员能力与经济动员潜力相比，无论是在工作实践中还是在理论研究上，前者都远远落后于后者。其次，就我国具体实践而言，在中国共产党领导下形成的经济动员能力在革命战争年代及中华人民共和国成立后的很长一段时间里，都为应战、应急等国家安全目标的实现做出了重要贡献。然而，当前国家安全形势、经济发展模式及社会发展环境的深刻变化，新科技革命、产业革命和新军事革命的迅猛发展，均对我国国民经济动员能力的生成提出了更高的要求和新的严峻挑战，并衍生出了一系列亟待解决的矛盾和困难。例如，在社会主义市场经济条件下，纯计划手段难以单独有效地发挥动员组织效能，如何构建激励有效的经济动员能力体系；如何克服经济动员潜力数据采集不准确、统计不完整等制约经济动员能力生成的难题；如何将经济社会中的科技型力量、知识型要素有效组织和动员起来；等等。

　　针对上述实践难题，经济动员能力的现有研究成果尚不能提供有力的理论支撑。一方面，长期以来经济动员能力的相关研究在学术界是一个大冷门，研究队伍与研究力量比较薄弱，研究成果的数量有限。另一方面，在研究方法上受特定的历史条件和所处的发展阶段的制约，已有成果主要以定性描述和概念介绍为主，模型化的研究还比较欠缺；在研究内容上，经济动员能力的基础理论尚未建立，关于经济动员能力的本质需进一步探讨；在研究动态上，难以适应市场经济条件下经济动员能力生成的内在规律。为此，本书着眼于经济动员的直接客体为从事经济活动的人、经济动员过程不能"只见物不见人"这个基本特征，结合经济动员主体的国家属性和产出的公共产品属性，指出经济动员本质上是一种集体行动，并通过集体行动的逻辑重新审视经济动员能力生成的内在机理和困境，以补足现有理论研究的短板，为破解经济动员能力生成的实践难题提供理论依据，为揭示我国社会主义制度的优势提供新视角。

▌▌▌第二节　研究背景

经济动员能力伴随着战争动员的产生而出现，是人类历史发展到一定阶段的产物，运行于特定的政治、经济、文化、社会发展与国家安全等宏观环境中。当前，围绕新形势、新挑战下的"大动员"观念与实践，应对经济新常态的供给侧结构性改革，共同引导和约束着新时期经济动员能力的生成，这是研究经济动员能力不可回避的现实背景。

一、"大安全"与"大动员"呼唤基于能力的动员模式

经济全球化、社会信息化、战争高技术化与安全威胁多样化的相互交织，使安全的内涵与外延均发生了深刻变化，"大安全"观念应运而生，并衍生出了"大动员"理念，即要求经济动员由传统的单纯服务于战争向服务于国家总体安全拓展，这种拓展必然要求经济动员由

基于实力的模式向基于能力的模式转变。

1. 呼吁"大动员"的"大安全"时代

20世纪末，随着两大阵营间冷战的结束和国际安全形势新变化的出现，战争不再是威胁国家安全的主要因素，尤其是海湾战争等高技术战争和"9·11"事件发生以来，世界各国面临的安全威胁日趋呈现"全维"性，非传统安全领域的威胁日益凸显。例如，信息安全、金融安全、资源安全、生态环境安全、恐怖主义、武器扩散、疾病蔓延、跨国犯罪、走私贩毒、非法移民、海盗和洗钱等方面的威胁错综复杂。仅以恐怖主义威胁为例，欧洲刑警组织发布的《欧盟恐怖主义现状和趋势报告》相关统计数据，2010—2014年，发生在欧盟的恐怖袭击事件就有995起，其中发生在法国的高达408起。2019年10月21日，上海合作组织秘书长弗拉基米尔·诺罗夫在第九届北京香山论坛开幕式上的致辞提供的数据显示，2014年全球恐怖袭击的受害者超过3.2万人，2017年全球发生了8584起恐怖袭击事件，2018年则超过1.5万起，几乎是成倍增长。频发的恐怖袭击事件不仅给事发地造成灾难，也对全人类的生存和安全构成了极大的威胁。与此同时，传统安全方面面临的严峻挑战也一直存在，局部战争、军备竞赛和领土争端等构成的安全威胁并未削减。

就我国面临的安全形势而言，生存安全与发展安全相互交织、国内安全与国际安全相互交织、现实安全与潜在安全相互交织、传统安全与非传统安全相互交织。

2. "大动员"需要基于能力重构经济动员模式

面对国内外多样化的安全威胁及国家利益迅速拓展带来的挑战，2014年4月15日，习近平总书记在主持召开中央国家安全委员会第一次会议时提出，必须坚持总体国家安全观①，走出一条中国特色国家安全道路。从国家防务的角度来讲，就是要树立"大国防"理念。那么，为了将"大国防"理念落到实处，必然要求有相应的动员体制机制为其提供条件和保障，即"大动员"观，因而需要构建服务于国家总体安全的动员体制机制和动员能力。

国防经济理论界有学者认为，"大动员"观是在国防动员及国民经济动员实践中形成的，本质上是对国防动员原有内涵的深化和扩展，从服务对象来说，就是由单纯服务于战争向服务于国家总体安全转变。此外，还有部分学者认为，高技术条件下的"大动员"需要完全改变传统的思维方式，由基于实力和储备的经济动员模式向基于能力的经济动员模式转变，具体实现则可以采取"柔性"动员和"敏捷"动员等方式。显然，在新的历史条件下，只有构建基于能力的经济动员体系，才能实现对各类安全需求的灵活保障，同时在保障过程中有效避免重复建设等造成的经济损失。而这种基于能力的动员模式蕴含经济动员能力的要素，由此可见，"大动员"时代就是重构经济动员能力的时代。

二、国民经济发展进入新时代彰显经济动员能力的地位

经济动员能力根植于经济社会发展水平，当经济社会发展趋于下行并导致经济动员潜力下降时，势必会对经济动员能力造成较大压力。况且，由于经济动员能力的作用对象是经济动员潜力，当后者供给不足时，前者发挥的作用将受到一定的约束。当前，我国经济进入新常态，已由高速增长阶段转向高质量发展阶段，经济增速放缓，为了保证额定的经济动员效果，经济动员能力的地位将更加重要。

---

① 总体国家安全观是集政治安全、国土安全、军事安全、经济安全、文化安全、社会安全、科技安全、网络安全、生态安全、资源安全、核安全等于一体的安全体系。

1. 国民经济动员供需矛盾更加突出

恩格斯曾深刻地指出:"暴力的胜利是以武器的生产为基础的,而武器的生产又是以整个生产为基础的,因而是以经济力量,以经济情况,以暴力所拥有的物质资料为基础的。"① 恩格斯所指的"经济情况",即社会经济发展水平,就是国民经济动员作用的对象,也是决定经济动员能力能否发挥作用的基本前提。由人类战争演化的历史经验可知,在信息化条件下,国防和军队现代化建设及国家安全对经济资源的需求,与国民经济供给之间的矛盾正日益加剧。

一方面,相比过去,现代高技术战争的消耗和军队建设维持费用呈指数级增长,对经济社会物质支撑能力的要求越来越高。

另一方面,我国经济发展进入新常态,在高质量发展的同时,经济增速不断放缓,正由高速增长转向中高速增长,这使统筹经济建设与国防建设面临更为严格的资源约束。国家统计局公开数据显示,2003—2007 年我国经济年均增长率为 11.6%,2008—2011 为 9.6%,2012—2013 年为 7.7%,2014 年为 7.4%,2015 年为 6.9%,2016 年为 6.7%,2017 年为 6.9%,2018 年为 6.6%,2019 年为 6.1%。显然,"速度新、结构新、方式新、状况新"的新常态已成为客观现实,在短期内不可能恢复到高速增长状态。

2. 破解矛盾迫切需要强化经济动员能力

针对经济发展新常态,学术界和实际工作部门一致认为,当前解决中国经济发展问题最根本的办法,只能是通过供给侧结构性改革建立起促进经济增长方式转型的体制机制。理解供给侧结构性改革的内在逻辑涉及以下四个方面:一是从经济发展的本质来看,经济增长是被创造和生产出来的,即由供给决定的;"三驾马车"不是创造财富的

---

① 中国人民解放军军事科学院. 马克思恩格斯军事文集:第一卷 [M]. 北京:战士出版社,1981:12.

根源，只是财富创造的结果和表现形式。二是从新制度经济学的角度来看，供给侧结构性改革的核心思想是通过降低制度性交易成本来激发市场活力，从而促进经济增长。三是从长期与短期的关系来看，投资、消费等需求侧办法在解决短期问题上比较有效，能使实际经济增长率接近潜在经济增长率，但在长期问题上往往无效；相反，供给侧办法则可以从根本上提高潜在经济增长率，使经济增长具有长期的内生动力。四是从宏观生产函数的角度来看，令 $Y = A \cdot F(N, K)$，其中，Y 表示产出，A 表示技术水平，F 表示生产组织方式，N 表示投入的劳动量，K 表示投入的资本量。供给侧结构性改革的关键是针对 A 和 F，实现从传统的靠劳动（N）和资本（K）的"外延式增长"，向提高技术水平（A）和优化生产组织方式（F）的"内涵式发展"转变。

显然，供给侧结构性改革通过解决长期经济发展问题来缓解国民经济动员的供需矛盾，但在短期内，供给侧结构性改革无法代替经济动员能力，难以保证额定的经济动员效果。经济动员效果产生的过程如图 1-1 所示。

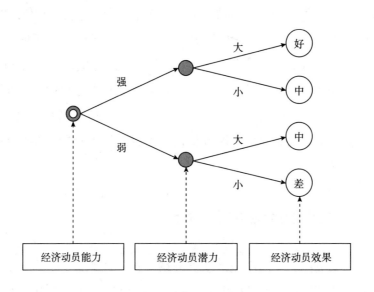

图 1-1 经济动员效果产生的过程

由图 1-1 可见，当强弱不同的经济动员能力作用在大小不同的经济动员潜力上时，会产生四种组合，并表现为好、中、差三种经济动员效果。因此，为了最优化经济动员效果，既需要通过物质资源、科学技术、生产能力、劳动力资源和经济管理能力等增大经济动员潜力，也需要强化动员组织机构、法规制度等多种因素来增强经济动员能力。但是，在实施经济动员时，经济动员潜力往往比较稳定，在短期内不可能突变，只有提高经济动员能力，才能使经济动员效果实现较大突破。那么，为了在短期内保证经济动员效果，经济动员能力的有效生成将变得异常重要，并成为解决经济新常态下经济动员内在矛盾的关键性举措。

▌▌▌ 第三节 国内外相关研究述评

本书从集体行动的角度探究经济动员能力的本质、困境及生成之道。目前，学术界对该问题的研究基本还处于空白状态，例如，文献检索发现，只有周利敏（2012）在研究灾害情境问题时涉及了集体行动。因此，为了全面、系统地把握研究主题的理论基础及可能遇到的困难，本书分别从经济动员能力与集体行动两个方面梳理国内外已有的研究成果，并分析两个方面研究的内在联系、最新进展及存在的不足，从而为从集体行动视角研究经济动员能力生成问题提供理论支撑。

一、关于经济动员能力的研究

经济动员能力是国民经济动员领域的核心概念之一，为此，要系统梳理经济动员能力相关研究，有必要从国民经济动员说起。历史上，经济动员活动随着战争的出现而形成，并逐步演化为现代意义上的国民经济动员，但对其进行系统、科学的理论研究则是近百年来才开始的。例如，就世界范围来看，1921年，"经济动员"首次被论述于英国福利经济学家庇古的名著《战争经济学》中，并引起了业内学者的关注。此后，在1935年出版的《总体战》中，德国军事家埃里希·冯·鲁登道夫也对其进行了相关研究。在中国，韩亮仙于1939年出版的《中国经济动员论》和董问樵于1940年出版的《国防经济论》，是中国学者对国民经济动员理论的最早探索。近百年来，国内外专家学者研究国民经济动员的角度虽然各异，但理解基本趋于一致。在定义上，对国民经济动员存在多种表述，如程序论、活动论、措施论、过程论、需求保障论和资源配置论等。为方便研究，本书采用活动论。在从事国民经济动员理论研究的主体中，美国国防大学动员理论研究所和英国伦敦国际战略研究所是国际上具有代表性的单位。在中国，从事相关理论研究的单位主要有（前）军事经济学院、北京理工大学、华中科技大学、国家发展改革委国防动员研究发展中心、（前）南京陆军指挥学院、国防大学、国防科技大学、南京航空航天大学、（前）各省军区机关及各省市国民经济动员办公室等。对此，王灵恩（2014）通过文献检索法梳理了国民经济动员领域的研究成果，检索到1988年至2013年9月国内共发表相关论文798篇，其中，公开发表556篇，非公开发表242篇。根据研究内容的侧重点不同，王灵恩将这798篇文献划分为八个类别，并以时间轴划分为1988—1993年的萌芽期、1994—2000年的起步期和2001年至2013年9月的迅速发展期三个阶段。文献的分布情况如表1-1所示。

在文献研究的基础上，笔者通过中国知网检索到2014年1月至2020年1月公开发表的研究成果（包括学位论文、期刊论文、会议论文和报纸等）共计100篇，其中涉及经济动员能力的仅有11篇（占比为11%）。总体来看，国内研究经济动员能力的文献还不到100篇，约占国民经济动员领域文献总数的10%，尤其是与国防经济领域的其他方向相比，该领域研究成果的数量还远远不够。为全面呈现国内外关

表 1-1　1988 年至 2013 年 9 月发表的国民经济动员文献统计情况

研究主题类别	1988—1993 年（篇）	1994—2000 年（篇）	2001 年至2013 年 9 月（篇）	合计（篇）	占比（%）
经济动员问题及对策	—	1	156	157	19.67
动员模式和体制机制	—	10	126	136	17.04
新时期特征和发展趋势	1	13	104	118	14.79
经济动员理论体系	1	3	112	116	14.54
动员功能拓展与军民融合	—	1	100	101	12.66
经济动员潜力与经济动员能力	—	4	81	85	10.65
经济动员预案及仿真模拟	—	—	38	38	4.76
其他主题	—	3	44	47	5.89

资料来源：王灵恩．基于文献分析的中国国民经济动员研究［J］．北京理工大学学报（社会科学版），2014，16（6）：89-94。

于经济动员能力的研究现状，本书从经济动员能力的本质与地位、经济动员能力与经济动员潜力的相互关系、不同视角下的经济动员能力的生成三个方面展开。

1. 经济动员能力的本质与地位

（1）理解经济动员能力本质的历史过程。在建立现代国民经济动员理论体系的过程中，人们对经济动员能力的认识是逐步深化的。早期，理论界对经济动员能力的界定并不明确，往往将其与经济动员潜力或经济动员基础混为一谈。例如，在施莱辛格、波札罗夫和克莱姆等著名学者的经济动员理论中，虽然对与经济动员能力有关的组织协调、经济体制、管理体制及动员意愿等因素进行了描述，但没有明确地将经济动员能力从经济动员潜力和经济动员基础中分离出来。如在朝鲜战争期间，美国国防动员局首次提出了"动员基础"的概念，但这一概念将属于经济动员能力的组织因素也包含在内。在借鉴国外学者研究成果的基础上，国内学者对经济动员能力的认识和定义逐渐清晰。著名学者吴景亭在 1987 年出版的《战争动员》中，首次将战争动员能力定义为战争动员的组织力和本领，指出动员能力由信息获知、传递和判断能力，决策和应变能力，组织计划和动员准备能力等十种能力综合而成，认为可以通过五条途径来提高战争动员能力，并首次对动员能力和动员潜力做了明确的区分，着重强调了动员潜力的客体性以及动员能力的主观条件特性。可以说，《战争动员》在国内开启了研究战争动员能力的先河，并为在国民经济动员领域研究经济动员能力提供了很好的启示。在此基础上，朱庆林（1997）指出，"战争经济动员能力，是指国家将战争经济潜力转变为战争经济实力的本领、组织力，是实施战争经济动员唯一的能动因素"。该能力在内容上可细化为四种子能力，即经济信息获取、传递和判断能力，经济动员规划计划和组织能力，经济动员控制和协调能力，经济动员决策应变能力。由此，战争经济动员能力便是涉及经济动员组织系统、经济动员规划计划系统、经济动员法规系统和经济动员工作程序的复杂体系和宏伟"大厦"。2001 年出版的《国防经济大辞典》将经济动员能力定义为"国家将经济潜力转化为国防经济实力的能力"。在 2003 年出版的《中国战争动员百科全书》中，经济动员能力被定义为"国家为进行战争而组织调动经济力量的能力"，并被视为国家动员能力的重要组成部分。2005 年出版的《中国国民经济动员学研究》进一步明确，经济动员能力的概念有狭义和广义之分。狭义的经济动员能力是指"将国民经济动员潜力转变为国民经济动员实力的本领、组织力"，强调经济动员能力的创造性和能动性；广义的经济动员能力是指动员主体对客体作用的结果，是动员起来的各种力量的总和。但在学术研究中，多采用狭义的概念。同时，经济动员能力由软要素和硬要素两部分构成。其中，软要素即前文阐述的四种子能力；硬要素是指平战转换的物质技术条件，包括经济力向战斗力转换的生产性条件与非生产性条件，这也是软要素赖以发挥作用的物质条件。在后续理论研究的过程中，有学者采用狭义的概念，如刘永强和张复平（2006）将经济动员能力定义为对经济动员潜力的积蓄、转化进行计划、控制和协调的能力；也有学者采用广义的概念，如张涛和刘冬（2015）认为，经济动员能力是一种综合能力，是动员主体通过动员手段作用于动员客体的运作结果。本书为了深化和细化对经济动员能力问题的研究，尽量将经济动员能力与经济动员潜力区分开，故采用狭义的概念。

（2）认识经济动员能力地位的历史过程。在早期的理论研究中，学者虽然没有系统地指出经济动员能力在动员工作中的地位和作用，但曾试图建立经济动员能力构成要素与经济动员效果之间的联系。例如，20世纪20年代初期，美国某研究机构完成了一项关于经济动员的课题，其中一个重要的结论是，深思熟虑的组织协调能够有效提高战时经济运行的绩效。20世纪40年代初，我国国防经济学者董问樵主张，通过制订具有一定弹性的经济动员计划，有效提高经济动员的灵活性，以应对变幻莫测的安全形势。而且，"经济动员计划须贯彻由合而分及由分而合的两种过程"。施莱辛格（Schlesinger，1960）认为，不能机械地在经济能力和国家实力之间画等号，因为一个国家的经济能力能否被动员起来服务于战争，还受到三个因素的制约，分别是国民经济生产的结构组成、国民将经济潜力转化为战争实力的主观意愿、促成战时转化的权威性协调机关和组织。很明显，后两者是构成经济动员能力的要素。此外，施莱辛格指出，要使国家的经济动员潜力快速、有效地转化为军事实力，还需要重点关注经济战略和军备体制问题。为此，他提出了"宽度军备"和"深度军备"的概念，并分析了二者对经济动员工作的不同影响。苏联学者波札罗夫（1985）

通过分析国民经济实力、军事经济潜力及军事实力三者之间的内在联系，间接说明了经济动员能力构成要素的作用。他认为，经济体制在国民经济实力转化为军事经济潜力的过程中具有非常重要的作用。因此，在处理国民经济实力、军事经济潜力与军事实力之间的关系时，需要解决好"相适应"或"相符合"的问题。例如，在平常建设时国民经济实力要使经济发展具有一定的方向，在改革经济体制时则要考虑战时需要，这样有助于增强军事经济潜力和军事实力。克莱姆（Clem，1983）批判了"核时代经济动员准备无用论"，并结合两次世界大战、朝鲜战争、越南战争及和平时期经济动员工作的历史经验，分析了美国经济动员在管理机构、运行机制等方面的问题。他认为，经济潜力不等于战争或军事竞争中的胜利，因为潜力与实力之间还有很大的差距，经济实力也不会自发地转化为战争实力。历史经验表明，为了处理好这些矛盾，需要解决几个方面的问题，如协调好军事战略与经济战略之间的关系、增强以民众支持为基础的动员转化意愿、构建军民联合实施的动员计划、健全以法律为基础的权力机关及动员体制等。

在前人研究的基础上，后续学者直接对动员能力的作用进行了理论分析。例如，吴景亭（1987）认为，动员能力是进行战争动员的主观条件，是决定战争动员能否最终实现的一个关键维度。朱庆林和李学武（2012）认为，"强有力的国民经济动员能力，是实施高效率国民经济动员的可靠保证"，并对经济动员能力与经济动员效果的关系进行了模型化分析。任民（2005）则进一步拓展了研究边界，提出"加强经济动员能力建设，也是加强党的执政能力建设的一个重要方面"。

2. 经济动员能力与经济动员潜力的相互关系

经济动员能力作用的发挥建立在经济动员潜力这个客观基础上，因而，研究经济动员能力必然少不了对二者相互关系的分析。在王灵恩梳理的国民经济动员文献数据中，以"经济动员潜力与经济动员能力"为主题的文献共85篇，该主题又可分为三个方向：经济动员能力研究、经济动员潜力研究、经济动员能力与经济动员潜力相互关系研究。其中，研究经济动员潜力的文献最多，其他两个方向的成果较少，且经济动员能力涉及的内容主要属于制度范畴，因而主观性、灵活性较强，对其进行量化研究的难度较大。相对而言，经济动员潜力涉及的内容是客观经济基础，便于量化处理、计算和分析；同时，对经济动员潜力的重视和关注，也比较符合人类社会战争中所表现出的"物质崇拜"和"暴力制胜"倾向。例如，朱庆林（2002）分别从梯次配置与重点建设、前沿配置与均衡建设、优势配置与选择建设三个方面，论述了如何在21世纪建设我国国民经济动员潜力的问题，为推动建设我国未来的经济动员潜力研究提供了理论参考。董平（2005）以敏捷动员模式为背景，基于管理学思想建立了经济动员潜力构成的逻辑模型，构建了经济动员体系的基本框架，并提出了动员潜力评价的内容和方法。王建军和孔昭君（2009）从国民经济体系入手，对经济动员潜力的基本理论进行了探索性研究。孔昭君和王成敏（2010）从供给的角度，对经济动员潜力的基本理论进行了探索。顾桐菲（2011）着眼于国民经济实力与经济动员潜力之间的密切关系，通过收集和分析经济数据，认为国民经济总量的增加和经济结构的优化均能提升经济动员潜力。例如，国民经济实力的增强有助于提升人力、财力、物力、科技力等组成要素的经济动员潜力。也有学者专门从装备和财力等组成要素方面研究了经济动员潜力，如刘伟光（2009）、刘翌琼和曾立（2010）、陈晓和和纪建强（2011）、石亚东（2009）等。近年来，相关部门高度重视经济动员潜力调查工作，并出台了相关制度，吸引了不少学者对经济动员潜力调查问题进行理论研究，比较有代表性的是邹云松、赖祥和涂海燕（2010）、孙海龙（2012）、张苏阳（2014）。

在研究经济动员能力与经济动员潜力相互关系的文献中，国外学者施莱辛格（Schlesiger，1960）、波札罗夫（1985）、克莱姆（Clem，

1983）等，主要分析了经济体制、国家管理机制、法规制度、国民意愿等经济动员能力体系的构成要素是如何影响经济动员基础与经济动员潜力的。在此基础上，国内学者也取得了一些突破性研究成果。例如，谢翠华和胡海燕（2001）认为，经济动员能力与经济动员潜力是两个既联系紧密又内涵属性各异的概念，因此，明确界定这两个概念的相对边界，分析二者相互作用的内在机制，有助于深刻理解经济动员的本质和推动经济动员实际工作；并指出，经济动员潜力与经济动员能力的本质，就是吴景亭在《战争动员》中提到的动员潜力与动员能力在经济领域的具体化。该研究还指出，增强经济动员潜力有两条可行途径：调整优化产业结构、合理布局生产力；增强经济动员能力则需要做好三方面的工作：建立完善的调节体系、建立和完善经济动员协调机构与组织体系、进一步完善经济动员法律体系。

曾立（2003）的博士学位论文是研究经济动员潜力与经济动员能力问题的重要成果。他认为，国防经济动员能力是国家保障战争或处置突发事件需求以及维护社会经济稳定的经济能力，并通过量化分析国防动员经济能力，将经济动员潜力与经济动员能力紧密联系在一起。一方面，经济动员能力揭示了经济动员在物质技术上的潜在可能性；另一方面，其转化为战争实力的程度，取决于动员可实现的速度和效率，即经济动员能力指标，而该指标由经济动员体制机制、法规制度、实施绩效，以及社会环境、国际因素、自然条件等软指标和软因素共同决定。为了量化分析经济动员速度和效率，该研究运用德尔菲调查法获得了相关分类的原始数据，并构造了递阶层次模型，并用其进行了量化计算，为定量研究经济动员潜力与经济动员能力问题提供了有益参考。

朱庆林、李海军和谢翠华（2005）在《中国国民经济动员学研究》中指出，经济动员能力与经济动员潜力既相互依赖又相互作用，作用的结果是国民经济应变力，也就是经济动员效果。在量化研究中，他们建立了国民经济应变力与经济动员潜力、经济动员能力系数之间的数学关系模型，指出决定经济动员能力系数的因素主要有六个方面，即国民经济动员机构、国民经济动员法规、国民经济动员计划和预案、国民经济动员工作程序和演练水平、军事战略方针、国民的态度，而对于这些因素的评估，可以采用专家评估取值的方法来实现。

由现有的研究成果可以看出，国民经济动员是积聚能量的活动，也可以看作从经济维度供给战斗力的活动，因此，可以通过生产函数分析经济动员效果与经济动员潜力、经济动员能力之间的联系，如式（1-1）所示：

$$M = A \cdot f(P) \tag{1-1}$$

其中，M 为经济动员效果；A 为所处阶段的科技发展水平；P 为经济动员潜力；$f(\cdot)$ 函数为对经济动员潜力的转化水平，即经济动员能力函数。

将式（1-1）与宏观经济领域的生产函数对照可知，经济动员效果相当于经济动员活动的产出，且该产出由经济动员潜力、经济动员能力和科技发展水平三者共同决定。其中，经济动员潜力是形成该产出的"生产要素"，经济动员能力本质上是组织"生产要素"的制度安排，科技发展水平则决定边际产出量。

3. 不同视角下经济动员能力的生成

为适应国家安全形势的要求，应对科技革命、产业革命和军事革命的最新变化，相关学者从不同的角度探索了经济动员能力的生成模式可以归纳为以下三个方面。

（1）优化国民经济动员的相关制度有助于经济动员能力的生成。根据新制度经济学理论，完整的制度包括正式制度和非正式制度，其中，正式制度的效果直接；非正式制度的效果相对缓慢，但更具根源性。

首先，在构建经济动员能力的正式制度方面，邵丹（2005）通过分析我国国民经济动员能力的现状及存在的主要问题，建立了国民经济动员优化理论的数学模型，并指出提高经济动员能力的制度性措施主要包括完善以指挥体系为核心的国民经济动员组织体制、创新发展和构建高效的国民经济动员运行机制、适应形势调整国民经济动员能力结构、强化国民经济动员预案及演练的作用等。谢翠华（2007）认为，对于转型期的中国国民经济动员来说，其投入受到严格的资源约束，为此，只有创新国民经济动员制度，提高经济动员的资源配置效率及反应能力，才能应对现实中存在的突出问题。该研究基于新制度经济学的相关理论分析认为，渐进式路径是转型期中国国民经济动员制度变迁的可行选择。林芳竹（2009）运用新制度经济学理论，分析了转型期国民经济动员的激励问题。她认为，随着社会主义市场经济体制的发展完善，我国国民经济动员正面临深刻的制度变革。为了弥补现有制度存在的不足，激发民众参与经济动员活动的积极性，需要强化四个方面的工作：一是要注重创新主体的地位；二是要协调好不同主体在转型期的相互利益关系；三是要推进构建民经济动员约束机制；四是要推动国民经济动员整体制度创新及配套制度改革。张晓雁（2009）认为，国民经济动员工作重点由以潜力建设为主向以能力建设为主转变，是适应新形势的必然要求。在新时期强化经济动员能力生成，既需要进一步科学整合潜力资源，强化需求任务衔接；也需要逐步完善运行机制，改善经济动员能力生成环境；还需要培育以动员中心为重点的国民经济动员骨干力量和平台。谢翠华（2013）认为，适应信息化战争的战场环境，不仅需要转变经济动员能力生成模式，还需要重点发挥信息力的在动员能力生成模式中的主导作用。例如，应以信息化为牵引，对国民经济动员体系进行适应性调整，从而实现平战的快速转变。此后，谢翠华（2014）进一步分析了经济动员能力的生成机理，指出基于外部环境的最新变化，转变信息化战争条件下经济动员能力生成机理，既要对经济动员组织体制进行适应性调整，也要及时完善经济动员法规制度。

其次，在非正式制度方面也取得了一些研究成果。例如，纪建强、黄朝峰和李湘黔（2010）认为，包括意识形态、国家形象、价值观念、民族文化的凝聚力和感召力等非正式制度在内的国家软实力，能够直接影响经济动员的组织能力、信息获取能力及协调控制能力，从而影响经济动员能力的生成和作用发挥。在经济动员过程中，价值观念将对民众参与的积极性和主观能动性产生影响，民族文化的凝聚力与感召力将通过民众反应影响经济动员速度，良好的国家形象则有助于获得国际社会对经济动员工作的支持。张翠芳和程曼莉（2012）认为，在经济建设中贯彻国防需求能够有效储备经济动员能力，因而是提升经济动员能力的基本途径。为了在经济建设中贯彻国防需求，既要强化有关正式制度建设，又要注意价值观念、意识形态、伦理规范等非正式制度的作用。非正式制度建设虽然是一个相对漫长的过程，但其具有自律约束功能，能提升经济建设贯彻国防需求的工作效率，有力促进经济动员能力生成。

（2）创新动员模式有助于经济动员能力的生成。例如，钱学森曾将战争动员问题作为我国战役理论要考虑的十个宏观问题之一，并进行了专门论述。他指出，应用柔性自动化生产系统是提高经济动员能力的一种革命性措施，能够大大缩减动员转换时间。通过对比、研究、分析生产设备加工零件的相关数据发现，柔性自动化生产能够降低加工成本，提高生产效益。他还强调，柔性自动化生产也是实现军民结合的一项根本性技术措施，应当提到战略地位的高度。[①]

"敏捷制造"是一个与柔性自动化生产紧密相关的技术性概念，动员界借鉴了"敏捷制造"的基本思想，将其引入经济动员领域，从而引发了动员理念和动员能力生成模式的新变革。孔昭君（2005）在分析现有经济动员理论和动员活动现状的基础上，明确提出了敏捷动员理念，并对敏捷动员理论的历史背景及经济学基础进行了分析。该研究认为，敏捷动员理念为国民经济动员管理提供了新的方法论，敏

---

① 糜振玉. 钱学森现代军事科学思想［M］. 北京:科学出版社，2011：62.

捷动员模式能够有效满足经济动员活动对柔性、快速性、响应性和竞争性的要求，能有效促进经济动员能力生成。此后，孔昭君（2009）进一步运用敏捷动员的基本理论分析了经济动员的"宁波模式"，认为"宁波模式"是我国敏捷动员模式的一个实践雏形，该实践为深化我国敏捷动员理论研究和推进敏捷动员实际工作提供了很好的分析样板。董平和孔昭君（2009）从经典动员模式六个方面的局限性出发，分析了敏捷动员模式代替经典动员模式的必然性，并重点阐述了敏捷动员模式的体系结构、运行机制、驱动机制和管理机制等制度性特征。该研究指出，敏捷动员的本质特征涉及的动员需求的敏感性、需求变化的适应性、物资保障的快速性等，均与经济动员能力生成息息相关。孔慧珍（2015）指出，敏捷动员理论是国民经济动员理论发展的最新成果之一，并衍生出了集成动员理论、动员链理论。除此之外，学术界还提出了联合动员、精确动员、一体化动员、战区快速动员、渐进反应动员等新的动员理论、观点和模式。虽然这些理念的视角各异，但都始终紧密围绕动员响应快速性、动员对象协同性等与经济动员能力密切相关的研究范畴，在促进经济动员能力生成方面具有高度一致性。

　　除了敏捷动员，模块化思想近年来逐渐为动员界所接受和重视。例如，周兴昌（2007）以动员标准化、单元化为切入点，提出了动员的模块化配置理念。他指出，在现代战争条件下，进行动员对象的模块化配置是实现动员需求与动员供给有效对接的必要途径。从经济动员能力的角度来看，模块化重组与标准化配置均能提高动员实施的快速性和柔性。朱庆林和朱华珍（2013）认为，为适应军队战斗力生成发展新趋势，国民经济动员通用资源应实行模块化配置，通过打牢国民经济快速动员的物质基础，提高动员转化的速度与效率。孙栋、顾永治和马文刚等（2015）以大型动员装备为研究对象，提出了加改装模块化设计的总体框架和基本流程，提供了通过推进装备动员的模块化水平、提高装备动员的通用化程度、缩短转化周期等来提升经济动员能力的新思路。

（3）国民经济动员军民结合式发展有助于实现经济动员潜力的平战转化，促进经济动员能力生成。例如，卢志雄和南文安（2011）指出，结合新时期国民经济动员机构集中化、国民经济动员过程信息化等特征，通过摸清动员潜力、构建信息平台、整合资源优势和完善体制机制等举措，可以发挥军民融合优势，推进经济动员能力建设。金良帅（2011）系统研究了国民经济动员融入式发展问题，通过深入分析"宁波模式"案例，总结出推动经济动员融入式发展的八条对策。其中，将经济动员计划纳入国家整体规划、提高经济动员组织的柔性、健全经济动员法律法规、构建经济动员领域通用化的军民标准体系等，是促进经济动员能力生成的基本措施。朱庆林（2012）认为，经济动员能力"寓于式"发展，是在多种安全威胁下开展经济动员准备工作的最佳模式。其中，"寓于式"发展的内容本质是经济动员能力的"调""建""寓"，实现"寓于式"发展的基本前提是国民经济动员基础建设的融入式发展。显然，"寓于式"发展建立了军民结合与经济动员能力生成之间的内在联系。陈晓刚等（2014）通过梳理和分析河南省近年来国民经济动员的相关情况，有力地说明了军地一体化是全面提升河南省经济动员能力的关键。贺琨等（2015）从国民经济动员能力溢出效应的基本内涵和主要表现形式出发，剖析了经济动员能力溢出效应的内在机理，并就国民经济动员能力溢出效应与军民融合式发展的互动关系进行了理论分析。分析结果表明，通过控制国民经济基础的资产专用性、消除制度性障碍的不利影响和强化参与主体的转化吸收能力，可以推进国民经济动员军民融合式发展，促进经济动员能力提升。

总的来说，上述三类视角并不是相对独立和截然分开的，而是交叉互补并共同发挥作用的，且往往与科技因素紧密结合在一起。例如，国民经济动员常态化发展是提升其动员能力的战略性举措，为此，石莹、黄波和陈益高（2010）采用制度变迁的相关理论，分析了国民经济动员常态化发展问题。他们认为，制度安排具有长远性和强制性，是促成国民经济动员发展常态化的基本条件。而为了实现常态化目标，既需要建立健全开放、动态的经济动员组织体制，完善经济动员相关的政策法规体系，也需要培育融合式发展的微观主体，并对其动员行为进行市场化取向的合理引导。又如，闫吉昌（2013）认为，美国两次海湾战争开启了现代经济动员能力生成模式，从此，信息化开始主导经济动员能力生成。为适应新形势下的经济动员能力生成模式，需要采取的措施包括立足信息化建设改革完善相关体制机制、加快建立柔性动员体系结构、强化发展军民两用产品等。孔昭君和陈正杨（2013）认为，贯彻落实党的十八大精神在国防领域的基本要求，需要深化改革和升级国民经济动员相关机制。在此过程中，加强国民经济动员法规建设、提升国民经济动员工作规范化程度等，均有助于强化新时期经济动员能力生成。

二、关于集体行动的研究

集体行动是一个相对于个体行动或分散行动的概念，从字面上可以理解为人们一起做事。新制度经济学派的著名学者巴泽尔对集体行动也有过类似的定义，即"集体行动是许多个体同时采取的行动"。对此，有学者指出，巴泽尔的定义过于简约化，因为现实中的许多集体行动与这一定义相矛盾。例如，1934 年 10 月至 1936 年 10 月的红军长征就是一次典型的集体行动，但是参与长征的红一方面军、红二方面军、红四方面军和红二十五军分别在四个不同的时间段实施长征行动，因而在时间上并没有完全"同时"。又如，2021 年的某一个时间点，遍布全世界的民众通过电视观看日本东京奥运会节目，这时人们的行为具有"同时"性，但如果因此就将该现象纳入集体行动范畴，那么，巴泽尔的集体行动研究将过于宽泛而缺乏针对性和实际意义。学术界就集体行动的定义基本能够达成一致，例如，桑德勒

(Sandler，1992）在其名著《集体行动：理论与实践》（*Collective Action：Theory and Applications*）中定义，"集体行动是需要对两个或更多个体的努力进行协调的活动"。张宇燕（1994）将集体行动定义为"多位个人为了自己的利益而共同制定，并承诺要一道遵守特定制度安排的一种合作式选择"。为研究方便，本书将集体行动界定为：在具有共同利益的组织、集体或集团中，其成员通过一定的制度安排，协调一致地采取合作行动，以应对共同面对的问题，增进共同利益。

对集体行动问题的理论研究由来已久，自 20 世纪 60 年代以来，集体行动逐渐成为学术界的热点问题之一，各领域的学者分别从不同的视角进行了深度研究，形成了一大批有价值的成果，其中部分学者对现有成果及发展趋势进行了归纳和梳理。例如，冯巨章（2006）以如何防止"搭便车"进而走出集体行动困境这个集体行动的核心内容为逻辑主线，对西方集体行动理论研究的脉络进行了梳理。他认为，西方集体行动理论的发展过程，本质上是从理性选择理论向意识形态理论和社会资本理论逐步演化的过程，并为三大理论流派划分了起始时间，分别为 20 世纪 60 年代、80 年代和 90 年代。谢岳和曹开雄（2009）在总结、分析和评价国际学术界过去几十年关于集体行动的研究成果时指出，现有集体行动理论由社会运动、革命和抗争政治三个理论体系组成，每个理论体系又分为几个发展阶段。其中，社会运动理论体系在演变中共经历了五个阶段，包括社会怨恨理论阶段、理性选择理论阶段、资源动员理论阶段、文化构造理论阶段及政治过程理论阶段；革命理论体系也前后经历了四个阶段；抗争政治理论体系则经历了从静态向动态发展的阶段。各阶段在研究方法、分析框架及基本观点上都存在较强的演化色彩，后一阶段理论往往能够弥补前一阶段理论存在的缺陷，各理论阶段之间的前后接替、各理论体系之间的相互交叉，汇成了集体行动理论研究发展的清晰脉络。高春芽（2009）通过梳理英国 18—19 世纪著名政治学家和美国 20 世纪经济学家关于集体行动的有关论述，厘清了集体行动理论的思想渊源。他指出，对市场失灵现象、"搭便车"现象和公共产品特性的关注，引发了早期理论家对集体行动理论的启蒙研究，从此搭建了政治学和经济学之间交叉融合发展的桥梁，并开始注意到集团规模、沟通协调机制、信息不完全和政府强制等因素对集体行动效果的影响。冯建华和周林刚（2008）认为，可以通过由心理、理性、结构和文化构建的四维框架来理解西方集体行动理论体系。其中，心理维度强调集体行动中个体情绪的抒发，理性维度看重资源、组织及网络对集体行动效果的作用，结构维度将集体行动视为政府与行动者之间的互动过程，文化维度则关注集体认同和文化资源对集体行动的影响。四个维度分别对应不同的微观与宏观分析层次，并有各自侧重的研究议题。

此外，部分学者专门对集体行动相关研究进行了理论综述。例如，李娟娟（2015）从集体行动的前提条件、集体行动的特征及影响集体行动的因素、促进集体行动的制度安排三个方面，概括了集体行动的理论体系，为后来学者了解集体行动理论奠定了很好的基础。又如，杨静（2015）从网络集体行动角度出发，将国外集体行动理论划分为崩溃理论阶段、政治过程理论阶段、资源动员理论阶段和社会建构理论阶段，对各理论阶段的代表性观点进行了评述，并对各理论阶段之间的联系进行了分析。在本书中，集体行动理论是分析经济动员能力问题的基本理论方法和崭新视角。为了更好地呈现集体行动理论的全貌，厘清集体行动逻辑与经济动员能力之间的内在联系，本书主要从集体行动理论发展历史、集体行动困境的研究和集体行动实现之道三个方面进行介绍。

1. 集体行动理论发展历史

从经济学角度梳理集体行动现有的理论研究成果，发现学术界对集体行动参与者的基本假设经历了"非理性→完全理性→不完全理性"的发展过程。基于该过程，本书将集体行动理论研究的历史概括为非理性学派理论、狭义理性学派理论和广义理性学派理论三个阶段。

（1）非理性学派理论。20世纪五六十年代，有一批西方学者对集体行动持否定和批判态度，将其视为一种反文化现象和社会失范行为，认为集体行动是不满、紧张、挫折、隔离感、相对剥夺感及认知不协调等异常心理的结果，并试图从"非理性"行为人假设出发解释集体行动，从而形成了以崩溃理论、社会怨恨理论等为代表的集体行动非理性学派。

法国社会心理学家古斯塔夫·勒庞（Le Bon G，1895）作为集体行动非理性学派的代表人物，出版了《乌合之众：大众心理研究》（*The Crowd：A Study of the Popular Mind*），并提出了"心智归一法则"（The Law of Mental Unity），其核心思想是，理性的个人一旦聚集到一起并随着集体规模的增大，就会受到非理性和野蛮情绪的控制，从而演变为思维和行为上趋于一致的集体行动。符号互动学家布鲁默（Blumer，1946）通过研究聚众集体行动的形成机制，提出了"循环反应"（Circular Reaction）理论，认为聚众过程是人与人之间的符号互动过程。他还认为，由社会变迁产生的社会不安，是引发集体行动的主要原因。斯梅尔赛（Smelser，1962）继承了集体行动"非理性"假设的传统，在吸收经济学相关理论的基础上，列出了产生集体行动的六个要素。他认为，从参与者个人角度来看，集体行动是为了缓解被剥夺权益或机会等引起的怨恨，因而，所有参与者对破坏性系统紧张反应的集合便构成了集体行动。格尔（Gurr，1970）在其名著《人们为何造反》（*Why Men Rebel*）中探索了集体行动的心理根源。在这部影响巨大的著作中，他提出了著名的"相对剥削理论"。该理论的核心观点是，社会具有实现个人所期待价值的能力，但当政治危机、经济转轨、社会变迁等社会结构变化使社会无法实现人们的期望价值时，个人就会产生相对剥夺感和不满情绪，这种情感越强，个人参与造反等集体行动的可能性就越大。特纳和克里安（Turner and Killian，1987）在继承前人非理性理论的基础上，提出了突生规范理论（Emergent Norm Theory），强调了引发集体行动的共同性心理基础，即共同的愤怒、共同的思想及共同的意识形态等。

总之，非理性学派理论在一定程度上解释了当时的一些社会现象，但也受到一些学者的猛烈批判；同时，由于社会运动等集体行动实践的深入发展不断对其解释能力形成挑战，该理论逐渐被理性选择理论所取代。

（2）狭义理性学派理论。集体行动狭义理性学派理论以"狭义经济人"为基本假设，按照理论演变脉络，其体系包括传统狭义理性主义、现代狭义理性主义的启蒙阶段、现代狭义理性主义的发展阶段、公共选择理论、国家理论中的集体行动理论等。

传统狭义理性主义是指出现在 20 世纪 60 年代之前，以亚当·斯密"看不见的手"定律为核心理念的传统利益集团理论派，主要代表有 Bentley（1949）、Truman（1958）。他们认为，具有共同利益的集团成员，在谋求自身利益的动机下，总会自发地采取集体行动以增进这种共同利益，即个体理性会自觉地导致集体理性。从某种意义上说，传统狭义理性主义假设下的个人，与亚里士多德笔下的雅典公民、托克维尔著作中的美国人及霍布斯框架下的自然人具有类似的特征。但是在现实中，许多具有共同利益的集团成员并没有采取集体行动，例如，对商品低价格具有共同利益的消费者并没有经常自发地集体抵制高价格等。由此，从对传统狭义理性主义解释力的批判中产生了现代狭义理性主义，并经历了启蒙阶段和发展阶段。

集体行动现代狭义理性主义的启蒙阶段，由 18—20 世纪几位著名的英、美政治学家和经济学家开启，他们隐约意识到了个体理性与集体理性之间的冲突，并开始搭建政治学与经济学之间融合发展的桥梁。旧制度经济学派的代表人物康芒斯（Commons，1970）在其开创性著作《集体行动的经济学》（*The Economics of Collective Action*）中，专门对个人行动和集体行动进行了分析，并在制度和集体行动之间建立了联系，即"制度是控制个体行动的集体行动"。认为集体行动是谋求自身利益的人们互动的过程及结果，而非经典作家所谓逻辑的产物。休谟（Hume，1946）从人性的角度出发分析了人的行为取向，认为人在很大程度上受利益支配，当个人利益与集体利益、社会利益存在冲突时，个人的自利行为会妨碍有秩序的集体行动，而为了弥补人性的这种不足，政府的强制措施就是必须的。休谟还指出，与大范围内的集体行动相比，小范围内人们之间的合作更容易实现。穆勒（Mill，2013）认为，在政府对市场没有干预的情况下，个人对私利的追逐必然不能促成公共利益的实现。例如，在关于工人缩短劳动时间的案例分析中，他发现，单个工人基于自身"成本—收益"的考虑往往会选择"搭便车"行为。此外，与休谟相比，穆勒更加明确地认识到了"市场失灵"的存在。鲍莫尔（Baumol，1952）从负外部性的角度分析了集体行动的必要性，即集体行动的目的是消除"公害"。例如，他通过对烟尘污染的实例研究指出，信息交流不畅是造成集体行动困境的一个重要原因，因此，设立"情报交流机构"是必要的。此外，他强调了政府干预对促成集体行动的重要性。唐斯（Downs，1957）通过引进公共产品概念，明确提出了"个人理性和社会理性之间的冲突"。在论述信息不完全与集体行动的关系时，唐斯进一步指出了意识形态的作用。唐斯还将集体行动的研究拓展到政治领域，分析了选举活动中的集体行动问题。此外，20世纪50年代，阿罗（Arrow，1951）、达尔和林德布洛姆（Dahl and Lindblom，1953）、奥利弗（Oliver，1955）、利奥尼（Leoni，1957）等一批公共选择领域的学者也尝试用经济学的理论和方法分析集体选择问题，为集体行动理性主义的发展提供了丰富的思想源泉。

20世纪中叶以来，以奥尔森（Olson）为代表的现代杰出经济学家充分吸收了启蒙阶段学者的思想精华，通过批判传统理性学派，将集体行动理性主义理论体系推向了新境界，开启了现代狭义理性主义的发展阶段。

奥尔森（1965）在《集体行动的逻辑》（*The Logic of Collective Action*）中建立了比较完整的理性主义集体行动理论体系，为推动大规模集团集体行动理论研究发挥了重要作用。奥尔森主要以大规模集团为研究对象，区分了相容性集团和排他性集团，其中，相容性集团具有通过集体行动实现其共同利益的可能，但其成员也有"搭便车"的可能。为了避免"搭便车"行为的发生，选择性激励措施是必要的，即对每个成员区别对待并赏罚分明，通过正面的奖励和负面的惩罚改变理性个体的"成本—收益"结构，促使其参与集体行动。奥尔森指出，小集团往往能够自发产生集体行动；大集团虽然可以通过选择性激励机制实现集体行动，但该机制的实施成本往往较高，因而会在一定程度上增加集体行动的困难。在奥尔森进行开创性研究的同时，有学者从组织、资源动员、社会网络等视角，丰富和拓展了集体行动的理性选择理论体系。例如，康豪瑟（Kornhauser，1959）、皮文和科罗沃德（Piven and Cloward，1977）等认为，可将集体行动看作一种理性的组织化过程，而且参与者的组织化程度越高，集体行动成功的可能性越大。在资源动员领域，麦卡锡和扎尔德（McCarthy and Zald，1973、1977）认为，理性行为人的主观意愿只是实现集体行动的一个非充分条件，有时客观资源的作用更重要。例如，美国于 20 世纪 60 年代大量增加的社会资源是该阶段出现更多社会运动的根本原因。蒂利（Tilly，1975、1978）与麦克亚当（McAdam，1982）建立了"社会网络—组织力—集体行动"之间的联系，认为社会人际网络具有沟通和团结的功能，该功能能够强化群体的组织力，从而有助于将集团利益转化为集体行动的组织能力和动员能力。此外，罗伯特·阿克塞尔罗德（Axelrod，1984）和泰勒、迈克尔（Taylor，1987）认为，为了从纯理性行动理论分析和解决集体行动的"搭便车"问题，只需将该问题动态化。

值得一提的是，公共选择理论中对立宪选择问题的研究，也深化和拓展了集体行动理论体系。其中，以布坎南和图洛克（Buchanan and Tullock，1962）的《同意的计算》（*The Calculus of Consent*）为代表。"同意"意为一致同意，即集体行动；"计算"表示出于理性的权衡。他们认为，集体本身不行动，只有理性的个人才是一切行动（包括私人行动和集体行动）的最终抉择者，由此确立了方法论上的"个体主义"。他们指出，从经济效率的角度量化研究集体行动的范围和限度，本质上就是权衡集体行动决策成本与外部性成本的过程，为此，就需要分析影响决策成本和外部性成本的各种因素。

此外，有学者从"理性经济人"假设出发，将集体行动与最有挑战性的国家理论结合在一起，研究了国家理论中的集体行为理论。例如，巴泽尔（2006）在建立其国家理论体系的过程中，专门分析了集体行动和集体决策问题。他认为，类似于一般领域的集体行动，在国家委托人限制国家代理人这种特殊的集体行动中，公共产品属性引发的"搭便车"问题是造成该领域集体行动困境的主要原因。

（3）广义理性学派理论。在经济学理论的发展过程中，"狭义经济人"假设受到了越来越多的怀疑。同样，基于理性假设的集体行动理论逐渐受到了人们的批判。例如，Marwell 和 Ames（1981）通过实验研究论证了"狭义经济人"和"搭便车"行为的非普遍性，他们以大学生为研究对象做了 12 组对比实验，实验结果表明，只在 1 组实验中发现了大量的"搭便车"行为。从某种意义来看，集体行动理性理论代替非理性理论，使解释范围有所拓展，但其解释能力在部分现象面前仍显不足，如在集体行动中出现利他性个人行为等。为此，理论界基于"广义经济人"假设，逐步建立起了集体行动广义理性理论，不同于狭义理性的"成本—收益"原则，广义理性是基于"行为与目标一致"准则。集体行动广义理性理论主要分为意识形态理论和社会资本理论。

首先，与非理性主义在集体行动结果上的过于乐观及狭义理性在集体行动结果上的过于悲观不同，意识形态理论认为，集体行动困境虽然客观上存在，但通过公平、正义、责任感、价值观念、社会习俗、伦理道德法则等意识形态的适当作用，能够促成集体行动的实现。例如，Matthew（1979）研究表明，社会道德规范是影响集体行动的重要因素。诺思（North，1981）作为新制度学派的代表人物，在其制度理论体系中，非常重视对风俗、习惯等非正式制度安排的研究。诺思在其经典著作《经济史中的结构与变迁》(*Structure and Change in Economic History*)中，专门论述了意识形态与"搭便车"问题。他认为，在克服"搭便车"问题时，意识形态的作用是不可替代的，而且意识形态发挥作用的机理在于"为不按简单的、享乐的、个人对'成本—收益'的算计来行动的团体注入活力"。Hardin（1982）认为，因家庭及社会教育形成的价值观念和伦理道德，在某种程度上会抑制个人的机会主义行为倾向，有助于避免"搭便车"行为。Runge（1984）从现实角度指出，确实存在成功利用社会习俗及道德规范避免集体行动困境的事实。此外，Güth、Schmittberger 和 Schwarz（1982）及 Rabin（1993）通过供给公共产品的集体行动实验证明，当参与者察觉到其他人没有贡献公平的份额时，他为别人"牺牲"自己的热情就会大大降低。White 和 Runge（1994）以西半球一个贫穷的村庄为对象，分析了村庄分水岭管理会集体行动实现的条件。他认为，在破解"搭便车"难题时，仅考虑自利性和狭义的经济利益是远远不够的，因为其他的非经济因素也在发挥重要作用。皮建才（2007）在经典的"领导者—追随者"博弈模型的基础上，将公平相容约束引入"领导者"与"追随者"的互动过程，结果表明，公平因素在集体行动实现中发挥着重要作用。

其次，针对意识形态的作用，也有学者有所质疑，他们指出，以声誉、信任、互惠、沟通、交流、社会网络、社会激励等为基本内容的社会资本，才是真正促成集体行动的非经济条件，并逐渐将其发展为集体行动的社会资本理论。例如，Chong（1991）认为，在一个成员互相熟悉的集体中，友谊、社会地位、社会网络等社会性激励有助于破解"搭便车"难题，促成集体行动。在此基础上，奥斯特罗姆（Ostrom，1998、2000）指出，即使集团成员之间陌生，只要能相互交流、沟通，并产生信任，就能破解"搭便车"难题。她进一步指出，意识形态并非实现集体行动的充分条件，因为意识形态必须与有效运作的规则体系配合才能奏效，而后者则属于一种重要的社会资本。此外，她构建了一个基于社会资本的集体行动分析框架。赵义良和刘佳（2013）通过对马克思经典著作的系统归纳总结，提炼出了马克思工人阶级集体行动理论的基本逻辑。他们认为，互相信任这项社会资本因素是工人阶级集体行动的前提和基础，在破除工人阶级集体行动困境中发挥着重要作用。

2. 集体行动困境的研究

有效的集体行动往往能够增进集体公共利益，即实现"公利"。但并非任何集团在任何时候都能实现有效的集体行动，理论界将这种失败的情况称为集体行动困境。在社会实践中，集体行动困境多种多样，为了总结集体行动困境的基本规律，相关学者进行了广泛的案例及理论梳理。从现有的成果来看，"囚徒困境"博弈模型、奥尔森集体行动困境模型与"公地悲剧"模型被认为是集体行动困境的经典案例。在奥斯特罗姆（Ostrom，1990）和苏振华（2013）等的著作中，专门对这三种典型现象进行了系统论述。

（1）"囚徒困境"博弈模型。著名博弈论学者 Binmore（2007）认为，"囚徒困境"是所有博弈模型中最著名的一个，但也代表了集体行动中最不利于合作的情况。1950 年，"囚徒困境"最初由 Dresher 和 Flood 提出，之后 Tucker 建立了正式的"囚徒困境"博弈模型。"囚徒困境"是一类所有参与者都拥有博弈规则信息的非合作博弈。从集体行动的角度可以这样表述其博弈过程：假设有某项合谋犯罪的嫌疑人 A 与嫌疑人 B，但目前缺乏针对二人的定罪证据。为此，执法部门将其分开看管并告知他们三条规则：一是若他们相互背叛而同时坦白，则各判刑 6 年；二是若他们互相合作而都不认罪，则只能以妨碍公务为由分别判刑半年；三是若他们中有一人背叛而另一人合作，则背叛者无罪释放，而合作者被重判 10 年。分别以 0、-0.5、-6、-10 表示嫌疑人被无罪释放、判刑半年、判刑 6 年、判刑 10 年时的收益，则该"囚徒困境"的支付矩阵模型如表1-2所示。

表1-2 "囚徒困境"的支付矩阵模型

策略		嫌疑人 B	
		背叛	合作
嫌疑人 A	背叛	(-6，-6)	(0，-10)
	合作	(-10，0)	(-0.5，-0.5)

在表1-2的模型中，将嫌疑人 A 与嫌疑人 B 视为一个集体，则策略组合(背叛，背叛)、(合作，背叛)、(背叛，合作)、(合作，合作)的集体收益分别为-12、-10、-10、-1。在博弈过程中，策略组合(背叛，背叛)既是纳什均衡，也是一个占优策略，即该策略组合是嫌疑人集体行动的必然结果。显然，(合作，合作)是集体公共利益最大化的选择，而(背叛，背叛)是集体公共利益最小化的选择，但嫌疑人 A、嫌疑人 B 均狭义理性地最大化个人收益，使集体出现非理性，导致嫌疑人陷入集体行动的困境。由此可见，"囚徒困境"博弈的结果对传统经济学的基本观点构成了严峻挑战，条件性地预示了个人理性与集体理性之间的冲突，并因此受到理论界的极大关注。此外，"囚徒困境"在经济学上具有较普遍的表现形式，如寡头企业决定生产量的博弈、私人融资提供公共产品等。

（2）奥尔森集体行动困境模型。制度学派著名经济学家奥尔森基于狭义理性的个人主义方法论，在 1965 年出版的《集体行动的逻辑》中严厉地批判了传统群体理论，指出传统群体理论的论断是错误的，而明确提出集体行动困境，为学术界研究集体行动问题提供了一个独辟蹊径的模型。在《集体行动的逻辑》中，奥尔森以集体物品的非排他性为有利"武器"，从"搭便车"的角度论证了大规模集体行动失败的事实。总的来说，《集体行动的逻辑》在解释部分大集团集体行动困境现象中发挥了重要作用，但也存在一定的局限性。例如，该逻辑能够解释为什么有一部分工人没有参加罢工行动，而不能解释为什么另一部分工人参加了罢工行动。此后，有一批学者试图对奥尔森的集体行动逻辑进行修正和补充，但未能从根本上动摇其解释能力，如Chamberlin（1974）、Friedman 和 Oprea（2012）等。在国内，奥尔森的集体行动理论也非常受学术界的关注，可以说，国内言集体行动者必称奥尔森，并围绕《集体行动的逻辑》或借鉴其基本方法，在《经济学（季刊）》《国际论坛》等主流经济学、政治学及其他社会科学刊物上发表了大量学术成果。例如，陈刚（2005）以奥尔森提出的选择性激励为工具，从国家行为体理性、自利的角度出发，解释了《京都议定书》中部分条款的理论依据。朱宪辰和李玉连（2007）在"搭便车"理论的基础上引入个体异质性假设，通过序贯博弈模型分析了行业协会反倾销诉讼的案例。郭建和李美娟（2015）则基于奥尔森的集体行动理论，分析了基层党组织执行力建设问题。此外，王慧博（2006）、左胤武（2012）、王清华（2013）、鲁鑫（2013）、刘爱莲和张艳（2014）、刘华云（2014）等，从不同的角度梳理总结了奥尔森集体行动理论的思想、脉络和特征。国内学者虽然对奥尔森集体行为理论进行了大量的论述和分析，但对该理论的发展、创新和有效拓展应用还存在明显不足。

（3）"公地悲剧"模型。自英国科学家哈丁（Hardin，1968）在《科学》（Science）杂志上发表《公地悲剧》（The Tragedy of the Commons）一文以来，"公地悲剧"成为一类现象的代名词。事实上，"公地悲剧"的思想可以追溯到古希腊亚里士多德的名著《政治学》（Politics），他提出，"但凡属于大多数人的公地往往最少受到人们的照顾，人们关心自己的东西却忽视公共的东西"。此后，里奥德（Lloyd，1833）、戈登（Gordon，1954）等均注意到了"公地悲剧"，并从不同角度进行了论述。与之前的提法相比，哈丁的表述更加明确，并引入了经济学的理论方法。他指出，"公地悲剧"的经济学本质在于，每个牧民都理性地从个人利益出发，优先考虑在公地上增加放牧给自己带来的直接收益及自己付出的成本，却很少顾及因增加放牧而给公地造成的成本，于是，每个牧民不断增加放牧直到个人净收益趋于零。结果，在个体最优放牧量处，虽然满足个人边际收益等于个人边际成本，但社会边际成本大于个人边际成本，最终，所有牧民实际（最优）放牧量之和远大于公地所能承受的最优放牧量，导致过度放牧。

在哈丁发表该文章的同期，戴尔斯（Dales，1968）也进行了类似"公地悲剧"的研究。此后，部分学者将"公地悲剧"问题的研究从牧场拓展到社会其他领域。例如，20 世纪 70 年代，Lumsden（1973）、Thomson 和 Glantz（1977）、Picardi 和 Seifert（1977）、Bullock 和 Baden（1977）、Neher（1978）等分别研究了社群冲突、木柴危机、饥荒、宗教组织、都市犯罪等领域的"公地悲剧"。20 世纪 80 年代，Wilson（1985）、Snidal（1985）、Scharpf（1985、1987、1988）等也进行了相关研究。之后，奥斯特罗姆（Ostrom，1990）在《公共事物的治理之道：集体行动制度的演进》（*Governing the Commons：The Evolution of Institutions for Collective Action*）中，从博弈论的角度开辟了市场与政府之外的自主治理"公地"的有效途径，即自组织理论。奥尔森（Olson，2000）在建立国家理论的过程中，通过分析流寇与坐寇的特点和差异，建立了狭隘利益与共容利益的理论模型。在其分析模型中，无政府状态下只具备狭隘利益的流寇掠夺在本质上就是"公地悲剧"。总之，在后续学者的共同努力下，对"公地悲剧"问题的研究得到进一步深化。

3. 集体行动实现之道

在认识集体行动困境的漫长过程中，各领域学者分别通过社会学、政治学、心理学、经济学、行为学等学科的理论和方法，对困境产生的机理和过程进行了解释，并试图探索走出该困境的有效途径。

（1）困境形成机理。根据各类困境的不同特征及各领域相关理论的发展，人们对困境形成机理的认识经历了不同阶段，大体可以归纳为"狭义理性人—广义理性人"维度与"微观机制—宏观机制"维度。

第一,"狭义理性人"与"广义理性人"框架下的机理。在"狭义理性人"理论框架中,首先,集体利益的公共产品属性所包含的非排他性,为集体行动参与者的机会主义倾向创造了条件,诱导个体做出"搭便车"的选择,从而出现个体无法供给或供给不足的情况,使集体行动陷入困境。其次,奥尔森等还探索了集体利益属性之外的其他因素对集体行动的影响,重点分析了集团规模和集团结构组成的影响。在集团规模的作用方面形成了三类不同的结论:①奥尔森分别从独立行为和联合行为两个角度建立了"成本—收益"模型,论证了大集团比小集团更难实现集体行动,且集团规模越大集体行动越无效。Acheson(1975)通过案例研究表明,能有效实施集体行动的集团上限是150人。②Chamberlin(1974)、Hardin(1982)、Andreoni(1988)等分别从非竞争性、规模效应、收入效应等角度认为,大集团比小集团更容易实现集体行动。③Oliver和Marwell(1988)认为,集体行动与集团规模大小之间的关系是动态非线性的,并在某种程度上呈"U"形关系。在集团结构组成的影响方面也有不一致的结论,例如,Olson和Zeckhauser(1966、1967)、Baland和Platteau(1998)认为,获得较大份额的大成员有独自行动的意愿,因此,集团成员的异质性有利于实现集体行动,且异质性越强,集体行动提供的公共产品越接近最优水平。与此相反,Poteete和Ostrom(2004)认为,同质性成员在社会文化、经济特征方面更相似,而相似的特征意味着更多的共同利益,因而更利于集体行动的实现。"广义理性人"框架则更关注声誉、信任、社会网络、规范与惩罚、义务与期望等社会资本因素对集体行动的影响。如张继亮(2014)从"诱因—动机—行为"的内在联系出发,分析了困境的形成过程。他认为,当个人处于逆向选择或道德风险等信息不完全的不确定性行为选择环境中,或面对较低的行为压力时,个人的行为动机会偏向个人理性,并优先于社会理性,于是集体行动陷入困境。

第二，集体行动困境的微观机制与宏观机制。在集体行动理论研究中，心理学、经济学、行为学等学科往往从微观视角切入，社会学、政治学等学科则侧重于宏观视角。就集体行动困境机制问题，学术界形成了微观与宏观等不同层面的解释，对于这些研究成果，施一丹和苏振华（2013）从跨学科比较的角度进行了梳理，并分析了集体行动困境微观机制与宏观机制之间的内在联系。在微观方面，心理学的解释为，群体认同的缺失导致类似于集体行动困境的"社会困境"（Social Dilemmas）。Dawes 和 Messick（2000），Van Lange、Joireman 和 Parks（2013）在这方面进行了深入研究。郭景萍（2006）从情感与利益的内在联系出发，梳理了导致集体行动困境的情感逻辑。在宏观方面，资源动员理论和政治过程理论均对集体行动困境的诱因进行了很好的分析。此外，社会学领域的社会结构理论学者指出，社会结构通过两条途径影响个体心理行为，从而打通了集体行动困境微观机制与宏观机制之间的通道。

（2）破除困境促成集体行动的途径。从某种意义上说，集体行动困境是个人利益与集体利益相冲突的结果，因此，破除困境需要激励相容的制度安排。在集体行动中，集体利益往往是一定的，制度安排的目标就是改变个人的"成本—收益"结构，使其利益与集体利益相一致，这就出现了选择性激励。同时，现实中的个人处于复杂的社会关系网络中，因此需要社会激励。在一定条件下，由第三方实施的强制机制也是破除困境的有效手段。此外，无论是激励机制还是强制机制，都面临巨大的交易成本，因此，需要从组织上进行结构优化，以促成集体行动。

第一，选择性激励。选择性激励最先由奥尔森提出，他在《集体行动的逻辑》中明确指出，有选择性激励的大集团比没有这种制度安排的大集团更容易实现集体行动。选择性激励本质上就是对每个集体成员区别对待，并严格执行"赏罚分明"制度，这种"赏罚"是通过给予个人一些不同于公共产品的私人产品来实现的。Oliver（1980）进一步指出，被用作选择性激励的私人产品必须具备五个方面的条件。奥尔森（Olson，1965）认为，可以采取将私人产品与公共产品相捆绑的方式进行"赏罚"。在此基础上，Sandler（1992、2004）进一步提出了联合产品理论。

第二，社会激励。在广义理性选择学派中，Marwell 和 Ames（1979）指出，选择性激励并不是克服"搭便车"问题必不可少的方式。Barrington（1984）认为，在大集团中，有时人们将公众身份看得比个人收益更重要。因此，公众身份、社会声誉、公平公正、伦理道德、责任义务等社会资本和意识形态的社会激励措施，通过规范压力机制，延伸和拓展了对集体行动困境中的个人进行激励的空间。客观上，社会科学各学科的专业化发展，为社会激励提供了坚实的理论支撑，如美国经济学家、诺贝尔经济学奖得主 Akerlof（2010）在《身份经济学》中，从经济学的角度深刻阐释了身份的作用，为"公众身份"激励提供了理论依据。夏纪军（2013）从正式制度与非正式制度的互补关系出发，指出社会规范在保证集体行动的整套制度安排中的重要性，而社会规范的执行又依赖一种基础性的行为规范，即公平互利性，由此建立了公平与集体行动的逻辑，并通过数学模型实证分析了公平与信任、公平与公共产品自愿供给问题，深化了集体行动的社会激励研究。

第三，强制机制与组织结构优化。霍布斯、休谟、穆勒均已意识到由国家实施的强制机制这种外部压力性措施在克服个人机会主义倾向以促成集体行动中的重要性。奥尔森（Olson，1965）则进一步分析了工会等大型组织中强制机制的作用过程。奥尔森还认为，小集团比大集团更容易实现集体行动，因此，将大集团分解成小集团的联邦式结构有助于破除集体行动困境。Russett 和 Sullivan（1971）认为，可以利用集团中"大成员"与"小成员"之间的组合，有效发挥"大成员"的作用，实现集体行动。巴泽尔（2006）认为，一定条件下的

"分权"能促成集体行动的实现。

三、述评

总体上，目前学术界关于经济动员能力的研究成果为本书提供了相对规范的研究基础；在集体行动领域的阶段性成果则为本书提供了新的视角和理论方法。但是，如何恰到好处地将集体行动理论应用于经济动员能力问题的相关分析，则是本书的研究重点。

1. 现有研究的贡献

理论研究科学性的重要标志是具有明确的研究对象、规范的研究方法和不断批判发展的基础理论，经济动员能力及集体行动两大领域的研究现状对本书的贡献主要体现在以下三个方面。

（1）在研究对象上，经济动员能力日渐成为国民经济动员领域独立的研究主题。在早期研究阶段，一些学者虽然认识到了经济动员能力的重要性，也意识到了一些与经济动员能力密切相关的因素，如民众参与意愿、组织协调、运行机制、经济体制、管理体制等，但一直没有对其进行明确的定义，往往将其与经济动员基础和经济动员潜力混淆。近30年来，学者分别给出了经济动员能力的广义定义和狭义定义，尤其是狭义定义的提出，明确了经济动员能力的内涵本质与外延边界，明晰了经济动员能力与经济动员潜力之间的区别和联系。在经济动员能力狭义定义的基础上，逐步形成了国民经济动员领域中一个独立的分支和研究方向，并取得了一系列研究成果，为进一步深入研究提供了基本范式。

（2）在研究方法上，学术界分别从技术和制度两个层面探索了经济动员能力的生成机制。经济动员能力在实践工作中的地位和作用毋庸置疑，因此如何有效生成稳定、持续、可靠的经济动员能力，成为推动和落实实际工作的关键。第一，在技术层面，部分学者强调科学技术在经济动员能力生成中的重要作用，尤其是信息技术的广泛使用及其在经济动员各个领域的普遍渗透，使经济动员领域的信息获取、传递和判断能力得到革命性的提升，促进经济动员能力有效生成。第二，在制度层面，首先，以立法为核心的正式制度建设和以意识形态、价值观念、民族文化凝聚力、感召力等为主要内容的非正式制度建设，能够降低经济动员组织协调及实施控制中的交易成本，影响经济动员能力的生成；其次，可以将创新动员模式理解为动员制度变迁的过程，例如，敏捷动员、集成动员、联合动员和模块化动员等模式，通过组织结构优化和制度创新降低了经济动员能力生成过程的交易成本；最后，军民结合式发展作为一种制度安排和组织模式，通过破解动员过程中的矛盾和障碍，有效消除军民转化壁垒，这也有利于经济动员能力生成。

（3）集体行动领域最新的研究成果，为更好地研究经济动员能力提供了有力的理论基础。首先，在集体行动理论体系中，无论是资源动员理论还是选择性激励理论，均在某种程度上建立了集体行动和动员能力之间的内在联系，这种联系构成了从集体行动视角研究经济动员能力问题的逻辑基础。其次，集体行动理论将人的基本假设从"非理性人""狭义理性人"发展到"广义理性人"，既符合经济学研究范式的一贯要求，也贴近真实世界中参与动员活动的行为人的基本特征。集体行动理论还较好地解决了"引起集体行动困境的主要因素是什么""如何有效破解集体行动的困境"等基础性理论问题。而对于经济动员这项特殊的集体行动来说，如何破解动员和组织广大民众参与该集体行动的难题，正是解决经济动员能力生成问题的核心。

2. 现有研究的不足

人类社会漫长的战争实践充分表明，无论是在冷兵器时代还是在热兵器时代，人类始终没能摆脱"暴力制胜"的魔咒，甚至在"物质崇拜"的道路上越走越远。这种思维与行动倾向对国民经济动员产生的影响就是，经济动员能力的实践和理论研究远远落后于经济动员潜力的实践和理论研究。与成熟的理论研究相比，现有的经济动员能力研究还存在以下不足。

（1）经济动员能力的理论框架有待进一步统一。首先，学术界对经济动员能力的内涵界定尚未达成一致，即存在狭义和广义两个类别，狭义定义强调经济动员能力的主观条件性，广义定义则将经济动员潜力也纳入其中。而且，在广义派学者的研究成果中，往往偏重于分析经济动员潜力，因而在一定程度上削弱了对经济动员能力核心内容的研究。其次，在狭义派学者内部，对经济动员能力研究的侧重点差别很大。例如，施莱辛格（Schlesinger，1960）主要关注国民主观意愿、动员协调机关与组织等影响经济动员能力的要素；波札罗夫（1985）关注经济体制对经济动员能力的影响；克莱姆（Clem，1983）认为，民众意愿、动员计划、法规制度和动员体制是影响国民经济平战转换能力的主要因素。在我国动员学界，除吴景亭（1987）和朱庆林（1997）直接概括了动员能力的构成要素，并分析了影响动员能力生成的主要因素外，其他学者都是在研究经济动员模式创新、经济动员军民结合发展、经济动员制度建设等课题的过程中涉及相关内容。显然，经济动员能力理论体系在研究对象、基本假设、构成要素、生成机理等方面还缺乏统一的理论框架。

（2）经济动员能力的研究范式有待进一步突破。目前，学术界在研究国民经济动员及经济动员能力问题时，所用的基础理论主要来自管理学、军事学和经济学。其中，管理学派进展较快，并取得了一些突破性成果，但表现出很强的工具性和应用性。军事学派则紧贴军事实践分析经济动员能力，但往往侧重于现象描述和宏观分析，对微观层面的机理分析较少。经济学派基于经济动员的资源配置，认识到了制度安排在经济动员能力生成中的重要性，但与主流经济学的最新发展相比还存在较大差距，主要表现在以下三个方面：一是大部分研究成果还没有跳出新古典经济学的分析框架，使研究成果的解释力和应用性大打折扣。事实上，自 20 世纪 60 年代以来，新古典经济学分析框架饱受争议，其基本假设被修正多次。二是部分学者尝试从新制度经济学的角度分析经济动员能力问题，但还停留在一般性的理论介绍层面，未能着眼于经济动员能力的本质属性，没有吸收融合新制度经济学的思想精华。三是主流经济学的最新进展注重对人的行为进行研究，为从动员参与者角度研究经济动员能力生成提供了新的契机，但这些前沿理论与方法还很少用于研究该问题。

（3）经济动员能力生成的动力机制有待进一步探索。经济动员能力的狭义定义强调主观能动性，然而，主观能动性的发挥离不开行为主体的内在动力，正如奥尔森（Olson，1996）指出的，造成国家贫困的根源不是缺少资源禀赋、人力资本和技术，而是缺少由适当制度和经济政策所激发的"动力"。在现有研究中，相关学者分别从不同角度和层面概括了主观能动性发挥作用的条件，也有部分学者意识到了国民意愿对经济动员能力的影响，但对作为经济动员直接客体的经济行为人的主观能动性和参与积极性等动力机制的研究还不足。显然，缺乏动力机制的经济动员能力研究是无源之水、无本之木。相对而言，集体行动理论在研究行为主体动力机制方面有很好的理论积累，为补足经济动员能力生成的动力机制环节提供了很好的工具。但是，集体行动理论本身也需要不断完善，例如，其静态分析方法有待进一步发展，因为经济动员等现实的集体行动往往是多阶段和动态发展的。针对这些不足，虽然 Gavious 和 Mizrahi（2000）等从动态角度拓展了集体行动研究，但这些个别的研究还远没有达到令人满意的地步。

3. 研究切入点

组织起来的人民群众是历史的唯一创造者。这既是辩证唯物主义和历史唯物主义所揭示的基本规律，也是经济动员能力生成实践与理论研究的哲学基础和逻辑根基。从该逻辑出发，解决经济动员能力生成问题，本质上就是要解决国民经济系统中从事经济活动的人为什么能被动员起来的问题，即人民群众为什么会积极参与经济动员集体行动；以及如何将从事经济活动的人动员起来，即如何约束和激励人民群众积极参与经济动员集体行动。但是，现有研究成果主要关注经济动员能力"是什么"的问题，对"为什么"和"怎么办"问题的研究还远远不够，而这正是本书研究的切入点。即在现有研究的基础上，一是继续深化研究"是什么"的问题；二是从集体行动逻辑机理出发，研究"为什么"和"怎么办"的问题。从这个角度切入主要有三个好处：一是抓住了经济动员能力的主要矛盾，有利于研究解决该领域的基础性问题；二是从经济动员能力的狭义定义出发，有助于推动建立规范的经济动员能力理论研究体系；三是借鉴集体行动理论等主流经济学理论方法，有望深化和拓展经济动员能力的研究范式。

▍▍▍第四节　研究意义

经济动员能力既是国民经济动员实际工作的重要组成部分，也是国民经济动员领域的重大理论课题。因此，本书基于集体行动视角考察经济动员活动的本质，通过梳理国民经济动员活动中动员能力发挥作用的历史过程，分析国民经济动员能力生成的困境及破除路径，对有效推进经济动员工作及完善经济动员能力理论体系均有重要价值。

一、实践意义

历史事实深刻表明，彻底结束旧中国"一盘散沙"的局面，是近代以来中国取得一切成就的关键因素，其中包括在经济动员和经济动员能力生成方面的成就。但这些成就的取得并非历史偶然，而是具有必然的内在逻辑和理论基础，为从集体行动视角的解释提供了基础。

1. 为应对经济动员能力的生成和实践提供新的视角

经济动员能力是国家动员能力的重要组成部分，国家动员能力在一定程度上制约着经济动员能力的生成。虽然学术界直接针对经济动员能力生成的研究较少，但不少学者从分析国家动员能力的角度，间接地分析了经济动员能力生成问题。例如，有学者将国家认同感与国家动员能力进行了关联分析，认为在当前经济全球化的大背景下，国家认同感日益成为影响国家动员能力的重要因素。就我国而言，李崇富（2013）在分析社会主义初级阶段国家认同的主体结构及各主体的态度后指出，我国人民在国家认同上总体乐观，但也有部分人的国家认同存在问题，并将对国家动员能力产生一定的影响。金太军和姚虎（2014）指出，应从政治价值系统、经济激励系统和制度组织系统三个基础层面构建国家认同的支撑体系，并通过这三个基础层面在结构上的相互匹配来促进国家动员能力生成。与上述研究不同，本书从集体行动的逻辑出发，通过大集团集体行动困境的一般性原理来直接分析经济动员能力生成失败的原因，并提出经济动员能力的生成之道，对于经济动员能力生成实践具有现实意义。

2. 为依法实施国民经济动员提供科学依据

《集体行动的逻辑》提出，选择性激励是实现大规模集体行动的有效制度安排。同样，在准备和实施国民经济动员工作的过程中，也离不开相应的制度安排。那么，这些制度安排的逻辑依据是什么？什么样的制度安排才是合适的？这些制度安排通过什么样的机制影响经济动员集体行动？本书的研究过程和结果能较好地回答这些问题。首先，本书所依托的基础理论来自新制度经济学。在主流经济学领域，新制度经济学通过修正经济人假设极大地拓展了新古典经济学的解释能力，这使本书建立在科学的基础上。其次，促进经济动员能力生成的一系列制度安排，包括正式制度和非正式制度，都建立在对参与者行为进行分析的基础上，这些行为分析以心理学和行为科学的理论为基础，不仅涉及实验研究的科学成果，还涉及相关领域最前沿的理论。由此可见，研究过程及结论均表明，保障经济动员能力生成的一系列制度安排，都是基于相应学科理论研究的结果，具有可靠的科学依据。同时，这也很好地解释了经济动员过程中相关正式制度安排的原因，而依法实施动员又是正式制度安排的核心内容。

3. 为我国实现新时代的人民战争提供动力源泉

自第二次世界大战以来，世界范围内爆发的战争和武装冲突虽然在规模上变小了，呈现出局部特征，但其依托的社会基础一直很广，始终保持总体战特征，而要进行总体战就离不开人民战争。人民战争是毛泽东军事思想的核心，是我军克敌制胜的法宝。无论科技革命如何发展、战争形态如何演变，人民群众创造历史的规律都不会改变，因而人民战争是制胜法宝的逻辑也不会改变。但是，在不同时代背景及内外部环境下，人民战争的具体实施方式必须进行相应的调整。例如，在过去的革命战争年代，人民群众追求自由、解放和生存的迫切需要是实现人民战争的根本动力。如今，人民日益增长的美好生活需要是其进行一切活动的根本动力，那么，打赢新时代人民战争必须基于这些最新变化。本书研究的经济动员能力生成实践也是一项组织人民的工作，在任何时候、任何条件下，要想破除经济动员集体行动的困境，就必须把人民群众作为经济动员能力的力量源泉。显然，经济动员能力生成的动力机制与人民战争的动力机制完全一致。因此，本书解决了经济动员能力生成的动力问题，也就从动员角度解决了人民战争的动力问题。

二、理论意义

在理论研究的道路上，没有任何一种学术成果或者理论观点能够成为解释某个问题的"唯一准则"。无论是何种理论观点，只要对研究和解决问题有帮助，对人类创造和生产活动有益，都应参考、借鉴和吸收。本书通过借鉴集体行动的相关理论和方法，提出了经济动员能力研究的新思路。

1. 推动完善经济动员能力理论研究体系

一是坚持从经济动员能力的狭义定义出发，将经济动员潜力与经济动员能力区分开，推动经济动员能力的专业化和精确化研究，有利于对研究对象进行统一的界定，深化对"是什么"的认识。二是以集体行动为新的视角，重新审视经济动员的本质与困境，并基于大集团集体行动的逻辑与机理分析经济动员能力生成过程，将问题研究推进到"为什么"和"怎么办"的层次。三是采用博弈论、历史分析、比较分析等研究方法，通过定性分析与定量分析相结合，推动我国经济动员能力理论研究的模型化、数量化和规范化。四是研究的基本假设跳出了新古典经济学的框架，克服了其与真实世界相脱节的先天性不足，对经济动员参与者做了"广义理性经济人"假设，大大提高了理论的解释能力。

2. 进一步拓展集体行动理论研究领域

随着集体行动理论的迅猛发展，理论体系逐步完善，理论分析工具日益丰富，应用研究的对象从最初的研究社会运动拓展到分析资源动员、群体性事件等，并取得丰硕的研究成果。虽然集体行动理论体系中的资源动员理论和选择性激励理论均与国民经济动员存在逻辑上的联系，但目前还没有学者直接从集体行动的角度研究国民经济动员相关问题。为此，本书基于二者的逻辑关联性，改造集体行动相关理论和方法，并将其用于分析经济动员能力生成问题。一方面，拓展了集体行动理论体系的研究范围，使其应用对象从传统的社会动员延伸到战争动员、应急动员；另一方面，通过与国民经济动员领域的具体问题相结合，改造相关理论模型，创新相关研究方法，进一步丰富和发展了集体行动理论体系。

3. 为政治动员理论研究提供有益的借鉴

经济动员与政治动员同为国防动员的重要内容，二者在逻辑和机理上具有很强的关联性，部分学者对此进行过相关论述。例如，陈德第和库桂生（1995）在研究国民经济动员及其动员能力的过程时指出，政治动员是经济动员实施的有效保障，尤其是作为政治动员重要内容的国民思想准备，影响着国民参与经济动员的程度，即国民经济动员的集体行动能力。但是，政治动员的有效实现不能光靠喊口号、鼓动、宣传或者行政强制，必须落实到群众主动参与动员工作的动力机制上。张济顺（2004）在研究上海里弄1950—1955年基层政治动员问题时发现，基层民众参与政治动员的根本动力来自与他们密切相关的利益和福利，正是这种动机的实现催生出他们对政治动员工作的认同感。本书在分析经济动员能力生成问题的过程中，既强调作为利益动因的共容利益的重要性，也注重从制度安排上保障经济动员集体行动，其中，价值观念、道德约束等社会资本不但是经济动员的重要激励手段，也是实施政治动员的基本工具；同时，由"有条件合作者"的基本假设可知，民众对政治动员响应的核心动力也来自利益驱动。因此，从集体行动角度分析经济动员问题的相关过程和结论，对深化政治动员相关理论研究同样具有借鉴意义。

▌▌▌第五节　基本内容

为完整展现本书的基本内容、清晰刻画研究脉络，本节主要从研究方法、技术路线和内容概要三个方面进行介绍。

一、研究方法

基于对经济动员能力的现有研究，结合集体行动领域研究的最新进展和理论方法优势，本书采用的研究方法包括定性分析与定量分析方法、历史分析与逻辑推演方法、规范分析与实证分析方法、比较分析方法、博弈论方法。

1. 定性分析与定量分析相结合

将定性分析与定量分析相结合是经济学研究中的通行做法，既有助于快速把握研究对象的总体特征与基本规律，又能加深对现象的直观理解和精准认识。在与经济动员能力生成相关的众多因素中，有些能进行量化研究，有些则适合定性分析。例如，对经济动员能力、集体行动能力等定义的描述，对选择性激励和强制等制度性安排的界定，以定性分析为主；对于共容利益的数量化分类，经济动员能力生成过程中涉及的交易成本、效率、有效性评判标准等，则通过建立相应的博弈论模型和数学模型进行测算分析。

2. 历史分析与逻辑推演互补

历史分析与逻辑推演相结合，是促成实践与理论相统一的基本方法。在历史分析方法中，一是从实际历史演变的角度梳理经济动员所表现出来的集体行动特性，进而得出经济动员本质上属于集体行动范畴的结论；二是通过梳理历史上的政权演变过程，分析不同社会状态下的共容利益情况，以及共容利益对经济动员能力生成的影响；三是梳理中国共产党领导下的经济动员的历史事实，为分析经济动员能力生成的集体行动规律提供案例支撑。在逻辑推演中，一是从学术界关于经济动员的基本概念入手，分析各类定义所包含的集体行动要素，推演出国民经济动员的集体行动本质；二是从集体行动逻辑的一般机理和经济动员本身的特性出发，提出破除困境的基本理论框架，即共容利益及强制措施、选择性激励与行业动员等制度安排。

3. 规范分析与实证分析方法并用

规范分析与实证分析方法是经济学研究中常用的分析方法，二者在研究中往往分工明确，各自扮演不同的角色，前者主要回答"好不好""应不应该"等价值判断性问题，后者则主要解决"为什么""是什么"等现象解释性问题。同时，二者相辅相成、互为补充，正如经济学大师弗里德曼（Friedman，1953）所认为的，规范经济学不可能独立于实证经济学。任何政策结论都必然依赖人们对做某事的结果所做的推测，而推测必定或明或暗地基于实证经济学。为此，本书将规范分析与实证分析方法并用。例如，在对人类集体行动进行分类时，采用规范分析方法将其分为积极与消极两大类；在探讨共容利益与经济动员能力生成之间的关系时，通过梳理历史事实进行了实证分析；在第六章采用实证分析方法分析中国共产党领导下的经济动员的历史经验时，又对其共容利益和制度安排进行了规范分析。

4. 比较分析方法

横向比较与纵向比较是分析不同现象的差异、比较不同理论的优劣的重要工具。为了加强论证的严谨性与分析的科学性，本书进行了大量的比较分析研究。例如，在论证共容利益和制度安排破解集体行动困境的效果时，既通过纵向比较分析了不同社会状态下的共容利益情况及其对应的经济动员能力水平，又通过横向比较分析了第二次世界大战期间不同国家的经济动员能力，论证了强制措施对经济动员能力生成的积极作用；也对比分析了有无选择性激励时的集体行动效果，论证了选择性激励措施在破解集体行动困境中的重要作用；还以中国共产党领导下的经济动员实践为分析对象，纵向对比了三个阶段的经济动员能力生成情况。

5. 博弈论方法

博弈论（Game Theory）是研究人与人之间行为互动的重要分析工具，在社会运动、集体行动等领域已有较为广泛的应用，例如，在分析集体行动困境时，"囚徒困境"博弈被作为一个典型的案例。基于该逻辑，本书在分析经济动员集体行动机制的过程中使用了大量的博弈论方法。首先，基于国民经济动员活动本身的主客体特性，建立了基本的"领导者—追随者"博弈模型，以描述和分析动员过程中政府与民众之间的关系。其次，为了更好地与真实世界相衔接，对行为人做出了"有条件合作者"的基本假设，而有条件合作者之间的互动本质上就是博弈的过程。最后，为了分析强制、选择性激励、行业动员等制度安排对于破除集体行动困境的作用，分别建立了基于"成本分担""贡献返还""门槛"制度的博弈论模型。

二、技术路线

技术路线是本书整体逻辑的可视化和形象化。本书采用如图1-2所示的技术路线。首先，从现实背景与问题出发，提出经济动员能力的重要性、不适应性以及相关理论研究的迫切性，解决"为什么"进行课题研究的问题。其次，在梳理经济动员能力与集体行动现有研究成果的基础上，从新的视角重新审视经济动员能力生成的本质与困境，并从共容利益和制度安排两个层面分析破除困境的内在机理，解决"是什么"的问题。最后，通过实证分析中国共产党领导的经济动员实践，验证前述建立的理论模型，总结我国经济动员能力生成的历史经验，并提出应对新时期经济动员能力生成挑战的措施，解决"怎么办"的问题。

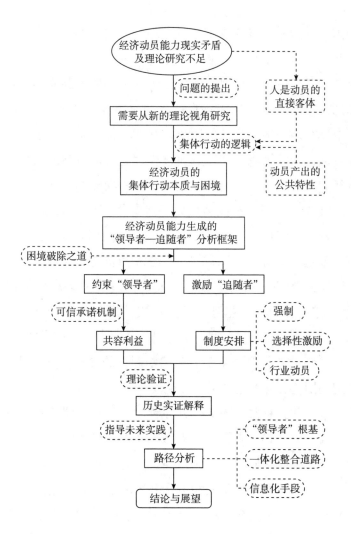

图 1-2 技术路线

三、内容概要

按照上述技术路线的基本思路，本书共包含八章，并构成完整的理论分析体系，各章内容简述如下。

第一章是导论。提出全书的研究问题，介绍研究的现实背景，通过梳理国内外的相关研究成果，引出理论研究的切入点，并指出研究意义、基本内容及创新与不足。

第二章是集体行动：理解国民经济动员本质的新视角。重点从集体行动的视角解释国民经济动员的本质。首先，从一般性原理出发，界定了个体行动与集体行动的边界，并对集体行动进行了分类，指出了集体行动存在的困境。其次，通过梳理经济动员演变历史，分析经济动员经典定义所包含的元素，论证了经济动员的集体行动本质，为从逻辑上推导出经济动员能力就是一种集体行动能力提供基本依据，并论述了我国特定环境下的国民经济动员的集体行动特性。

第三章是"领导者—追随者"：经济动员能力生成的分析框架。重点从国民经济动员的国家特性出发，构建了经济动员集体行动的"领导者—追随者"分析框架，并从序贯博弈的角度分析了该框架的基本原理。基于经济动员的集体行动本质特性，经济动员能力生成的过程就是"领导者"将"追随者"组织起来的过程，但该过程同样会面临一定的困境，并产生消极的影响。

第四章是共容利益：约束"领导者"的可信承诺机制。从共容利益角度探索约束"领导者"作用有效发挥的可信承诺机制，这是走出经济动员能力生成困境的第一条道路。一是在集体行动经典理论的基础上，将共同利益细分为狭隘利益和共容利益，并通过量化手段定义了共容利益，分析了共容利益对于实现集体行动的必要性。二是分析了我国国民经济动员能力生成在共容利益上面临的严峻的现实挑战，主要包括市场逻辑与共容利益之间的冲突、经济动员科技密集化与共容利益的冲突、国民经济动员功能拓展面临的共容利益问题等。三是从现代产权治理的角度，分析和解决在共容利益上面临的现实难题。

第五章是制度安排：将"追随者"组织起来的现实手段。从制度安排的角度探索将"追随者"组织起来的可行途径，这是走出经济动员能力生成困境的第二条道路。一是基于国民经济动员集体行动本身特有的属性，提出通过强制制度安排破解经济动员能力生成困境的思想，主要涉及经济动员的规划计划、经济管制和资源征用等，并建立了博弈理论模型。二是基于奥尔森的经典理论，提出通过选择性激励破除困境的思想，并分析了选择性激励的必要性、基本原理、内容与方式，建立了选择性激励的博弈理论模型。三是基于集体行动逻辑中关于"小集团"的基本原理，提出通过行业动员破除困境的思想，并以"宁波模式"为对象进行了案例分析。

第六章是历史解释：中国共产党领导的经济动员能力生成实践。属于历史解释环节，以中国共产党领导的经济动员实践为对象，实证分析了第二章至第五章理论框架的合理性与正确性。一是基于研究假设将中国共产党领导的经济动员划分为三个历史阶段，即1927—1949年的根据地时期、1949—1978年的"前三十年"和1978年至今的改革开放后的新时期，并系统论述了各阶段经济动员能力生成的内外部条件和特点规律。二是基于集体行动的内在逻辑，概括了中国共产党领导下经济动员能力生成的基本经验。三是辩证分析了过去实践中存在的主要问题，以及未来实践可能面临的严峻挑战。

第七章是路径分析：打造新时代经济动员能力生成的4.0版本。属于对策环节，分析了推动和优化我国经济动员能力生成的现实路径，主要包括筑牢"领导者"治理基础、深化国民经济动员一体化发展、有效发挥信息技术的战略支撑作用。

第八章是结论与展望。为全书的落脚点，概括本书的主要结论以及未来需要继续深入研究的方向。

第六节　创新与不足

创新是科学研究的活的灵魂，是研究学术价值的重要基础。本书突破经济动员能力传统理论研究的基本框架，从全新的视角分析和解决经济动员能力生成难题，为完善经济动员能力理论研究体系添砖加瓦。

一、主要创新点

（1）首次从集体行动理论视角分析了国民经济动员的本质与困境，开辟了经济动员能力理论研究的新空间，为研究和解决经济动员能力生成问题提供了新的理论基础和思路。目前，学术界关于经济动员能力的研究主要基于经济动员的六大类传统概念及经济动员能力的广义和狭义定义，这些经典定义对于理论研究和实际工作都具有重要价值，但仍有一定的局限性。本书抓住了经济动员的直接客体为国民经济体系中从事经济活动的人这个基本特征，结合经济动员活动产出的公共产品属性，指出国民经济动员本质上是一种政府组织、民众参与的合作性集体行动，并根据经典理论关于经济动员的基本定义及经济动员演变的历史特性，对该提法进行了有效论证。在该特殊的集体行动中，政府担任"领导者"角色，广大民众担任"追随者"角色，经济动员能力是"领导者"将"追随者"有效组织起来的能力。由此，可以通过集体行动的逻辑来分析经济动员能力生成的具体过程，从而跳出经济动员能力理论研究的传统框架，弥补现有研究的不足。

（2）通过"领导者—追随者"序贯博弈模型这个新方法，构建了经济动员能力生成的理论分析框架，为破除经济动员集体行动困境提供了新的分析工具。经济动员能力本质上是"领导者"通过一定的手段将"追随者"有效组织起来的能力，那么，为了保证"领导者"的组织手段有效，即被"追随者"认可，首先需要"领导者"通过自我约束，构建"领导者—追随者"共容利益的可信承诺；其次需要"领导者"通过适当的制度安排对"追随者"进行激励和约束，使"追随者"按照"领导者"的意图参与到经济动员集体行动中。因此，该理论分析框架主要由两部分构成：第一部分是约束"领导者"的可信承诺机制，即共容利益；第二部分是激励和约束"追随者"的制度安排。其中，在共容利益部分，本书拓展了集体行动经典理论关于共容性组织的基本范畴，打通了共容利益与经济动员能力生成之间的内在逻辑。在制度安排部分，一是通过建立博弈理论模型，分析了强制制度安排在经济动员能力生成中的积极作用；二是通过博弈理论模型，对选择性激励在经济动员能力生成中的应用进行了研究；三是将传统动员领域中的行业动员上升为"小集团"集体行动理论，从集体行动的角度进行了很好的解释和分析。

（3）首次通过"领导者—追随者"博弈分析框架，对中国共产党领导下的经济动员的历史经验进行了新的解释，论证了具有坚强领导核心的"领导者"在经济动员能力生成中的关键作用，说明了中国共产党这个"领导者"是破除大集团集体行动困境的关键变量，实现了对奥尔森经典集体行动理论的突破和发展。为了检验"领导者—追随者"理论分析框架的合理性，以中国共产党领导的经济动员能力生成实践为分析对象进行历史解释。由于在该历史过程中，中国共产党这个"领导者"经历了从自愿型"领导者"到权威型"领导者"的身份和地位转变，作为其组织对象的"追随者"则经历了同质性和异质性之间的多次转换，因此，该历史分析对象非常具有代表性，是全面分析"领导者"和"追随者"在经济动员能力生成过程中所发挥作用的最好素材。历史分析结果表明，中国共产党领导的经济动员实践是在复杂的环境下进行的，影响该集体行动的因素各种各样，其中，共容利益与制度安排是重要的基础和保证，这也是世界范围内的基本经验和经典理论的共识。但是，中国共产党的坚强领导这个核心变量是中国所特有的，其作用过程既满足有条件合作的基本假设，也符合二阶集体行动的基本原理。

二、存在的不足

在本书研究过程中，虽然笔者付出了很大努力和心血，但受现有研究基础及个人研究水平所限，本书还存在一些不足。一是因篇幅有限，在历史解释部分只分析了中国共产党领导的经济动员能力生成实践，缺乏对国外相关实践经验的系统梳理和比较研究。二是针对打造新时代我国经济动员能力生成的 4.0 版本，虽然从根基、战略和工具三个方面进行了路径分析，但升级经济动员能力生成模式是一项复杂的系统工程，本书的分析还远远不够，需要在后续研究中对其进一步深化。

第 二 章

集体行动：理解国民
经济动员本质的新视角

（人）力不若牛，走不若马，而牛马为用，何也？曰：人能群，彼不能群也。[1]

——《荀子·王制》

贫困社会的最大挑战不是资源的缺乏，而是它们很难组织大规模的活动，特别是政府活动。[2]

——《规模不经济及发展》(*Diseconomies of Scale and Development*)

全中国人民动员起来，武装起来，参加抗战，实行有力出力，有钱出钱，有枪出枪，有知识出知识。[3]

——《毛泽东选集(第二卷)》

---

① 荀况. 荀子 [M]. 北京：中华书局，2015：140.
② OLSON M. Diseconomies of scale and development [J]. Cato Journal, 1987, 7 (1)：77-97.
③ 毛泽东. 毛泽东选集：第二卷 [M]. 北京：人民出版社，2009：355.

▌▌▌第一节　无处不在的集体行动

集体行动的理念和实践贯穿于人类历史的全过程。在我国传统文化中，大同、和谐、集体主义等与集体行动相关的观念一直很受重视，对我国古代文明的产生、发展和繁荣产生了重要的催化作用。尤其在近代中国，集体行动结束了旧中国"一盘散沙"的局面，推动了中国翻天覆地的社会变革。当前，随着我国经济结构调整和各项社会改革的深入推进，信息网络技术的普遍使用和全面渗透，市场经济条件下社会主体利益及诉求的多元化，各种形式的集体行动日益呈现出蓬勃发展的新趋势，并将从各个方面对我国经济社会的安全、稳定、发展与繁荣产生持续而深刻的影响。

一、二分法：从个体行动到集体行动

人类作为社会性动物，其行为方式丰富多彩，根据不同的标准和视角，可以划分为不同的行为类型。例如，经济学者 Magill（1997）在其主编的《经济学百科全书》（*International Encyclopedia of Economics*）中，将人类行为分为市场行为与集体行为，从行为的组织模式来看，其本质就是个体行动与集体行动。这种二分法虽然不是唯一有效的划分方式，但能通过把握个体行动与集体行动之间的差别和联系，揭示出人类行为背后的某些基本规律。

1. 个体行动与集体行动的差异

个体行动与集体行动是两类不同的行为模式，其差异体现在多个方面。基于研究集体行动内在机理的需要，这里主要概括二者在行动目标、产品特征和行动运行机制三个方面的差异。

（1）行动目标差异。根据基本定义，个体行动是独立的行为主体以直接实现自身利益为目标的行为，而集体行动则强调一群人（参与者数量 N≥2）在共同利益和一致目标的框架下，协调一致地采取行动。需要注意的是，正如 Le Bon（1895）指出的，若是一群漫无目的的人聚集在了一起，则他们不能算是集体行动意义上的群体，因为缺乏凝聚群体的共同目标，他们的行为只能定性为特殊的个体行动。也可以说，个体行动的目标是单纯的个人福利，而集体行动的目标则是公共福利，且该公共福利根据性质和受益范围的不同又可细分为三类，即集体内部的公共福利、集体之外的公共福利和整个社会的公共福利，并分别对应三类不同的集体行动。一是集团福利主导型集体行动，所提供的公共福利只惠及集体行动参与者全体，以社区公共产品供给活动为代表；二是他人福利主导型集体行动，所提供的公共福利只惠及供给者之外的特定对象，如慈善捐赠等；三是社会福利主导型集体行动，所提供的公共福利惠及全社会，如社会运动、构建社会制度和规范等。显然，这三类集体行动的受益主体差别较大。因此，从"供给主体—受益主体"关系的角度来看，个体行动的目标使两大主体完全统一，而集体行动的目标却使公共福利的供给主体与受益主体之间可能不一致。

（2）产品特征差异。根据经济学关于产品属性的分类，个体行动或市场行为提供的是私人产品（这里，企业作为一个整体，将其生产行为看作个体行动），集体行动提供的是公共产品（包括纯公共产品和准公共产品）。私人产品在完全市场的条件下即可实现有效供给，因此，在完全竞争市场中，个体行动一般不存在"失灵"或"失败"的问题。但是，公共产品由于具有非排他性和非竞争性，使集体行动的表现有所不同。一方面，在集团福利主导型与社会福利主导型集体行动中，集体产品的非排他性或不可分割性不能低成本地将任何受益主体排除在公共福利之外，因而，部分行为主体就有可能产生"搭便车"的机会主义倾向。另一方面，集体产品也可以区分为竞争性和非竞争性两类，对于竞争性集体产品来说，其总收益量是一定的，当集体行动受益者规模扩大时，其每个成员的受益所得必然降低，如果受益者也是供给者，那么因缺乏足额激励就会出现供给不足的问题；对于非竞争性集体产品来说，其总收益量随集体规模的扩大而自动增加，不会对供给者的集体行动构成严格约束。因此，个体行动产品在个体权、责、利统一的条件下更容易实现有效供给，而集体行动的公共产品供给问题，则因产品的非排他性和非竞争性会变得更加复杂。

（3）行动运行机制差异。奥尔森在给 Sandler（1992）的《集体行动：理论与实践》一书作序时提出了经济学"第二定律"。奥尔森将亚当·斯密的"看不见的手"理论称为"第一定律"，即"当每一个理性个体谋求其自身利益时，社会的理性结果就会自动出现"。而"第二定律"则认为，有时"第一定律"会站不住脚，因为当个人利益与集体利益之间存在冲突时，无论每位个体怎样努力追求自己的利益，社会的理性结果最终都不会自动出现，除非有适当的外部制度安排。经济学"第一定律"和"第二定律"内涵的不同，决定了它们应用领域的差异。总的来说，自亚当·斯密以来的市场分析基本上一致认为，"第一定律"普遍适用于私人产品领域，但也常常被错误地套用在集体产品或公共产品领域。在此基础上，集体行动实践及理论研究结果表明，集体行动有其自身的运行机制和逻辑，"第二定律"便是集体行动逻辑的集中体现。总之，个体行动运行机制遵循市场逻辑，即"第一定律"，集体行动运行机制特有的逻辑则表现为"第二定律"。

2. 个体行动与集体行动的内在联系

在主流经济学框架下，个体主义是个体行动和集体行动共有的基本方法论，并成为个体行动与集体行动之间内在联系的桥梁。

（1）基于相同的个体主义哲学。经济与社会科学边缘领域著名学者 Baurmann（2000）曾深刻洞察到，虽然部分自由主义学派的学者认为之所以集体行动在经济活动中长期被低估，一个重要原因是受主流经济学理性人假设和市场模型的制约，事实上，作为市场理论基础的个体主义方法论与集体行动之间并不冲突。众所周知，个体行为基于个体主义方法论这一点在学术界基本上不存在争议。然而，关于集体行动方法论问题则存在不同的观点。部分行动哲学家如托米拉（Tuomela）、米勒（Miller）和萨格登（Sugden）等坚持集体行动的集体主义方法论，他们主张以"集体意向"来说明集体行动，并认为集体意向不可以还原为个人意向的累加。针对这种观点，朱志方（2012）尖锐地指出，"集体意向"只是一个无用的虚构，并充分论证了集体意向是可以还原为个人意向的。他认为，信念和愿望在本原上只能是个人的信念和愿望，而在集体意向框架下可能存在的唯一的集体目标却是一个极其笼统的目标，只有通过个体主义方法论分析集体行动，才更符合统一性、简单性及说服力的要求。此外，在新制度经济学中，奥尔森和布坎南等在建立集体行动理论体系时均认为，抽象的、无主体的所谓公共利益（或集体利益）是不存在的，也是没有实际意义的。哈耶克（2015）认为，在集体行动中，集体利益或集体目标只是服务于参与者个人利益的手段。由此可见，虽然关于集体行动方法论问题尚存争议，但主流观点主要持个体主义态度，并具有更强的说服力。为此，本书认为，无论是个体行动还是集体行动，其基本的方法论都是个体主义。

（2）个体行动与集体行动的互动逻辑。一方面，个体行动是集体行动的基础。正如汪敏达（2014）从博弈结构角度所定义的，集体行动是"个体在理性与偏好两大微观动因的支配下，根据不同类型的信息集、策略集和支付结构进行策略选择的复合结果"。布坎南在《同意的计算》中分析了个人选择计算与群体决策之间的关系，为此，他假定集体行动由个体行动组成，类似于集体意向能够还原为个体意向的累加。但是，这种组成和累加并非简单的线性关系，而往往是复杂的非线性关系，并且具有某种不确定性。也正是这种不确定性，才有了从个体行动过渡到集体行动时的特殊逻辑和困境。另一方面，集体行动拓展了个体行动理性的边界。正如政府行为补充市场行为、公共产品部门补充私人产品部门一样，集体行动通过对个体行动的补充，提供了个体行动无法提供的公共福利。同时，在集体行动中，随着集体行动规模和结构的差异化，参与者理性的异质性更加突出。此外，在一系列社会规范的约束下，利他、互惠、声誉、公平等社会性偏好与个体理性一起构成集体行动参与者的微观动机，共同影响集体行动的结果，甚至在一定条件下，个体理性也不再是决定集体行动结果的最重要的因素。

二、丰富多彩的集体行动实践

在漫长的历史演进过程中，人类为了解决单个个体无法实现公共产品供给的问题，开展了丰富多彩、波澜壮阔的集体行动，这些集体行动在推动人类社会发展、影响人类福利方面产生过重大影响。从一定意义上说，没有集体行动的实现，就没有今天的人类社会。从不同的视角看待集体行动，可以将其分成不同的类型。例如，基于集体行动产出的受益范围，可以分为集团福利主导型集体行动、社会福利主导型集体行动和他人福利主导型集体行动；基于集体行动参与者的参与度，可以分为一致同意的集体行动、多数集体行动和关键少数集体行动；基于集体行动参与者的范围，可以分为宏观集体行动和微观集体行动；基于集体行动产生的社会后果，可以分为积极作用的集体行动和消极作用的集体行动；基于集体行动的组织方式，可以分为强制下的集体行动和自愿发动起来的集体行动。为了充分认识集体行动的重要作用及其组织运行机制的基本规律，这里从社会后果的视角梳理和总结人类社会集体行动实践。

1. 积极作用的集体行动

整个人类社会的生存和发展史就是一部惊心动魄的集体行动奋斗

史。正如 Pennisi（2005）所指出的，起初，在与大自然的斗争中，人类的祖先通过相互合作才成功实现繁殖和进化；在与其他物种的竞争中，也是基于集体行动才一步步地成为地球的主宰者；此后，脱颖而出的人类通过数不尽的集体行动，推动了社会的整体进步，造就了今天人类社会的繁荣。

（1）生存所迫的集体行动：人类"主宰"万物的故事。当前，人类是统治地球的唯一物种。针对这种结果，不同领域的学者都曾进行过大量研究，其中影响较大的学术观点就是"工具论"。该观点认为，在身体机能上，人类无法与狮子、老虎、豹子、大象、猩猩等各类大型物种竞争和搏斗，但人类在劳动实践中发明了工具，并将这些工具有效地应用到斗争中，于是从所有的物种中脱颖而出，结果便是各种猛兽被力气不大的人类关进动物园的铁笼，大量动物成了人类餐桌上的美味佳肴。应该说，工具是人类战胜其他物种的一个重要条件，但并不是充分条件，因为只有工具并不能保证整个人类胜出。在此基础上，以色列希伯来大学历史系教授、青年怪才赫拉利在其名著《人类简史：从动物到上帝》（*Sapiens：A Brief History of Humankind*）和《未来简史：从智人到智神》（*Homo Deus：A Brief History of Tomorrow*）中深刻指出，"智人"之所以能够战胜其他人种并最终一枝独秀，其根本原因是大规模合作或者说大范围集体行动。赫拉利的洞见与 2000 多年前中国古代思想家荀子的"人能群，彼不能群也"的观点不谋而合。距今大约250 万年前，人类祖先出现在东非并开始演化。大约 200 万年前，演化出东非的鲁道夫人、东亚的直立人、欧洲和西亚的尼安特人等不同的人种。大约 7 万年前，"智人"开始创造"文化"，并通过种种共同的虚构故事，促成了无数陌生人之间的灵活合作。社会学及生物学相关研究表明，其他物种也有合作的行为，但是往往合作的规模上限为150 个成员。"智人"基于共同虚构的故事，使合作规模的边界能够扩大到任何陌生个体，正是这种扩大的集体行动所表现出来的战斗力打败了其他物种，使人类主宰了整个世界。事实上，人类不仅在使用工具与其他物种对抗时表现出集体行动，其创造复杂工具的过程也是集体行动的过程，如科技创新和市场协作。

（2）发展所需的集体行动：现代科技创新大协同的逻辑。科学技术这个人类文明的重要标志，就是人类集体行动的结果，但人们对此一直存在一种误解，即认为科学技术的发展仅仅是少数几个天才人物的杰作。事实上，对化学和物理学的发展历史进行深入探究，我们就会发现，科学是在无数普通人的共同努力下，由无数偶然性成果累积而成的。例如，仅原子结构的发现与研究就涉及很多科学家，除了我们耳熟能详的道尔顿、汤姆逊、卢瑟福、波尔、爱因斯坦，还有很多鲜为人知的科学家，如 John Main Smith、John Nicholson、Charles Bury、Charles Janet、Edmund Stoner、Richard Abegg 等。显然，科学是集体成果，科学发展是人类集体行动在时间维度上的累积，绝非少数几个天才人物的个体化表演。

事实上，科技创新实践就是典型的集体行动。到目前为止，人类科技创新实践经历了从简单到复杂再到超复杂的过程，在这个演变过程中，集体行动的特征越来越突出。例如，20 世纪美国的曼哈顿计划（Manhattan Project）、阿波罗计划，中国的"两弹一星"工程、载人航天工程，以及人类基因组计划（Human Genome Project）等，都是人类社会集智攻关的集体协作行为。这里主要分析曼哈顿计划和人类基因组计划的集体行动特性。一是曼哈顿计划，即美国在 1942 年 6 月启动的基于核裂变反应的原子弹研制计划。为了实现计划设定的目标，当时组织了除德国外的几乎所有西方国家最优秀的核科学家，并雇用了大量的相关工作人员。在顶峰时期，曼哈顿计划的在位工作人员达到了 53.9 万人，他们或者自愿而来，或者在政府的强制要求下，为了共同的目标协调合作。二是人类基因组计划，该计划实施以来的首要经验就是通力合作，即来自不同国家、具有不同资历和学科背景的 2000 多名研究人员为了共同利益而放弃个人偏好，不同研究团队之间通力合作并进行数据和资源共享，从而达成了推动该计划实施的集体行动共识。

2. 消极作用的集体行动

集体行动是特定人群有目的性行为的集合，但这种共同目的并非总与社会发展进步方向相一致，有时甚至会阻碍社会发展，成为影响社会进步和社会公共福利的消极因素。在人类社会发展历史中，消极作用的集体行动并不少见，下面主要分析恐怖主义行动。

自"9·11"事件以来，人类进入反恐战争时代。例如，2017年3月22日，英国议会大厦遭到恐怖袭击，造成至少5人死亡、40多人受伤，一时引起国际社会高度关注。又如，2017年4月3日，俄罗斯圣彼得堡地铁遭到恐怖袭击，造成至少11人死亡、50多人受伤，再次震惊国际社会。学术界关于恐怖主义还没有一个完全一致的定义，为研究方便，这里采用国防经济学领域的定义，即恐怖主义是"恐怖组织通过胁迫除直接受害者之外的大量受众，有预谋地使用或威胁使用暴力，或武力反对非战斗人员，以此来获取政治或社会方面的收益"。显然，该利益是恐怖组织全体成员的公共利益，该行动是恐怖组织精心策划、组织协调的结果，因此，恐怖主义行动属于集体行动。根据恐怖袭击的主客体范围，又分为国内恐怖主义和国际恐怖主义两大类。为细化研究，米茨科鲁斯等专门对恐怖主义事件进行了数据统计，统计结果表明，1968年1月1日至2004年12月31日共发生12803起恐怖袭击事件，分为爆炸、绑架、谋杀等25种类型。[①]与积极作用的集体行动相反，恐怖主义行动对人类社会发展造成了极大的负面冲击，被视为人类公害。恐怖主义行动的消极作用既有宏观经济后果也有微观经济后果，其危害主要表现在以下两个方面。

一是恐怖主义行动造成大量无辜人员伤亡。根据《新疆的反恐、去极端化斗争与人权保障》白皮书，"2001年9月11日，美国发生震惊世界的恐怖袭击事件，2996人死亡。2002年10月12日，印度尼西

[①] 桑德勒，哈特利．国防经济学手册：全球化进程中的国防：第2卷［M］．姜鲁鸣，陈波，罗永光，等译．北京:经济科学出版社，2009：208-209.

亚巴厘岛汽车炸弹袭击事件，202 人死亡。2004 年 3 月 11 日，西班牙马德里列车连环爆炸案，190 人死亡、1500 余人受伤。2004 年 9 月 1 日，俄罗斯别斯兰人质事件，造成包括 186 名未成年人在内的 335 人死亡、958 人受伤。2005 年 7 月 7 日，英国伦敦连环爆炸案，52 人死亡、700 多人受伤。2008 年 11 月 26 日，印度孟买连环恐怖袭击案，195 人死亡、近 300 人受伤。2011 年 7 月 22 日，挪威奥斯陆爆炸枪击事件，77 人死亡。2013 年 9 月 21 日，肯尼亚内罗毕恐怖袭击事件，72 人死亡、168 人受伤。2015 年 11 月 13 日，法国巴黎系列恐怖袭击事件，132 人死亡、300 多人受伤。2016 年 3 月 22 日，比利时布鲁塞尔连环爆炸案，35 人死亡、300 多人受伤。2016 年 12 月 19 日，德国柏林恐怖袭击事件，12 人死亡、49 人受伤。2017 年 1 月 1 日，土耳其伊斯坦布尔恐怖袭击事件，39 人死亡、69 人受伤。2017 年 11 月 24 日，埃及北西奈省恐怖袭击事件，235 人死亡、109 人受伤。据不完全统计，2018 年全球发生 1127 起恐怖袭击事件，造成 13000 多人死亡"。

二是恐怖主义行动造成较大的直接或间接经济损失。首先，恐怖主义行动对旅游业发展带来较为严重的冲击。桑德勒和哈特利（2009）根据经验数据认为，一起典型的跨国恐怖袭击事件会吓阻超过 140000 人次的游客。例如，Drakos 和 Kutan（2003）关于土耳其、以色列和希腊的一项研究表明，1991—2000 年，受国际恐怖袭击事件的影响，土耳其的旅游市场损失了 5% 的份额，以色列和希腊分别损失了近 1% 和 9% 的份额。其次，跨国恐怖袭击事件会影响国际投资者对事发国的直接投资净额。基于对风险和回报的考虑，投资人都会慎重选择恐怖袭击事件多发地区。再次，恐怖主义行动会对贸易额造成较大的冲击。例如，Nitsch 和 Schumacher（2004）通过标准贸易引力模型估算认为，首次跨国恐怖袭击事件会降低 10% 的双边贸易份额。最后，恐怖主义行动会对金融市场产生负面冲击。例如，Drakos（2004）针对 "9·11" 事件与航空公司股票关系的模型化研究表明，在 "9·11" 事件后，除了 KLM 和 Qantas 这两家非美国运输公司的股票没受影响，其他 9 家公司股票的系统风险都增加了。

三、集体行动的困境

人类社会现有的局面是一系列成功集体行动叠加的结果，但是，在现实的背后还有大量没有实现的集体行动，因为并非具有共同利益的群体就必然进行有效的合作，这就是集体行动的困境，在西方思想史上被称为"格劳秀斯难题"。从实用主义的角度来说，对失败的集体行动的研究不但可以深刻了解困境的根源，也能为实现积极的集体行动提供借鉴。

1. 集体行动的失败与后果

毫不夸张地说，在人类社会实践中，因困境而失败的集体行动的数量和成功的集体行动的数量几乎一样多，甚至有时失败的集体行动与成功的集体行动往往共生。例如，就跨国恐怖主义行动而言，既有恐怖组织实施恐怖活动的集体行动，也有世界各国联合反恐的集体行动，时有发生的跨国恐怖袭击事件是联合反恐失败的最好例证。为此，这里主要从"囚徒困境"、表现形式和影响三个方面分析国际反恐合作陷阱。

（1）理性经济人与国际反恐合作的"囚徒困境"。首先，无论是从理论还是从现实来看，国际联合反恐都是具有明显外部性的公共产品供给活动，例如，当恐怖袭击由较强目标转向较弱目标时，可以看成因较强目标加强威慑而对较弱目标产生了负的外部性。然而，由于国际联合反恐的公共产品属性和外部性，国际联合反恐合作不仅面临市场失灵问题，还面临"威斯特伐利亚困境"这个无法避免的政治障碍，因为在 1648 年确立的威斯特伐利亚体系下，任何主权国家在其领土主权范围内实施相对独立的治理，而不存在超越主权国家的"世界政府"，这就导致面对国际公共产品供给困境时，缺乏有效的政府机制作为补充。其次，从理性经济人假设出发，可以将反恐参与国看成优先追求本国利益最大化，并能够计算成本和收益的自利与理性经济人。这里的本国利益是指对于其他国家而言的本民族国家的整体利益，不考虑其"领导者"与"追随者"之间的利益共容性问题。那么，类似于一般公共产品的供给逻辑，国际联合反恐行动也只是作为理性经济人的各参与国基于各自利益相互博弈的结果。由于没有刚性制度约束，各国采取不同反恐措施之间的博弈不可避免地陷入"囚徒困境"，即国际反恐合作陷阱。

（2）国际反恐合作陷阱的具体表现形式。国际联合反恐是一项复杂的集体行动，涉及的因素非常多，因而面临无数的陷阱。为了研究方便，这里主要分析国际反恐合作陷阱中最具代表性的两个例子。

一是对恐怖分子金融资产冻结的失败。恐怖组织从事恐怖活动常常受到较为严格的资金和预算约束，因此，若世界各国能够联合起来有效控制这部分资产，就能进一步约束恐怖分子的预算条件，从而对恐怖袭击行为有所限制。事实上，自"9·11"事件之后，世界上的主要国家及联合国、国际货币基金组织等一致呼吁冻结恐怖分子的资产。白宫在 2003 年的相关报告中透露，当时在许多国家的一致配合下，最终冻结了大约 2 亿美元恐怖活动的资产。但是，莱维特（Levitt，2003）的研究表明，仍有恐怖组织想方设法与未参加冻结行动的主权国家合作，并将活动资金换成小股金额以逃避冻结。[①] 此后，为深入分析金融资产冻结失败问题，探究与资产冻结困境相关的过程，理论界进行了大量研究，其中比较有代表性的是"猎鹿博弈模型"。在该模型中，参与冻结行动各国之间的博弈过程表明，除非恐怖袭击的首要目标针对国能够被有效说服，否则仍然有部分国家选择不参与联合冻结行动。

二是部分国家为恐怖组织提供了安全避难所。除了资金约束，恐

---

① 桑德勒，哈特利. 国防经济学手册：全球化进程中的国防：第 2 卷 [M]. 姜鲁鸣，陈波，罗永光，等译. 北京：经济科学出版社，2009：191.

怖组织还需要相应的安全避难所作为"根据地"，以筹划恐怖活动或进行恐怖袭击训练。那么在世界范围内，这些安全避难所必然会位于某个或某些主权国家内。因此，理论上，只要所有国家都能够有效地联合起来拒绝容纳恐怖组织，那么后者将无立足之地，也就无法策划和实施恐怖袭击事件。但事实上，还是有部分主权国家为恐怖组织提供了安全避难所，从而产生了联合反恐陷阱。对此，学术界通过建立非对称博弈模型分析了反恐国家的选择过程，研究表明，在逻辑上完全避免给恐怖组织提供安全避难所的概率几乎为零。该研究结论虽然不是我们希望看到的，但与 20 世纪 60 年代后期及当前观察到的跨国恐怖主义活动情况非常吻合。可见，无论是理论分析结果还是国际反恐现状都充分说明，虽然各国达成了反恐条约，但完全不给恐怖分子容身之所的集体行动无法实现。

（3）国际反恐合作陷阱的影响。国际反恐合作陷阱就是典型的集体行动困境，该困境除了助长恐怖主义，对反恐活动也会产生两个方面的消极影响。一是反恐低效造成的资源浪费。当面对恐怖威胁时，若各国政府不进行合作而产生集体行动失灵，将会导致过度的防卫支出，违反经济学中的效率准则。同时，各反恐国家单独采取行动的效果远远不及联合行动所能发挥的规模经济效应。二是反恐供给不足带来的灾难。一方面，各反恐参与国的独立行动属于"重复建设"，会导致过多分散的防御措施，从而产生经济效率问题；另一方面，单个国家积极策略支出的不足，使其国内任何个人都将面临极大的威胁和风险。恐怖主义威胁下的国际安全具有明显的"木桶效应"，只要其中任何一个环节出现问题，就会造成整个集体行动的失败。因此，在国际联合反恐过程中，集体行动的困境造成了许多不确定性的"短板"，给国际社会埋下了很多不安全的种子。

2. 集体行动困境的诱因

理论研究者紧跟集体行动实践，从各个角度分析了引起集体行动困境的因素。例如，奥尔森（Olson，1965）认为，引发集体行动困境的三个因素是集团规模、集团结构及集体行动的初始组织成本，因而可以通过这三个变量构建集体行动的函数模型。然而，大部分学者都习惯从集体行动所提供产品的公共特性出发分析产生困境的原因，即造成集体行动困境的客体因素。同时，也有部分学者注意到集体行动参与者的异质化特征及参与者规模对集体行动结果的影响，即造成集体行动困境的主体因素。在现有研究的基础上，这里分别从客体和主体两个方面分析集体行动困境的主要诱因及其作用过程。

（1）客体因素。集体行动参与者共同利益的公共或准公共特性，使公共产品成为研究集体行动的逻辑起点，这是学术界研究该问题的共同关注点。但是，在传统的公共部门经济学理论及公共产品逻辑中，主要关注公共产品消费层面的竞争性和排他性，而对其生产层面的特性研究较少。为了全面分析影响集体行动的客体因素，这里分别从集体行动产品的消费属性和生产属性两个方面着手。

第一，集体行动产品的消费属性。非排他性和非竞争性是公共部门经济学的两个重要概念。一般而言，消费上是否存在非排他性和非竞争性是判断产品是否具有公共特性的核心标准，该标准对于集体行动的产出也同样适用。在现实世界中，完全满足非排他性或非竞争性标准的纯公共产品只是少数，在大多数情况下是两种特性不同程度的组合。根据这些不同的组合，可以从产品消费属性的角度构建集体行动的两类模型。一是纯公共产品模型。当集体行动的公共利益具有完全的非排他性和非竞争性时，则可以用纯公共产品模型分析困境的产生过程。此时，在集体行动参与者同质、参与者收益相对独立和边际收益小于边际成本等假设条件下，集体行动参与者博弈均衡结果显示，各行为个体选择"搭便车"，即不参加集体供给是最优的策略，于是陷入集体行动产品无法被供给的困境。二是联合产品模型与俱乐部产品模型。当集体行动公共利益的非排他性和非竞争性不同程度地降低时，集体行动实现的可能性将会出现相应的调整，这时可分别使用联合产品模型与俱乐部产品模型进行分析。例如，当集体行动的公共利益是具有竞争性但没有完全排他性的联合产品，即该公共利益具有一定程度的私人特性时，产出中包含的私人产品会激励部分个体采取行动，因而集体行动能够在一定程度上实现。当集体行动的公共利益是完全排他、部分竞争的俱乐部产品时，排他性使非俱乐部成员无法"搭便车"，部分竞争性又能提高俱乐部成员的边际收益，因而在一定程度上能够实现俱乐部范围内的集体行动。

第二，集体行动产品的生产属性与困境。任何产品都是被生产出来的，因此，如果将生产过程简单抽象化，将不利于深刻把握过程与结果之间的逻辑，该原则对于集体行动同样适用。但是在公共部门经济学领域，从"加总技术"角度分析产品的生产特性一直被忽视，直到著名防务经济学家 Hirshleifer（1983）明确提出"个人生产可通过不同的方式合并到某种社会供应中去"后，理论界才开始注重从生产的加总技术特性角度分析公共产品供给问题。在定义上，加总技术是指单个供给者的贡献量与总供给水平之间相互关系和内在逻辑的技术特性，也可以理解为个体对公共产品的贡献是如何影响和决定公共产品的总供给水平的。集体行动中的加总技术就是个体参与者的行为如何合成整体的集体行动。在学术界的共同努力下，关于加总技术已取得较为成熟的理论成果和基本框架。例如，Sandler（1998、2004）、Kanbur（2002）及 Barrett（2007）等认为，公共产品的生产加总技术可分为简单加总、加权加总、最优注入、最弱环节四种类型。公共产品的生产加总技术本质上可以用生产函数形式表示，即 $Q = F(q_i)$，其中，Q 为集体产出，q_i 为个体 i 的贡献，$F(\cdot)$ 为加总技术类型。

一是当 $Q^1 = \sum_{i=1}^{n} q_i$ 时，为简单加总技术模型，即传统意义上默认的公共产品总供给等于所有个体供给量之和的情形。这时，集体行动总产出与个体贡献是简单的线性加总关系，且每个参与者的单位贡献对公共利益的边际影响完全相同，于是所有个体之间的贡献也是完全可替代的，这就为"搭便车"创造了技术条件。因此，简单加总技术情形非常容易陷入集体行动困境，导致集体行动公共产品供给不足。

二是当 $Q^2 = \sum_{i=1}^{n} \alpha_i \cdot q_i$ 时，为加权加总技术模型，即集体行动总产出与个体贡献是线性加总的关系，这是简单加总技术的一种特殊情况，但由于每个个体对集体行动产出的影响权重不一样，因此，参与者之间的贡献不能完全替代，这在一定程度上能够减少集体行动成员之间"搭便车"的可能性，有利于破除困境。

三是当 $Q^3 = \max(q_1, q_2, \cdots, q_n)$ 时，为最优注入技术模型，即集体行动的产出由最大贡献的参与者的供给决定，其他任何低于该供给水平的参与者都不会对集体行动产生影响，即使其他参与者都"搭便车"，该集体行动最终也能实现。例如，世界联合攻克疾病的集体行动就符合该特征。

四是当 $Q^4 = \min(q_1, q_2, \cdots, q_n)$ 时，为最弱环节技术模型或称"短板效应"，即集体行动的产出严格受到最小贡献的参与者的限制和约束，只要任何个体的贡献量低于特定阈值，集体行动就会陷入困境。

总之，消费上的竞争性、排他性与生产上的加总性，共同构成公共产品客体属性的两个维度，其相互交叉耦合，共同影响集体行动的成败。结合 Sandler（1998）对跨国集体行动的分析，可以归纳出客体因素耦合作用下的集体行动困境情况，如表 2-1 所示。

表 2-1　客体因素耦合作用下的集体行动困境情况

生产属性	消费属性		
	纯公共产品集体行动	俱乐部产品集体行动	联合产品集体行动
简单加总	存在困境	没有出现困境	存在困境
加权加总	—	没有出现困境	存在困境
最优注入	—	没有出现困境	存在困境
最弱环节	同质成员不存在困境	外部性下的困境	同质成员存在困境

（2）主体因素。在分析影响集体行动的客体因素的过程中，虽然没有提及主体因素，但事实上是建立在如下假设基础上的：一是集体行动参与者是同质的；二是集体行动参与者的数量不影响客体因素作用的发挥；三是集体行动参与者之间相对独立，没有交流。事实上，这些主体因素也是影响集体行动的重要方面。在传统的公共经济学领域，存在政府是唯一供给方的认识，从而忽略了对供给主体进行细化和分类研究。集体行动实践表明，存在大量非政府单一供给的公共产品和由个体自组织实现的集体行动，因而，参与主体特性便是制约集体行动成败的重要指标。现有集体行动研究的理论成果表明，成员数量规模与成员构成是影响集体行动成败的两个核心主体因素，有学者分别从自愿参与和强制参与两个角度，通过建立博弈理论模型，分析了成员数量规模和成员结构构成对集体行动结果的影响。实验结果表明，在自愿参与和强制参与两种形式下，主体因素两个方面的作用均具有可重复性。

第一，集体行动参与者的数量规模与困境。在《集体行动的逻辑》中，奥尔森通过建立量化分析模型，研究了在参与者相对独立的情形下，集团规模与公共产品供给效率之间的内在联系。奥尔森理论的一个基本假设是，随着集团规模的扩大，参与者个人所得占集团公共收益的比例和份额不断降低，从而得出公共产品供给随集团规模扩大将越来越困难的结论。反过来就意味着，小规模集体行动实现的可能性要比大规模集体行动高。在奥尔森的基础上，后续学者进一步引入制度环境变量，将集体行动视为一个需要组织、管理和协调的动态过程，并考虑集体行动的交易成本问题，最后都得出了类似的结论：参与者的规模越大，抑制集体行动的作用就越明显，集体行动的实际产出偏离帕累托最优产出量就越远。如果集团规模使交易成本实在太高，那么放弃集体行动将是更好的选择。

第二，集体行动参与者的异质性与困境。集体行动参与者的结构组成实质上就是参与者异质性的问题，也称成员的非对称性问题。为了研究方便，理论界主要分析参与者的资源禀赋和收入分配比例等异质性指标对集体行动的影响。例如，在自组织集体行动中，参与者收入或分配的差别越大，集体行动供给不足的问题就越少，即对于完全对称集团来说，当集团存在从公共利益中获益明显大于其他成员的"大成员"时，整个集体行动的供给将会越充分，实际产出越接近最优水平。但是，当集体行动参与者的获益差别或异质性达到一定程度时，整个集体行动的组织协调关系将发生质变，这时，往往会演化出自愿基础上的"领导者—追随者"博弈结构，即偏好强烈或者利益占比最大的"大成员"优先选择并成为"组织者"或"领导者"，其他"小成员"则成为"搭便车者"或"追随者"，奥尔森称之为"大被小剥削"。在新的博弈结构下，潜在"追随者"的异质性会重新影响集体行动的结果。例如，若潜在"追随者"是同质性的，"领导者"会通过较低成本的无差别制度安排将其组织起来；若潜在"追随者"是异质性的，那么"领导者"的组织成本将会增加，集体行动实现的难度将会增大。

3. 集体行动困境背后的真相：阿罗不可能性定理

大量学者从现象和相关因素方面分析了集体行动困境的产生过程，具有一定的解释力，但是对于理论研究来说，还需要挖掘更深层次的原因及困境背后的真相。集体行动本质上是一种特殊的社会选择行为，因而需要解决的核心矛盾就与社会选择行为一样，即集体选择是如何从该团体成员的个体偏好中推导实现的。对于社会选择这种更普遍的现象来说，其本身就存在不可避免的悖论，针对该悖论，阿罗不可能性定理揭示了其背后的真相。1951 年，阿罗通过严谨的数学计算过程，论证了个人理性与社会理性之间存在冲突，并提出了著名的阿罗不可能性定理，即个体理性并不必然导致集体理性的出现。其基本论证过程分为公理性假设、推理过程及结论和应用范围三个部分。

（1）公理性假设。为了进行科学论证，阿罗首先提出了四个方面的假设。一是集体理性假设，包含三个部分的内容：非限制性、连通性和传递性。集体理性假设本质上要求行为个体能够自由地做出他们的真实选择，同时要求社会选择过程也必须符合前后一致的逻辑。二是帕累托原则，或称经济效率原则，即当所有个体都偏好任意 x 胜于任意 y 时，整个社会也偏好 x 胜于 y。三是社会偏好的非独裁性假设，该假设本质上要求社会选择必须是聚集所有个体自由选择的结果，是真正的集体行动。或者说不存在某个个人 i，使当 i 偏好任意 x 胜于任意 y 时，不论其他个人的偏好如何，都有社会偏好 x 胜于 y。四是无关备择选项的独立性假设，该假设包含两层含义：①社会选择必须仅依赖个体对于特定选择的排序；②如果团体认为 A 优于 B、B 优于 C，则 C 作为一种可能选择无论存在与否，都应该有 A 优于 B。

（2）推理过程及结论。基于上述四个公理性假设，阿罗通过相当冗长、复杂的数学推导过程和极为严密的逻辑证明，得出了不可能性定理（也称一般可能性定理）：如果存在至少三个不同的社会状态，且个人数目有限，则不存在能够同时满足四个假设的社会福利函数，即所有由个体选择而来的聚合过程都可能是有缺陷的和不可靠的。

（3）应用范围。阿罗不可能性定理本质上是高度抽象的基础理论，是数学家和经济学家感兴趣的领地，这也是其具有广阔应用范围的原因。从现实来看，该定理为政治科学和政治决策提供了坚实的理论依据，例如，其在公共选择的投票领域已具有广泛的应用。同样，对于集体行动这项社会选择过程来说，阿罗不可能性定理也具有基础性的指导和解释作用，因为该定理深刻揭示了"个体理性必然导致集体理性"的不可能性，即个体理性并不总是能够导致集体理性。那么，当两种理性存在冲突时，集体行动困境就有出现的可能；当没有其他措施时，这种可能就成为现实的困境。

第二节　国民经济动员的集体行动本质

理论上恰到好处的抽象有助于我们透过纷繁复杂的现象揭示问题的本质，抓住本质则有利于更好地分析和解决实际问题。对于国民经济动员及经济动员能力而言，同样存在这样一个从抽象到应用的过程。国民经济动员以整个国民经济体系为作用对象，但在动员过程中不能"只见物不见人"，即从事经济活动的人是动员的直接客体，物则是动员的最终客体。因此，经济动员能否最终实现，关键在于能否将人动员起来，这也是能否从集体行动视角分析国民经济动员及经济动员能力的逻辑基础。为此，本节分别从学术界关于国民经济动员的理解、国民经济动员实践演变历史两个维度，梳理国民经济动员的集体行动特征，为洞察经济动员能力的本质做铺垫。

一、关于国民经济动员的各种争论

人们对国民经济动员的认识经历了一个不断发展的过程，对其内涵和外延的把握越来越精确。理论界对国民经济动员的定义虽然各有侧重，但都在一定程度上与集体行动建立了联系。

1. 不同角度的国民经济动员定义

1921年，英国福利经济学家庇古率先对"经济动员"进行了正式定义，此后，学术界出现了"经济动员"的多种定义。这里主要梳理当前在学术界比较有影响力的六类定义，从而为分析各类定义之间的差异及其包含的集体行动元素提供依据。

（1）国民经济动员资源配置论。部分学者主张资源配置论，他们认为，国民经济动员的本质是为了军事和政治目的对社会经济资源的一种重新配置和组织安排。例如，曾就职于美国华盛顿联邦紧急事务管理署动员计划办公室的威廉·沃德布鲁克博士主张，"动员是为应付一场政治军事挑战而进行的快速的、广泛的、适时的非军事资源的再分配"。①

（2）国民经济动员需求保障论。部分学者主张需求保障论，例如，美国著名的经济动员学者克莱姆（1991）提出，"国民经济动员是国家的经济和生产设施大规模地转入为满足战时国防需要而运行的轨道"。类似地，在我国著名国防经济学家董问樵（2007）的定义中，经济动员为"把一个民族或国家的所有经济力量，当军事的或经济的战争危机之际，适应国防的需求，组织而用之"。此外，1989年版《中国大百科全书：军事卷》对国民经济动员的解释为，"国家将国民经济各部门和相应的国家机构有组织、有计划地由平时状态转入战时状态，充分调动国家的经济能力，提高生产水平，保障战争的需要"。战争动员领域著名学者吴景亭（1987）指出，"国民经济动员主要是国民经济各部门由平时体制转入战时体制，以保障战争为中心，进行整个经济的改组，以适应战时的需要"。

（3）国民经济动员程序论。部分学者认为，国民经济动员是一种将民用生产能力转换为军事生产能力的程序。比较有代表性的是美国前国防部部长兼著名国防经济学家施莱辛格（2007）的定义，他认为，"经济动员是把过去其他以民用目标为主的经济能力，转变用来提高军事及其他战略性生产水准的一种程序"。

（4）国民经济动员措施论。在我国权威的军事类工具书中，更多的是从方法与措施的角度来解释经济动员。例如，1992年版《中国军事百科全书：战争动员分册》定义，"经济动员是国家将经济部门及其相应的体制有组织、有计划地从平时状态转入战时状态所采取的措施"。2003年版《中国战争动员百科全书》则定义，"经济动员是国家

---

① 周涛.军民融合经济动员模式研究［D］.成都：西南财经大学，2010：51.

将经济部门、经济活动和相应的体制从平时状态转入战时状态所采取的措施"。

（5）国民经济动员过程论。有学者认为，经济动员是应对战争或重大突发事件而进行一系列准备的过程。典型的有美国著名学者汉考克（2006）的定义，即经济动员是"由国家领导部门实施的使国家潜力与一国所感知到的，或是实际受到的安全威胁相适应的行为和过程"。我国学者，王立新等（2001）指出，"经济动员作为一个过程，是经济动员主体（国家），通过能动的认识和实践，作用于经济动员的客体（国民经济），使之适合于紧急状态需要的过程"。

（6）国民经济动员活动论。在当前经济动员学界，最流行的观点为活动论，其认为国民经济动员本质上是一种提高经济应变力的活动。例如，在刘化绵主编的《军事经济学辞典》中，经济动员是"国家根据战争需要，有计划地将平时经济转化为战时经济的一系列活动"。在2007年版《中国军事百科全书:战争动员（学科分册）》中，经济动员是"国家或政治集团为实施战争或应对其他军事危机，将经济体制全部或部分由平时状态转入战时状态的活动"。陈德第和库桂生（1995）认为，经济动员是"国家为了保障战争的需要、赢得战争的最后胜利，有计划、有组织地使国民经济由平时状态向战时状态转换的一系列活动"。谭冬生和雷渊深（1997）等指出，经济动员是"国家为了保障战争的物质需求和稳定战时经济秩序，根据战争需求和经济动员计划，促使企业、经济部门以至整个国民经济转入为战争服务的轨道，调整经济资源配置，增加武器装备及其他军用物资生产所进行的活动"。朱庆林（1997、2012）长期在国民经济动员领域从事理论研究，先后定义经济动员为"为维护国家安全和战争需要，有计划、有组织地提高国民经济应变能力，将国民经济由平时状态转入战时状态所进行的一系列活动""国家为满足战争和应付突发事件需要，有计划、有组织地提高国民经济应变力，将国民经济由平时状态转入非常状态所进行的一系列活动"。

在经济动员的经典理论中，除了上述主流的六类定义，还有学者从经济动员潜力与经济动员能力相互关系的角度进行了定义，认为经济动员的全部内容和全部过程，就是对经济动员潜力挖掘、组织和使用的过程，即经济动员能力作用于经济动员潜力的过程。

2. 国民经济动员各定义蕴含的集体行动元素

虽然上述六类定义各有描述上的侧重，但它们并非完全独立，而是存在交叉内容，并且都较好地表达了经济动员的属性特征。例如，六类定义在内容上都涉及了经济动员的主体与客体、目的与手段等基本要素。对照集体行动的概念和基本属性可知，各类定义中不同程度地渗透着与集体行动相关的要素，如提供公共产品、众多参与主体之间的协作、通过一定的制度安排组织实施。

（1）国民经济动员定义各定义蕴含了集体行动产出的公共产品属性。无论是哪类定义，经济动员的最终目的都是满足"大安全"需要。首先，对于一个国家及其国民来说，国家安全是典型的纯公共产品，在一国之内具有完全的非排他性和非竞争性。例如，在需求保障论中，强调经济动员产出具有"满足战时国防需要""适应国防的需求""保障战争的需要""适应战时的需要"的公共目的；在程序论中，指出经济动员产出具有"提高军事及其他战略性生产水准"的公共职能；在过程论中，明确经济动员产出要适应国家安全威胁；在活动论中，突出经济动员产出"维护国家安全和战争需要""满足战争和应对突发事件需要""根据战争需要，为实施战争或应对其他军事危机，保障战争的物质需求和稳定战时经济秩序"的公共目的。其次，对于全体国民来说，国家安全是一种核心公共利益，即参与经济动员活动不仅是满足整体意义上的国家利益需要，也是满足国民的个体利益需要，这与集体行动的逻辑是一致的。

（2）国民经济动员各定义蕴含了集体行动参与主体的多元协调特性。国民经济动员作为国防动员的重要组成部分，其直接作用对象是从事经济活动的人。依据该逻辑，各定义都能不同程度地反映出经济动员是一项全民参与的事业，脱离了广大民众的参与便无法完成经济动员。例如，在资源配置论中，指出被动员资源的"广泛性"；在需求保障论中，强调经济动员对象的"大规模"特性，以及"一个民族或国家的所有经济力量""国民经济各部门和相应的国家机构组织""国民经济各部门""整个经济的改组"等整体特征；在措施论中，强调经济动员作用于国家"经济部门及其相应的体制"；在活动论中，指出经济动员作用于"企业、经济部门以至整个国民经济"；等等。显然，无论是动员经济部门各行各业，还是动员转化各类企业、资源和机构，最终都要落实到相关行为人协调一致的参与和行动上，这与集体行动的一般性表现一致。

（3）国民经济动员各定义蕴含了集体行动的组织特性。经济动员涉及各类资源在平战状态间的转化和重新配置，往往会导致不同参与主体间的利益冲突，为解决该矛盾，就需要建立适当的制度，进行有效的组织协调。在经济动员实际工作中，政府担任"领导者"角色，通过强制制度和奖惩措施将各类经济行为人主体组织、动员起来，这种组织特性在各类定义中也有明显的体现。例如，在需求保障论中，强调将经济动员对象"组织而用之"，"有计划地由平时状态转入战时状态"；在措施论中，明确经济动员需要"有组织、有计划地"进行状态转换；在活动论中，指出经济动员的"有计划"性，提高国民经济应变力的"有计划、有组织"性，转换国民经济状态的"有计划、有组织"性。

由上述梳理和分析可知，现有经济动员理论研究虽然没有直接从集体行动的角度阐述经济动员，但在经济动员各类定义中都直接或者间接地蕴含了与集体行动紧密相关的元素，这为从集体行动的角度分析经济动员提供了有力的依据。

二、国民经济动员演变过程中的集体行动特征

列宁曾深刻指出，在社会科学问题上，最可靠的方法是不要忘记基本的历史联系，对于每个主要个问题都要看某种现象在历史上是怎样产生的、在发展中经过了哪些主要阶段。[①] 从理论维度梳理集体行动特性，是论证经济动员集体行动本质的一种方法，解决了"是什么"的问题，而要全面深刻地了解该本质，掌握该本质问题的来龙去脉，需解决"为什么"的问题，还必须深入挖掘国民经济动员活动波澜壮阔的演变历史。首先，真正意义上的经济动员活动是伴随战争实践的产生而出现的。虽然经济动员的功能经过拓展已不再局限于服务战争，但服务战争需要始终是其核心出发点和落脚点。其次，经济动员根植于一国乃至世界范围内的经济社会基础，而经济发展有其自身内在的逻辑和规律，构成了经济动员演变的基本条件。最后，实施经济动员离不开特定的制度环境和技术手段，二者共同构成经济动员演变的基础平台。为此，下面主要从战争演变要求、经济技术革命内生化和制度体制外在规范三个维度，梳理和阐述经济动员演变过程中集体行动的本质。

1. 战争演变要求国民经济动员走上集体行动之路

战争是人类社会发展到一定阶段的必然产物，也是经济动员最原始、最根本的推动力。纵观人类战争史，从原始社会、农业社会、工业社会到当今的信息社会，战争的性质和形态均发生了剧变，折射出朝集体行动方向演变的特性，并驱动经济动员走上集体行动之路。

（1）战争性质演变下的集体行动之路：从"国王的战争"到"国家的战争"。为了不引起争议，这里所讲的战争性质并非针对战争的

---

① 中共中央马克思恩格斯列宁斯大林著作编译局.列宁全集：第16卷〔M〕.北京：人民出版社，1988：348.

正义性与非正义性，而是特指战争服务对象的范围，即为了一小部分人利益的战争，或为了大多数人利益的战争。基于战争性质的维度，以奴隶制国家的出现为时间起点，丈量漫长的人类战争史，可以发现这样一个明显的"二分式结构"："国王的战争"与"国家的战争"。在过去很长一段时间里，战争都是为国王及其家族等极少数人利益服务的"国王的战争"，只有到了近现代，才演变成为部分利益集团或国民大众利益服务的"国家的战争"。由于世界各国发展的进程不完全一致，"二分式结构"拐点在各个国家出现的时间也不一样。例如，在13世纪初期大宪章运动前的英国，国王发动战争完全依靠自己的财力，战争的成败直接影响国王的财产与权力，但对英国臣民的影响很小。这种由国王个人发动、获得收益和承担风险的战争就是"国王的战争"。但在4个世纪后的资产阶级革命中，战争的性质开始有所转变。例如，在17世纪的英国光荣革命期间，弱小的资产阶级为了联合底层民众共同对抗强大的封建势力，暂时以"国家共和"与"人人平等"为共同目标，进行了非"国王的战争"的探索，一时间更广范围内的经济动员实践成为可能。相比之下，法国大革命时期的战争性质和规模就完全不一样了。18世纪末，伴随着法国民主革命的发展，法国人民获得了主人般的自由与权利，极大地激发了法国人民参与抵抗侵略战争的热情，造就了典型的"国家的战争"。就中国而言，2000多年封建社会中的战争都是"国王的战争"，造成民众对战争的麻木，最典型的是在19世纪中叶的鸦片战争中，面对西方侵略者的进攻，竟出现了民众在一旁看热闹的尴尬场面，更有民众给侵略者提供物资和劳力，甚至给外敌提供情报。因为在广大民众的意识里，"国王的战争"与己无关，只是侵略者与皇帝之间的战争。但是孙中山先生的一句"天下为公"开启了旧中国"国家的战争"的时代。此后，国民意识得到强化，国家的战争动员能力空前提高（尤其是在反侵略战争中）。

（2）战争形态演变下的集体行动之路：从单一领域战争到全域战

争。在漫长的农业时代，由于社会生产力水平较低，战争的规模和烈度都比较有限，随着社会分工的逐步深化，参战主体逐渐变为专门的军事部门。18 世纪之后，经过两次工业革命，人类社会的生产力极大提升，大量的劳动力从基本的生存劳动中解放出来，于是直接参与战争和间接服务战争的人口急剧增加，尤其是在两次世界大战中，参战人数和保障规模空前巨大。尽管如此，战争中军民之间的界限仍比较明显。20 世纪的信息技术革命则带来了完全不一样的历史性变化，使军民、平战之间的界限趋向模糊，也使作战方式与手段多样化，作战保障条件多元化、体系化。一些非传统军事行动的出现丰富了战争概念的内涵，战争开始呈现全域特征，人和物等要素的参战门槛降到了最低。此外，从战争观念上看，传统的战争哲学是"大吃小"，现在的战争哲学是"快吃慢"，未来的战争哲学是"新吃旧"。进入 21 世纪后，关键技术持续突破带动了科技革命的迅猛发展，使太空、网络、海洋、深海、极地、生物、智能等新型领域成为决胜未来战争的制高点，于是，在衡量一个国家的经济动员能力时，还需考虑其能否有效组织这些新型领域背后的经济力量。

（3）从战争的集体行动到经济动员的集体行动。无论是战争性质由"国王的战争"向"国家的战争"的历史性转变，还是战争领域的极大拓展，本质上都是战争活动集体行动特征的强化，并内在要求、带动了经济动员的集体行动化革命。即伴随着战争活动的复杂化、体系化发展，提供条件保障的经济动员活动经历了从简单到复杂的演化，参与经济动员的行为人主体也经历了从少数到大众的过程。例如，在全民集体行动的法国大革命期间，国家的一切元素和金属等经济要素都被动员起来服务于战争，民众不分男女老幼都参与到服务战争的保障活动中。又如，Morris（2013）在其名著《文明的度量：社会发展如何决定国家命运》（*The Measure of Civilization：How Social Development Decides the Fate of Nations*）中，通过建立"社会发展指数""战争能力指数"等量化模型，充分梳理了人类社会发展的相关数据资料，论证了战争能力与经济动员能力之间存在较强的相关性。

2. 经济技术革命内生化国民经济动员集体行动

经济发展水平是经济动员的客观基础，人类社会经济发展阶梯性上升的历史过程，是经济部门、产业行业间技术经济联系不断强化的过程，是从事经济活动的行为人利益关系耦合深化的过程，也是经济动员集体行动特征加强的过程，并且其强化速度随着经济发展速度的加快变得越来越快。其中，对于经济发展速度的变迁过程，经济学者 Bradford De Long 有过经典的研究，他以人类社会 250 万年前至 2000 年的经济发展情况为对象，并以 1990 年的国际购买力核定出一个计算财富的标准单位——国际元。其量化分析结果表明，在旧石器时代至15000 年前的约 99.4% 的时间里，世界人均 GDP 增长到 90 个国际元；在 15000 年前至 1750 年的约 0.59% 的时间里，该指标上升到 180 个国际元；在 1750—2000 年的约 0.01% 的时间里，该指标飙升到 6600 个国际元，即增长了近 36 倍，或者说，整个期间人类社会财富的 97% 是在最后的 250 年里创造的。[①] 显然，人类社会经济发展呈现出加速度越来越大的基本规律。

对于该现象，经济学者张维迎（2014）的解释是市场经济的作用，理由是在过去的 250 年里人类没有变得更聪明，社会资源也没有变得更多，但恰恰几乎同时出现了市场经济缔造的现代商业社会。应该说，张维迎的说法具有一定的解释性，但并不全面，因为在几乎同时人类社会还发生了另一个维度的重大变革——科技革命及其推动的工业革命。事实上，无论是市场化革命还是科技革命，都对驱动人类社会经济发展发挥了重要作用：一方面，大力提升了人类社会生产效率，加速了经济财富总量积累；另一方面，促进了整个人类社会经济发展的一体化进程。

---

① 威廉·尼克尔斯，吉姆·麦克休，苏珊·麦克休. 认识商业［M］. 8 版. 陈智凯，黄启瑞，译. 北京：世界图书出版公司，2009：3.

（1）集体行动运作的市场化机制。1776 年，西方经济学鼻祖亚当·斯密的《国民财富的性质和原因的研究》（以下简称《国富论》）问世，为人类社会经济发展的市场化进程奠定了坚实的理论基础。该理论指出，劳动分工是提升生产效率的基本途径，同时，分工必然带来协作，市场交易本质上就是一种社会化协同合作。在市场机制的推动下，人类进入商业化社会，就一国国内经济发展而言，各部门、各产业之间分工更加精细，这导致的另一个结果就是相互协作也更加紧密，从此，任何行业产业都无法单独生存和发展，上下游产业间的联系更加密切，而在微观层面，任何个体的经济活动都无法脱离社会化生产。分工理论也进一步催生了国际贸易理论，在国际一体化市场的作用下，世界各国之间的经济联系日趋频繁，经济依存关系日益强化，总之，市场机制的运行为世界范围内多元主体的合作提供了制度条件。从集体行动的角度而言，市场机制本质上就是一种在社会分工基础上的协同合作式集体行动，该集体行动的参与者是分工背景下的社会经济主体，其共同利益是市场交易带来的"共赢"利益，包括规模化生产带来的低成本、高效益等。例如，就国内市场而言，该集体行动是各行业部门、上下游产业之间共同遵守市场规则的联合行动；从国际范围而言，该集体行动是各国共同遵守国际贸易规则、共同参与国际市场竞争的联合行动。

（2）集体行动运作的技术经济联系。近 300 年来，产业革命使人类社会经济发展发生了翻天覆地的变化，而科技革命是产业革命的核心驱动力。人类社会科技创新发展的历史与逻辑表明，当前世界正处在第六次科技革命的前夜。在过去的五次科技革命中，有两次科学革命和三次技术革命，其中，前两次技术革命分别带动了第一次和第二次产业革命。正如部分学者所预言的，当前最近的一次技术革命正在带动"第三次产业革命"。从发展的结果来看，科技革命与产业革命不仅提高了经济发展的效率，扩大了经济发展的规模，而且大大强化了整个经济体系内部各要素之间的联系，主要表现为横向"溢出"与纵向"投入产出"的技术经济关联，使整个国民经济体系只有通过各要素的集体行动才能有效运行起来。

（3）从经济基础一体化到经济动员集体行动的逻辑。一体化发展的国民经济使经济动员不可能仅仅局限于单个行业或者某几个行业，而是必须依托整个产业体系，甚至需要考虑国际上可能的经济条件。例如，在近几场局部战争中，美国等西方国家就依托其盟国实施经济动员。从某种意义上说，1789年7月14日爆发的法国大革命是从政治上实现革命，进而从战争性质上导演了一次真正意义上的经济动员集体行动，属于"从上而下"的剧变。与此不同的是，由第一次产业革命推动经济动员集体行动的过程，则属于"由内而外"的剧变。随着市场经济的快速发展和工业革命的持续推进，商业性方法在经济动员中的应用将越来越普遍，那么，"由内而外"的经济动员集体行动将成为常态。例如，18世纪60年代在英国开始的工业革命，经历100年左右的模式扩散和能量积累，到19世纪中叶开始对战争动员尤其是对经济动员产生了革命性的作用，集中表现为经济动员对大工业生产的依赖日益增长。在实践中，该剧变最初见效于1853—1856年的克里木战争和1861—1865年的美国南北战争，尤其是后者，被冠以"第一次无限性的工业化战争"和"蒸汽时代的第一次大战"等称号。在美国南北战争的进程中，随着工业动员的逐步开展，经济动员工作不可避免地成为涉及整个社会生产活动、各个层面主体的集体行动。此时，美国的陆军部和海军部等军方部门再也无力驾驭全局，而需要以政府为主体进行全面协调动员，从而第一次实现了经济动员从"军队主管"向"政府主管"的跨越，即从"军队单独行动"向"军政企民集体行动"的跨越。

3. 制度体制外在规范国民经济动员集体行动

在实践层面，战争形态演变与国民经济发展是驱动经济动员集体行动演化的两大根基，此外，该集体行动的特征鲜明地体现在经济动员的立法和体制建设实践中。一方面，战争实践对经济动员的依赖性日益上升，需要建立相应的制度体制规范经济动员活动，确保其能可靠地满足战争对经济资源的需要；另一方面，经济动员对象的无限拓展和参与主体的平民化、大众化，要求完善制度体制，以进行有效的约束，保证该集体行动有效实现。事实上，相关制度体制的建立和完善既是保证经济动员有效实施的外部条件，也是经济动员历史性演变的内容之一，更是经济动员集体行动的表现形式。

（1）经济动员立法强制规定集体行动特性。1793 年 8 月 23 日，法国资产阶级为了保卫革命成果，国民公会颁布的《全国总动员法令》确立了经济动员的若干条款，开创了人类制定经济动员规范性法律制度的先河，从此，全民参与的经济动员集体行动有了可靠的法律依据。随后，在 18 世纪末至 19 世纪末的近百年时间里，经济动员制度建设因战争而暂被忽视。20 世纪初，第一次世界大战的爆发极大地推动了经济动员地位的提升，实践困境倒逼世界各国高度重视经济动员立法工作。例如，1914 年 11 月，英国颁布了《国防法》，并于 1915年 3 月、1916 年 12 月先后两次进行修订。1916 年，美国国会颁布了《国防法》和《海运法》。同年，德国颁布了《国家辅助劳务法》。①第一次世界大战结束后，以德国和日本两个国家为典型，各国进一步加紧经济动员准备工作，并加快经济动员立法工作。到第二次世界大战结束前，德国已经形成比较完善的国民经济动员法律法规体系，日本也先后颁布了 300 多项与国民经济动员相关的法律制度。第二次世界大战结束后，世界各国对经济动员立法工作的重要性达成一致认识，尤其是在冷战时期及 21 世纪，各国积极研究、制定、修改经济动员法规制度，进一步完善法规制度体系。

就在这样一个不断重视和强化制度建设的历史过程中，经济动员的集体行动特征逐渐通过立法形式确立下来，主要表现在以下两个方

① 参见：陈贺．国防经济动员立法的起源与发展［J］．军事经济研究，1990（12）：83.

面：一是各国立法都规定了民众参与经济动员的权利和义务，并在国家层面强调经济动员是一项全民参与的集体行动。二是协调配套的经济动员法规体系明确了各行各业协调行动的内在要求。各国经济动员法规制度不但数量可观，还涉及农业、工业、交通运输等各部门、各行业，并且相互配套形成体系，通过国家意志强制要求国民经济整体动员起来。

（2）遵循集体行动思路的经济动员体制构建。经济动员地位的战略性上升使各国政府高度重视经济动员体制建设，并且在体制建设过程中遵循多元主体联合行动、跨部门协调合作的集体行动思路。例如，在第二次世界大战时期，美国政府为了统筹战时经济动员工作，曾专门成立了国防动员局。之后，以三里岛核电站事故为教训，于1979年重新调整并成立了美国联邦紧急事务管理署。在这一新的应急事务管理体制下，经济动员相关职责由联邦政府的多个部门共同协调承担，包括国防部、财政部、商务部、能源部、劳工部等。1981年12月，为有效利用动员潜力以保障武装力量的供给，美国成立了"应急动员准备委员会"。这是一个由13个机构组成的协调委员会，包括内阁部、国家安全委员会、中央情报局、白宫政策研究办公室、管理与预算办公室、科学与技术政策办公室、参谋长联席会议办公室、人力管理办公室、联邦紧急事务管理署等。2002年，针对世界反恐新形势、新特点，美国联邦政府成立了功能更加强大、涉及对象范围更加广泛的国土安全部，以统一组织协调与全局相关的经济动员工作。

就世界其他国家而言，也形成了一条类似于美国的经济动员体制建设道路，即各国经济动员体制机构设置在横向上涉及国民经济与动员相关的各部门、各领域，进而形成纵向贯通、横向对接、跨部门协调的集体行动式经济动员体制。

第三节 我国特定环境下的国民经济动员集体行动

抓住了经济动员的集体行动本质后，要研究分析和解决国民经济动员能力的生成问题，还必须基于具体的国情。无论是应对高技术条件下的局部战争还是应急保障，都需要我国具备将全民组织起来的经济动员能力。因为就现实需求而言，虽然我国可能面临的战争是高技术条件下的局部战争（不同于世界大战，只在世界的局部范围内进行），但为其提供条件保障的经济动员往往需要全民参与。由基本假设和造成困境的诱因可知，要使我国经济动员集体行动有效实现，核心是处理好"领导者"与"追随者"的组织协调关系，这与我国特殊的政治制度、特定的经济条件和特别的人口因素息息相关。

一、特殊的政治制度：集中力量办大事的体制优势

政治是战争的统帅，也是经济动员的统帅。中华人民共和国的成立确立了人民民主专政的国内政治制度，从根本上保证了我国经济动员全民受益、全民参与的集体行动属性。中华人民共和国成立后的前三十年是社会性群众运动蓬勃发展的三十年，为实施经济动员集体行动提供了丰富的经验材料和实践基础。中华人民共和国的第二个三十年不仅是经济快速发展的三十年，也是我国国防动员体制为适应新形势、新要求进行快速调整的三十年。这些特点都根植于中国特有的政治制度，也是我国社会主义制度能集中力量办大事的体制优势表现。

1. 人民民主专政下的体制优势

中华人民共和国的成立彻底结束了列强入侵、军阀割据、战乱频

繁、国民长期无组织、民众"一盘散沙"的局面，形成了国家基本统一、人民当家做主、国内各民族各阶层空前团结的社会政治新局面，全国人民参与社会主义革命和国家建设的热情空前高涨。新的政治环境决定了中国人民参与战争和动员工作的性质发生了历史性变化，即保卫社会主义国家政权和劳动人民的建设成果与根本利益不受侵犯。习近平总书记在指导国防和军队改革工作时深刻指出，"我们的军队是人民的军队，我们的国防是全民的国防"，这是我国实施国民经济动员的基本出发点和根本遵循。

从集体行动角度理解我国国民经济动员的根本性质，主要是把握以下两个方面：一是在集体行动的最终目标上，我国经济动员通过为国家安全提供有效的经济保障来维护人民大众的根本利益，这也是民众参与经济动员集体行动的共同利益；二是在集体行动所依靠的力量上，我国经济动员以全国各族人民为根本依靠，因而是全国人民的集体行动。

2. 新的国民经济动员体制

国民经济动员体制是有效实施经济动员集体行动的组织保证。中华人民共和国成立初期，立足于建设社会主义工业化国家的目标，将经济动员的重点放在了工业领域，相关动员机构遍布重要的工业部门。例如，1956 年 7 月，国家计划委员会成立经济动员局，并在铁道部、第一机械工业部、第二机械工业部、邮电部、电机制造部、冶金部、纺织部和交通部等国家经济计划与管理部门设立动员处，在化学工业部、煤炭部、农业部、粮食部、食品工业部、卫生部、轻工业部、建设部、建筑材料工业部和石油工业部等有关司设立经济动员岗位。该阶段的经济动员体制具有典型的多部门协同合作的集体行动特性。随后，在 20 世纪 60—80 年代，经济动员机构逐步健全并得到相应调整。20 世纪 90 年代初，在组织机构设置上取得了新发展，标志性事件是1994 年成立了横跨军地的组织协调机构——国家国防动员委员会，并逐步在军地分别下设六个办公室。在横向上，经济动员与人民武装动员、人民防空动员、交通战备动员、政治动员等属于平行关系。显然，新的经济动员体制能够较好地适应我国政治体制的优势，在组织领导层面协调各方实施有效的经济动员集体行动。

3. 特有体制下丰富的集体行动实践

中华人民共和国成立后的前三十年（1949—1978 年）是社会性群众运动蓬勃发展的三十年，中国共产党通过有效地动员人民群众，实现了社会主义建设初期的一个又一个壮举，取得了土地改革、农业灌溉设施建设等重大成果。这些群众运动性质的集体行动虽然由于各种原因产生了完全不同的效果，但都是在中华人民共和国上下贯通、集中高效的国家行政体系中实现的，反映了中国政治体制的动员能力优势，为实施经济动员集体行动提供了很好的借鉴。例如，1950—1953 年在抗美援朝期间实施的经济动员就是一次很好的实践。刚刚成立的中华人民共和国和掌握了自己命运的中国人民，是志愿军参加抗美援朝的坚强后盾。战争开始后，全国上下开展了轰轰烈烈的抗美援朝运动，各阶层人民爱国热情空前高涨，为保障作战需要，大批铁路员工、汽车司机、医务人员和各类民工自愿到前线担负战地执勤任务。在"保和平、卫祖国，就是保家乡"的共容利益驱动下，全国人民紧密团结、协调一致地参与到抗美援朝经济动员的集体行动中。

二、特定的经济条件：社会主义市场经济基础

国民经济体系是经济动员的根基，是国民经济动员能力发挥作用的前提条件，主要有两类衡量指标：一是国内生产总值、资金流量、对外贸易依存度和外汇储备等，即反映一国综合国力大小及国民经济总量大小的指标。二是动员相关系数，即在一国国民经济体系结构中，

能够反映动员产业与非动员产业之间技术经济联系状况或程度的指标。国民经济各产业之间存在千丝万缕、直接或间接的投入产出关系，根据投入产出分析可量化为直接消耗系数、分配系数和完全消耗系数等。相比总量指标，结构指标更能反映经济发展方式的新特征，并折射出整体协调、一体化发展的集体行动特征。

1. 高关联度产业的科技化

在复杂的国民经济体系中，为了有效地揭示动员产业与非动员产业之间的技术经济关联水平，常用的科学分析方法为投入产出法，该方法主要反映在《中国投入产出表》中。《中国投入产出表》每五年由国家统计局编制一次，也称产业关联表或部门联系平衡表，是国民经济核算体系的重要组成部分，侧重以矩阵形式描述和揭示国民经济各部门之间相互制约、相互依存的数量关系。例如，在《2012 年中国投入产出表》中，参照《国民经济行业分类》将整个社会经济生产活动划分为 139 个部门，包括农林牧渔业 5 个部门、工业 93 个部门、建筑业 4 个部门、服务业 37 个部门。

动员产业首先要求具有较高的产业关联度，即受其他产业生产水平影响和对其他产业的生产状况影响较大。为此，这里以影响力系数及感应度系数两个投入产出系数作为衡量标准。本书采用《2012 年中国投入产出表》(2015 年 12 月 1 日出版)统计数据，其中，2012 年影响力系数及感应度系数排名前二十的部门如表 2-2、表 2-3 所示。

参照曾立在其博士学位论文中采用的有关物资使用消耗的国家标准、《中华人民共和国国家军用标准——全军后勤物资分类与代码》及《中国投入产出表》所确定的 36 个重点动员产业部门，可知在两个"前二十"的产业部门中分别有 18 个、17 个产业部门属于重点动员产业部门或与之高度相关的产业部门，并基本分布在高新技术产业部门，这与现代战争对高新技术经济能力的要求相一致。

表 2-2　2012 年影响力系数排名前二十的部门

排名	产业部门	影响力系数	排名	产业部门	影响力系数
1	计算机	1.333	11	其他电气机械和器材	1.253
2	文化、办公用机械	1.307	12	电机	1.239
3	视听设备	1.301	13	电池	1.236
4	通信设备	1.299	14	泵、阀门、压缩机及类似机械	1.234
5	化学纤维制品	1.284	15	塑料制品	1.233
6	家用器具	1.281	16	广播电视设备和雷达及配套设备	1.233
7	其他交通运输设备	1.278	17	涂料、油墨、颜料及类似产品	1.231
8	电子元器件	1.275	18	针织或钩针编织及其制品	1.223
9	输配电及控制设备	1.267	19	物料搬运设备	1.223
10	电线、电缆、光缆及电工器材	1.263	20	汽车整车	1.222

表 2-3　2012 年感应度系数排名前二十的部门

排名	产业部门	感应度系数	排名	产业部门	感应度系数
1	开采辅助服务和其他采矿产品	3.771	5	废弃资源和废旧材料回收加工品	2.593
2	石油和天然气开采产品	3.611	6	基础化学原料	1.986
3	有色金属矿采选产品	3.022	7	煤炭采选产品	1.947
4	黑色金属矿采选产品	2.640	8	有色金属及其合金和铸件	1.847

续表

排名	产业部门	感应度系数	排名	产业部门	感应度系数
9	电子元器件	1.742	15	金属制品、机械和设备修理服务	1.572
10	林产品	1.722	16	精炼石油和核燃料加工品	1.566
11	合成材料	1.663	17	铁合金产品	1.461
12	电力、热力生产和供应	1.652	18	造纸和纸制品	1.446
13	专用化学产品和炸药、火工、焰火产品	1.637	19	肥料	1.442
14	炼焦产品	1.598	20	仪器仪表	1.433

2. 产业关联与集体行动

在投入产出分析中，影响力系数和感应度系数都是从技术经济联系的角度描述上下游产业之间的关联度。其中，影响力系数反映的是国民经济体系中下游产业发展对上游相关产业的拉动能力。当需要对某影响力系数较高的产业实施动员时，必须同时对其上游产业进行动员，才能保证对该产业的有效动员。感应度系数则反映国民经济体系中上游产业发展对下游相关产业的推动能力。显然，当对某感应度系数较高的产业实施动员时，必将同时带动其大量的下游产业的较大扩产。显然，产业之间的关联度越大，动员产业背后行为人的集体行动特征就越突出，或者说，在现阶段对我国国民经济各产业实施经济动员时，所动员的产业将是一个高度联动的统一整体，实施经济动员的过程也是各产业协同运转的集体行动的过程。况且，产业动员最终要落实到产业背后的经济行为主体，如企业家及各行各业的从业人员，因此，动员产业与非动员产业关联度深化的过程，也是经济动员参与主体范围越来越广的集体行动强化的过程。

92

三、特别的人口因素：基于人民战争的集体行动规模结构

马克思主义军事理论认为，在影响战争胜负的诸多要素中，人永远是唯一的决定性因素。同样，对于经济动员活动来说，人也是决定该集体行动能否最终实现的最直接因素，亦是核心因素。对于中国这样一个人口大国来说，人在经济动员中的地位和作用是其他各国无法比拟的，因而，非常有必要从人口角度透视我国国民经济动员集体行动的内在规律。

1. 人民战争思想主导的全民经济动员集体行动理念

人民战争是我国国防和军队建设的指导思想，贯彻到经济动员领域就是全民动员，该理念具有深厚的理论和实践渊源。例如，恩格斯曾主张开展"1793 年法国人所进行的那种人民战争"。又如，在俄国十月革命与卫国战争期间，列宁和斯大林有过很多关于动员全体人民参战的精辟论述。其中，列宁曾深刻意识到，"把千百万劳动群众组织起来，这是革命最有利的条件，也是革命胜利最深的源泉"。面对德国法西斯的猛烈进攻，1941 年 7 月 3 日，斯大林发表动员广播演说："苏维埃国家生死存亡的问题，是苏联各族人民生死存亡的问题……必须使苏联人了解这一点……使他们动员起来。"再如，毛泽东同志更是深谙人民战争之道，尤其是在抗日战争期间，及时提出了一系列人民战争动员的洞见和思想，如"全国人民总动员""全国军队的总动员""全党动员、全民动员""民兵是胜利之本""民力和军力相结合""经济动员的中心任务是动员和组织群众""战争的伟力之最深厚的根源，存在于民众之中"等。中华人民共和国成立后的几代中央领导集体继承了革命战争年代的优良传统，始终坚持将国防动员及经济动员建立在动员全体人民、依靠全体人民的基础上。人民战争意味着在经济动

员中需要将全体人民组织起来，实现全民性的经济动员集体行动，而作为集体行动参与者的规模与结构又是诱致集体行动困境的因素，必须进行重点分析。

2. 中国特有的人口因素与集体行动的困境

人是最宝贵的战略资源，也是经济动员集体行动中最灵动的主体性要素。当前，我国人口增长与人口结构面临新的挑战，并将对经济建设及全民经济动员集体行动产生新的影响。2006—2015 年我国人口规模和结构分别如表 2-4、表 2-5 所示。

通过差分法计算得到 2006—2014 年我国人口增长率（见图 2-1），并计算出 2006—2015 年各年龄段人口占比（见图 2-2）。

表 2-4　2006—2015 年我国人口规模　　　　　　　单位：万人

年份	总人口	男性人口	女性人口	城镇人口	乡村人口
2006	131448	67728	63720	58288	73160
2007	132129	68048	64081	60633	71496
2008	132802	68357	64445	62403	70399
2009	133450	68647	64803	64512	68938
2010	134091	68748	65343	66978	67113
2011	134735	69068	65667	69079	65656
2012	135404	69395	66009	71182	64222
2013	136072	69728	66344	73111	62961
2014	136782	70079	66703	74916	61866
2015	137462	70414	67048	77116	60346

资料来源：《中国统计年鉴（2016）》。

表 2-5　2006—2015 年我国人口结构

年份	年末总人口（万人）	0—14 岁人口（万人）	15—64 岁人口（万人）	65 岁及以上人口（万人）	总抚养比（%）	少儿抚养比（%）	老年抚养比（%）
2006	131448	25961	95068	10419	38.3	27.3	11.0
2007	132129	25660	95833	10636	37.9	26.8	11.1
2008	132802	25166	96680	10956	37.4	26	11.3
2009	133450	24659	97484	11307	36.9	25.3	11.6
2010	134091	22259	99938	11894	34.2	22.3	11.9
2011	134735	22164	100283	12288	34.4	22.1	12.3
2012	135404	22287	100403	12714	34.9	22.2	12.7
2013	136072	22329	100582	13161	35.3	22.2	13.1
2014	136782	22558	100469	13755	36.2	22.5	13.7
2015	137462	22715	100361	14386	37.0	22.6	14.3

资料来源：《中国统计年鉴（2016）》。

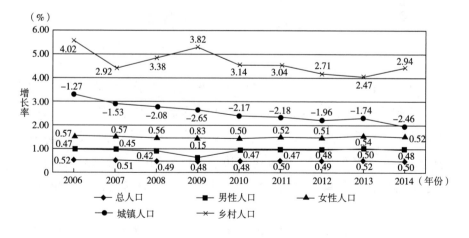

图 2-1　2006—2014 年我国人口增长率

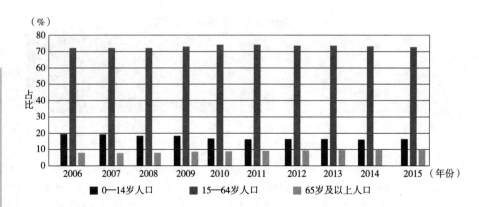

图 2-2　2006—2015 年我国各年龄段人口占比

由上述图表所列数据可得到以下两个核心事实：一是我国总人口的增长率低速且稳定，但近 14 亿人已是一个巨额数字，因而全民经济动员集体行动将涉及一个超级巨大的"潜在"集团，经济动员能力生成的困境和难度不言而喻。二是人口结构处于动态变化中，行为人的异质性特征始终存在并非常复杂，将会不同程度地影响经济动员能力生成。总之，如何实现近 14 亿人口的全民性经济动员集体行动，将是一个巨大的理论和实践难题。

▌▌▌第四节　本章小结

列宁曾指出，"任何科学都是应用逻辑"。[①] 对于任何研究对象，只有从基础性问题出发，梳理其内在的基本逻辑，才有可能抓住研究对象的本质，洞察问题的根源，从而为解决实际问题提供一般性指导和理论依据。本章的研究目的就是解决该基础性问题。通过抓住经济动员的直接客体为从事经济活动的人这个特征，结合经济动员产出的公

---

① 中共中央马克思恩格斯列宁斯大林著作编译局．列宁全集：第 38 卷［M］．北京：人民出版社，1959：216.

共产品属性，从经济动员现有理论解释和实践历史演变过程两个维度，深刻分析经济动员的集体行动本质，为后续从集体行动能力角度阐释和分析经济动员能力做铺垫。

第三章

"领导者—追随者":经济动员能力生成的分析框架

历史上,任何一个阶级,如果不推举出自己的善于组织运动和领导运动的政治领袖和先进代表,就不可能取得统治地位。①

——《列宁全集(第 4 卷)》

列宁的论述说明了"领导者"在有组织性活动中的极端重要性。然而,在集体行动的传统和经典理论中,"领导者"这个重要变量一直不被重视。例如,在奥尔森《集体行动的逻辑》中,虽然也注意到了集体组织者的作用,但只将其视为一个"黑箱",仅考虑到这个"黑箱"采取的强制和选择性激励等制度安排,因而难以全面把握"领导者"所发挥的作用。为此,本章试图打开这个"黑箱",构建"领导者—追随者"分析框架,并将其作为打破集体行动困境的一个重要工具。

---

① 中共中央马克思恩格斯列宁斯大林著作编译局.列宁全集:第 4 卷[M].北京:人民出版社,1984:205.

▌▌▌第一节 "领导者—追随者"分析框架的构建

　　集体行动是具有共同利益的参与者之间相互协调合作的结果,那么,这个协调机制是什么样的呢? 对此,学术界从多个角度对集体行动合作行为的起源与演化机制进行了科学解释,并形成了一系列理论研究成果。其中,最具代表性的有 Hamilton（1964）的亲缘选择理论、Trivers（1971）的直接互惠理论、Boyd 和 Richerson（1985）与 Henrich（2004）的群体选择理论、Nowak 和 May（1992）与 Ohtsuki 等（2006）的网络互惠理论,Nowak 和 Sigmund（1998）与 Panchanathan 和 Boyd（2004）的间接互惠理论、Fehr 和 Gächter（2002）与 Bowles 和 Gintis（2004）的强互惠理论等。应该说,这些理论分别从各自的角度对集体行动中的协调机制给予了解释。然而,赵阳和姜树广（2015）在研究人类合作秩序的维持机制时指出,这些理论并没有从根本上解决合作行为的机制问题,于是他们另辟蹊径,基于历史视角及演化博弈框架,以"领导者—追随者"模式揭示了合作秩序的内在协调机制。

　　事实上,"领导者—追随者"模式是自然界实践和演化的结果,不仅存在于人类社会活动中,在动物界也是非常普遍的,例如,人们经常说的"领头羊"就是很好的例证。在理论研究方面,有关"领导"问题的研究已有大量成果,而从经济学角度研究该问题还是最近十多年来的事情,但这也为从经济学角度打破集体行动困境提供了一个新工具。例如,Hermalin（1998）较早就建立了信息不对称条件下的"领导者—追随者"理论模型,分析了"领导者"通过榜样和牺牲引导"追随者"的行为规律。又如,Arce（2001）和 Foss（2001）通过理论模型论证了领导行为是打破合作困境的有效方式。Haigner 和 Wakolbinger（2010）、Rivas 和 Sutter（2011）等通过公共品实验证明,即使没有合同关系和等级关系，领导行为同样对合作水平具有正向影响作用。Nowak（2012）认为，"领导者—追随者"模型与有条件合作理论具有一致性。赵阳和姜树广（2015）进一步指出，"领导者"实施的惩罚机制有助于解决集体行动的"搭便车"问题，且"领导者"本身具有实施惩罚机制的比较优势。同时，在合作过程中，公平是促成行动协调一致的重要变量。而"领导者"又可以区分为自愿型"领导者"和权威型"领导者"，实验研究结果表明，自愿型领导下的集体行动往往具有更高的合作水平。

一、"领导者—追随者"模式取决于国民经济动员的主客体属性

在历史的维度上，从古代零散的、不涉及整个国民经济体制转换的经济动员活动，到现代意义上高度组织化的国民经济动员，经济动员的国家属性越来越突出，经济动员集体行动逐步走上规范、正式的"领导者—追随者"运行模式。

1. 从自愿型"领导者"到权威型的"领导者"

现代意义上的国民经济动员属于国家行为，是一种提供公共安全的全民福利型集体行动。显然，根据公共部门经济学的基本理论，该特殊的集体行动应由国家政府组织实施，并由广大从事经济活动的民众配合完成，即符合基本的"领导者—追随者"组织模式。其中，国家政府担任"领导者"角色，从事经济活动的广大民众则成为潜在"追随者"。历史经验表明，"领导者"的性质并非固定不变，往往在自愿型"领导者"与权威型"领导者"之间切换演变。

首先，任何一个新"领导者"往往都是从旧的领导体系中发展起来的，在其成长初期，由于没有取得合法性，因而表现出高度的自愿特性。例如，在法国大革命初期，无论是代表大资产阶级利益的吉伦

特派，还是代表广大中小资产阶级利益的雅各宾派，都是在没有法定职能的前提下自觉站出来组织经济动员集体行动的，担负了自愿型"领导者"的职责。雅各宾派在推翻封建君主政权后，便成为权威型"领导者"，拥有了更多的组织实施手段。又如，在近代中国历史上，无论是旧民主主义革命初期的国民党政府，还是新民主主义革命初期的中国共产党及其根据地和边区政府，都曾充当战争经济动员的自愿型"领导者"，依靠示范和自我牺牲履行了有效的动员领导和组织职能。但当二者取得政权后，便都转变为权威型"领导者"。

其次，在完成权威型"领导者"的身份转变后，便通过建立相应的体制机制，实施更为复杂的领导和组织职能。例如，自第一次世界大战后，各国为了强化政府在经济动员中的"领导者"职能，不仅通过立法形式强化国家行为主体的法定地位和职权边界，而且不断建立和完善科层式的经济动员领导和组织机构。到目前为止，世界各国基本上都是依靠国家政府这个权威型"领导者"实施有效的经济动员组织活动。因而，对于现代国民经济动员来说，其天生就具备"领导者—追随者"运行模式的内在属性。

2. 动态调整的潜在"追随者"

"没有伟大的追随者就没有伟大的领导者。"[①] 该观点在大量的合作行为与集体行动中得到了很好的验证。同样，对于经济动员的"领导者—追随者"组织模式来说，"追随者"也是催生该模式的重要因素。

首先，在经济动员演变的历史过程中，"追随者"的特性发生了巨大变化。一是潜在"追随者"的范围得到了极大拓展，潜在"追随者"的结构得到了极大调整。例如，从自然经济向工业经济发展的过程中，经济动员参与者由简单经济活动者向复杂经济活动者拓展，于

---

① 李慧娟，林维柏，贾树方 . 追随力探析：领导者—追随者互动视角［J］. 商场现代化，2015（22）：122.

是，潜在"追随者"基本覆盖了国民经济系统的各行各业。同时，潜在"追随者"的重点也由劳动密集型向技术密集型、知识密集型和资本密集型转变。二是潜在"追随者"的内在动力机制出现了极大调整。例如，在过去很长一段时期内，潜在"追随者"都是因为"领导者"的强制而被动地参与经济动员，其自身利益很少被照顾到。但是，现代国家的出现使民众自身利益诉求得到了极大的释放，潜在"追随者"参与经济动员除了受强制的硬约束，还受物质、社会资本、意识形态等综合利益的激励和约束。三是潜在"追随者"的相互联系更趋紧密。例如，在自然经济主导的时代，所有潜在"追随者"之间是一种非常松散的社会和经济关系，在参与经济动员集体行动中相互影响不大，但市场经济的出现使这种相互关系发生了重大变化。

那么，面对潜在"追随者"的巨大变化，只有通过"领导者—追随者"组织模式才能将其动员起来。例如，范围不断扩大和结构动态调整的潜在"追随者"在没有"领导者"的情况下，就是"一盘散沙""乌合之众"；同时，没有可靠和规范的"领导者—追随者"组织模式及一系列制度安排，潜在"追随者"的多样化利益诉求将无法得到保证，导致其缺乏参与集体行动的动力；只有通过"领导者"的有效统筹安排，才有可能将经济技术联系紧密的各行各业的潜在"追随者"整体动员起来。由此可见，从经济动员直接客体演变的角度来看，也需要经济动员集体行动实施"领导者—追随者"的组织模式。

二、"领导者—追随者"分析框架适用于经济动员主客体间的有条件合作机制

国民经济动员集体行动属于有条件合作的一种特殊情况。在有条件合作中，行为人之间的相互预期和信念管理对合作的实现具有重要

影响。同样，通过"领导者—追随者"框架来分析经济动员集体行动过程，有助于更好地把握主客体之间的相互作用过程和激励约束机理。

1. 普遍存在的有条件合作者

在有关合作和集体行动等方面的研究中，横跨经济学、行为学和心理学等领域的学者通过大量实验数据分析发现，集体行动中的人是偏好异质性的，并表现出多种行为倾向。例如，Keser 和 Winden（2000）认为，在集体行动中，基于有条件合作假设的理论比互惠偏好、利他偏好等亲社会偏好理论具有更好的解释力。而且，有时在互惠、公平和声誉等相关理论的解释分析中，也能看到有条件合作的踪迹。Fischbacher、Gächter 和 Fehr（2001）在其开创性实验研究中根据偏好将合作中的行为人细分为四种类型："搭便车者"、条件性合作者、驼峰型合作者和其他类型，即 FGF 分类。在此基础上，后续学者也有类似划分，即有条件合作者、"搭便车者"、三角捐赠者和其他，并通过实验测算出有条件合作者的比例最高，约占 55%，而"搭便车者"的比例不到 23%。此后，大量研究通过恰当的田野实验（也称现场实验）和实验室实验（也称人工实验）提供了异质性合作偏好的证据，并一致表明有条件合作者在比例上占据大多数。

一是在田野实验方面。Frey 和 Meier（2004）以苏黎世大学的学生为实验对象进行了有趣的捐款实验，其研究结果与有条件合作理论相符；Heldt（2005）以越野滑雪坡道游客为对象，论证了游客为坡道铺设捐款的行为符合有条件合作理论；Martin 和 Randal（2005）以新西兰博物馆的参观者为对象，论证了参观者为博物馆捐款的行为符合有条件合作假设；Shang 和 Croson（2005）则论证了人们向公共广播电台捐款的行为的有条件合作特性。二是在人工实验方面。Benz 和 Meier（2005）与 Carpenter 和 Seki（2005）通过严格控制实验室条件观察到了行为人的有条件合作，并建立了田野实验与实验室实验之间的联系，支持了以有条件合作理论解释现实行为结果的基本观点，从而将有条件合作的心理由实验室延伸到了现实世界。在此基础上，国内研究者周晔馨、涂勤和胡必亮（2014）通过对学生和工人分别进行传统实验和人为田野实验，证明了有条件合作不仅在现实世界中普遍存在，而且在横向和纵向上均具有相对稳定性；作为正式制度安排的惩罚和作为非正式制度安排的社会资本，均能显著提高集体行动的合作水平，但对不同群体存在不同的影响机理。为此，针对参与集体行动的异质性个体，需要设计有差别的激励机制，并且正式制度和非正式制度需要协调搭配使用。

2. 有条件合作的经济动员集体行动

既然在合作中行为人的偏好表现出高度异质性，且具有有条件合作偏好的行为人占据 55% 左右，即半数左右参与者都表现出相机决策的行为倾向，那么根据概率分布，基本上所有的合作或者集体行动中都有占半数的有条件合作者。由此可以认为，集体行动基本上都具有有条件合作的性质，如果不考虑其内部有条件合作者的态度，该集体行动就很难实现。因此，就经济动员集体行动而言，在"领导者—追随者"框架下，无论是"领导者"集体还是"追随者"集体，其内部都存在占比较大的有条件合作者。而且，这种有条件合作体现在以下三个方面。

一是"领导者"集体内部之间的有条件合作。"领导者"集体也是由一般意义上的行为人构成的，虽然在偏好与理性方面有其特殊的一面，且"领导者"集体中熟人关系发挥主要作用，但有条件合作偏好还是普遍存在的。二是"追随者"集体内部之间的有条件合作。民众之间的互动主要来源于熟人关系和陌生的技术经济联系即市场关系，但由于熟人关系只存在于局部范围内，所以潜在"追随者"在相互合作时，有条件合作的倾向更加明显。三是"领导者"与"追随者"之间的有条件合作。虽然在国民经济动员集体行动中，国家主体这个"领导者"的行为相对来说是无条件的，但"追随者"往往会根据前者的行为做出相机选择。总的来说，在这三项合作中，第一项合作是前提，第二项合作是重要支撑，第三项合作是目的。

3. "领导者—追随者"下的有条件合作激励结构

对于一般的有条件合作来说，其内部激励机制主要有社会相互作用、信念管理等，但这种自愿型合作往往是脆弱的，而"领导者"的出现则能改变自愿合作的激励结构，使该脆弱的合作变得更加牢固。

首先，就自愿型"领导者"来说，其往往会表现出高度的自觉性和良好的榜样示范形象。一方面，具有驼峰型偏好的极少数人自觉成为领导核心，并通过信念管理将其他潜在"领导者"团结在其周围，形成有效合作的"领导者"集体；另一方面，该坚定的"领导者"集体进一步通过示范作用和信念管理提高潜在"追随者"的稳定预期，使后者做出合作的相机选择。其次，就权威型"领导者"来说，一方面，由于其获得的法定地位本身能够给予潜在"追随者"稳定的预期，因而本身具有信念管理功能；另一方面，权威型"领导者"还具有采取一系列制度安排并组织实施的法定效力，因而能够对潜在"追随者"形成刚性约束，避免自愿合作中的脆弱性。

无论是信念管理还是刚性约束，都是通过改变潜在"追随者"的预期"成本—收益"结构实现的。当然，这里的成本和收益都是广义上的，即物质和声誉等社会资本的综合。例如，当有坚定的"领导者"出现时，既能对潜在"追随者"产生一定的社会压力，增大其"搭便车"的心理成本；又能提高潜在"追随者"的预期成功概率，增大其期望收益值。

三、"领导者—追随者"分析框架下的经济动员能力

第二章已从理论研究和历史实践两个维度高度概括了经济动员的集体行动本质，即经济动员是"从事与国防相关经济活动的所有社会

主体，协调一致地服务国家安全目标的集体行动"。那么，同样可以通过该视角来重新解释和定义经济动员能力，即经济动员能力是一种集体行动能力，是打破经济动员集体行动困境的能力，是将从事经济活动的国民有效组织起来满足应战、应急需求的能力。为此，本节首先从经济动员能力的经典理论出发，界定相关内涵外延和影响因素；其次从经济动员的集体行动本质出发，结合"领导者—追随者"分析框架，重新解释经济动员能力。

1. 经济动员能力的传统解释

在本书国内外相关研究述评的部分，已全面介绍了关于经济动员能力的经典理论和传统解释，重复的内容这里不再论述。本书基于经济动员能力的狭义定义进行研究，在传统解释中，经济动员能力包括四种子能力：国民经济建设与国家安全形势的信息获取、传递、分析和判断能力，国民经济动员的决策与应变能力，国民经济动员的规划计划和组织能力，国民经济动员的精确控制和全面协调能力。在经典理论中，关于经济动员能力生成问题的研究主要沿着四种子能力的方向展开。笔者认为，解决经济动员能力生成问题，最核心的是要抓住主观、客观两个条件。首先，在主观条件上，国民经济动员能力的生成：一是受制于国民对战争的态度，这取决于战争的正义性和非正义性；二是受制于经济动员组织实施主体对现代战争规律、经济建设规律和动员活动内在规律的理解和把握；三是受制于经济动员规划计划的制订及动员预案的模拟演练水平。其次，在客观条件上，国民经济动员能力的生成：一是受制于国家的经济体制；二是受制于科学技术在经济动员领域的应用水平；三是受制于经济动员相关法规制度的建设情况，如经济资源征集补偿方面的法律规章条例等。

朱庆林和肖廷杰（1997）、朱庆林（2012）认为，可以将四种子能力替换为六项子因素，并建立了经济动员能力与各影响因素之间的量化分析模型。该模型以国民经济动员系数（k）作为经济动员能力的量化指标，分别用变量 Ne、Js、Nm、Ni、Nq、No 表示国民支持度、军事战略方针的正确性、经济动员组织机构、经济动员相关法规、经济动员规划计划制订的科学性、预案演练水平，于是得到各变量影响经济动员能力的函数关系，即 $k = f(Ne, Js, Nm, Ni, Nq, No)$。显然，该函数表示经济动员能力在各因素共同作用下的生成过程。该函数的具体形式可参考经济学中的生产函数，但要根据不同的具体情况而定，一般情况下都是非线性的。

2. 经济动员能力的新解释

目前，在动员学界虽然有不少学者从经济学角度分析了经济动员的相关问题，但并没有找到很好的理论切入点。综观整个主流经济学界，研究动员问题的人极少，其中，第一个真正从逻辑上建立经济学理论与动员之间联系的当属奥尔森，其在《集体行动的逻辑》中深刻指出，"具有共同利益的大集团还只能被称作'潜在'集团，因为他们有采取行动的潜在力量或能力，但这一潜在的力量只有通过'选择性激励'才能实现被动员起来"。这就为真正基于主流经济学基础理论研究经济动员问题提供了借鉴，也是本书从集体行动角度分析经济动员能力问题的基本理论来源和依据。由经济动员的集体行动本质可以推导出，经济动员能力本质上就是集体行动能力，即将具有共同利益的"潜在"集团动员起来的能力，根据集体行动的内在逻辑，也就是"领导者—追随者"集团共容利益能力、强制能力、选择性激励能力和集团组织结构优化能力等子能力的综合。

（1）维度一："领导者"通过自我约束，与"追随者"达成共容利益的能力。共容利益概念及其理论由奥尔森首创。在传统的集体行动理论中，人们的认知在集团共同利益层面上就止步了，认为共同利益是构成集团集体行动的充分条件，但大量实践困境证明了该认识的局限性。在对此批判的基础上，奥尔森认识到具有"一荣俱荣，一损俱损"的共容利益的集团才有更大的可能性采取集体行动，因而，共容利益才是集体行动的基础条件。于是，根据该标准可以将"潜在"集团细分为共容利益集团和狭隘利益集团。长期以来，动员学界把国民经济动员视为活动、程序及过程等，却很少把它视为产品。结合经济动员的集体行动本质和公共产品相关理论，可以将国民经济动员视为一种特殊的公共产品。例如，就一国范围而言，全体民众构成一个"潜在"集团，但经济动员产出的安全既可能是国家与国民之间"一荣俱荣，一损俱损"的共容利益，也可能是只维护少数人私利的小集团利益。人类战争史和世界各国兴衰史深刻表明，只有当"潜在"集团本身属于共容利益集团时，该经济动员产出才会是共容利益，才能有效激励民众积极参与进来并形成动员能力，该能力也称"潜在"集团的共容利益能力。

（2）维度二："领导者"对"追随者"实施强制、选择性激励及进行组织结构优化的制度安排能力。在经典的集体行动理论中，奥尔森针对集体行动困境首创了选择性激励概念，并将其作为生成动员能力，用在了"潜在"集团动员的核心制度安排上。事实上，奥尔森还指出，强制和"潜在"集团组织结构优化等制度安排也是打破困境、生成动员能力的重要途径，由于同属广义的制度安排范畴，这里将三者统一纳入制度安排中，并分别概括为强制能力、选择性激励能力和集团组织结构优化能力三种子能力。当然，影响三种子能力的因素是非常复杂的，例如，就生成经济动员选择性激励能力而言，既需要考虑一般集体行动的共性问题，还需要兼顾国民经济动员集体行动本身的特性。一是经济动员的特有属性。经济动员选择性激励的实施主体只能是国家这个"领导者"，即国家在决定采取什么样的选择性激励、怎样实施选择性激励方面具有垄断性，个人和企业等潜在"追随者"只能是被动的接受者。二是经济动员选择性激励中的正式制度措施具有基础作用。因为经济动员属于政府行为，所以这符合国家理论的基本理念。三是经济动员选择性激励实施对象的超复杂性。信息时代在带来便利的同时也带来了更多的不确定性，而经济动员集体行动的潜在"追随者"涉及所有国民，尤其是在中国这样一个多民族、大人口基数的国家，经济动员有效激励将面临比一般集体行动复杂得多的矛盾和困难。因此，生成选择性激励能力这项经济动员能力，既要遵循一般规律，也要紧贴我国国民经济动员的具体国情军情。至于强制能力和集团组织结构优化能力相关问题，在后面的研究中将进行深入探讨。

第二节 "领导者—追随者"分析框架的分析工具

在经济学领域，"领导者—追随者"分析框架具有坚实的理论基础和内在原理机理，其中，最经典的就是博弈论。针对经济动员的集体行动特性，这里主要从"领导者"对"追随者"的绝对激励约束和相对激励约束两个层面展开论述。由于经济动员本身的国家属性，为研究方便，假定"领导者"不存在"搭便车"问题，相关基本假设和动力机制只针对潜在"追随者"而言。

一、基本假设

在科学研究中，只有建立在可信假设基础上的结论才具有说服力。基本假设虽然是对研究环境及条件的简化与抽象，但必须与真实世界保持一致。关于行为人的偏好特性在第一节已有分析，这里主要从行为人理性和集体行动产品生产技术两个方面进行合理假设。前者包括绝对理性约束和相对公平约束，后者采用简单加总函数形式。

1. 对异质性"追随者"的假设

追求幸福或者效用是人类行为的原始动力。关于幸福的衡量，传统经济学理论将其等价于财富的多少。对此，基于实验研究的行为经济学理论提出了完全不同的看法，其中比较有代表性的是进化心理学家 Steven Pinker 形容幸福感的"三幕悲剧"：第一幕，幸福感涉及人与人之间所得福利的比较；第二幕，幸福感涉及个人对过去拥有福利与现有福利的比较；第三幕，幸福与苦恼并不是对收益与损失的对称反映，而是存在"损失厌恶"。① 可见，决定行为人幸福或效用水平的是获取或失去的相对值而非绝对量。对于该观点，已有大量基础理论和实验验证作为依据。具体而言，这种比较可以简化为对象的自我纵向比较和对象之间的横向比较。

（1）异质性个体自我比较的理性约束。由于经济动员集体行动终究是人参与的活动，所以经济动员能力是将人组织起来参与该活动的能力。根据经济学研究的传统，对人假设的核心内容主要体现在两个维度：理性与偏好。在经济学基础理论中，对这两个维度的假设经历了不同的发展阶段。例如，在新古典经济学理论的假设中，人都是理性的且偏好单一，从某种意义上说，这种极度抽象的假设能够大大简化经济学分析的建模过程，但也是以牺牲理论的解释能力为代价的。在后来的新制度经济学理论体系中，以及正在发展的行为经济学理论框架里，关于人的基本假设的内容更加丰富。例如，在理性设定上，既有完全理性，也有有限理性、不完全理性，甚至还有可预测的非理性；在偏好设定上，既有自利，也有利他。这些不断发展的关于人的基本假设强化了理论的解释能力，但都是从一般意义上进行设定的，即不区分个体行动与集体行动等具体条件。事实上，针对集体行动中行为人的基本特征，学术界也有比较成熟的研究，本书对人的基本假设就是以现有研究为基础建立起来的。

（2）异质性个体横向比较的公平约束。假设异质性个体在决策时还会考虑公平问题，即潜在"追随者"之间需满足"追随者"的收益大于"搭便车者"的收益。首先，基于行为经济学的视角，公平相容

---

① 尼克·威尔金森. 行为经济学［M］. 贺京同，那艺，等译. 北京：中国人民大学出版社，2012：40.

具有坚实的理论与实验基础。行为经济学的前景理论提出了著名的"参照依赖"现象，认为大多数人往往根据参照点对得失进行判断。例如，威尔金森（2012）进行了这样一项调查研究，"在商品和服务价格相同的情况下，给被调查者提供两种选择：一是在被调查者同事一年挣 6 万元的情况下，被调查者年收入 7 万元；二是在被调查者同事年收入为 9 万元的情况下，被调查者一年有 8 万元进账"。调查的统计结果出人意料，大部分被调查者偏好第一种选择，显然，这与传统经济学偏好理论（Preference Theory）关于人的选择与参照点无关的假设完全不一致，是对传统理论的突破和发展。那么，集体行动作为人类行为的一种，对其异质性参与者的激励同样面临"参照依赖"和"相对效用论"的约束，其核心就是公平约束。对此，国内外大量实验经济学家的研究成果一致表明，公平诉求会对经济行为产生重要影响，如在合作性行为中，如果人们觉得别人没有贡献公平的份额，那么他们为别人"牺牲"自己的热情会被极大地降低。由此，应将公平约束引入经济动员能力生成的选择性激励机制中。其次，在经济动员实践中，与公平约束紧密相关的环节非常多。例如，对投机倒把、囤积居奇等违法行为的打击，对资源征用和成本负担的适当补偿，对贡献突出者的多样化奖励等，均涉及公平约束和激励的手段与目标。这里具体分析补偿中的公平，补偿是贯彻国民经济动员公平原则的基本手段，其过程本身也同样需要坚持公平负担原则。一是通过补偿推动经济动员参与公平化。国民经济动员的强制实施往往是效率优先的，因而在一定程度上会挤压社会公平，如有的民众付出极大努力，有的民众则投机取巧、逃避义务等。显然，只有通过适当的补偿机制弥补付出者的成本和风险，才能维护国民经济动员的整体公平，维持大多数人较高的热情。二是为了达到较好的补偿效果，补偿措施本身也必须坚持公平负担原则。其主要包括横向公平与纵向公平，前者的核心理念是经济能力或纳税能力相同的人消费同样的公共产品必须付出同样的成本，后者指经济能力或纳税能力不同的人在供给公共产品时需要照顾实际能力。

（3）"追随者"：有条件合作的"广义理性"经济人。首先，为了把绝对理性约束和相对公平约束统一起来，这里将"追随者"的理性设定为符合"行为与目标一致"准则的"广义理性"。其次，由于在合作行为中，行为者普遍表现出有条件合作特性，因而可以假设其偏好表现为以有条件合作为主的异质性偏好。那么，综合理性和偏好两个维度，这里将以有条件合作为主的"广义理性"异质经济人作为"追随者"的基本假设。

该假设不仅是从前沿理论角度对现实行为人的抽象，也与本书中的理论分析紧密衔接。一是与共容利益的衔接。在市场经济条件下的经济动员集体行动中，对于广大民众来说，其所处的更多是一个陌生人社会，因而进行的主要是非亲缘关系合作，而这种通过有条件利他所表现出来的有条件合作，本质上是一种自利。正如美国学者威尔逊（2001）所讲的，正是因为人类除了拥有动物的无条件利他（真正的利他）特性，还具有有条件利他（实质上的自利）偏好，才使人类的集体合作行为能够在更大范围的陌生人之间实现。自利的本质说明有条件合作者是基于利益动机参与集体行动的，因而，在经济动员能力生成过程中就必须考虑参与者的自身利益问题，这体现为本书所讲的共容利益问题。同时，基于"广义理性"经济人假设，参与者的利益除了单纯的经济利益，还包括社会利益、政治利益等。二是与制度安排的衔接。根据马克思主义唯物论的基本观点，随着人类社会实践的不断发展，解释集体行动中人与人之间合作的理论不应该是先验的和静态的，而应该是不断发展的，且必须与社会制度变迁相适应。例如，在人类实践历史上，合作行为最初的实践环境表现为亲缘关系、自然联系和基于道德、习俗的非强制性规范，后来则演变为非亲缘关系、社会联系和基于法律的强制性规范。显然，有条件合作理论属于最新实践环境下产生的成果，那么，为了使其在非亲缘关系的陌生人环境下也能生效，就需要重点发挥好法律等强制性规范的约束和激励作用，这与本书中制度安排的提法在逻辑上是一致的。

2. 对集体行动博弈过程的假设

由集体行动产品的生产特性可知，对于不同类型的集体行动，主要存在四种不同的生产技术模型。鉴于经济动员集体行动产出的纯公共产品特性，为便于分析，假设不同参与者的供给之间可替代，因而采用简单加总技术模型，即 $Q=\sum_{i=1}^{n}q_i$。同时，为了简化模型机理的分析过程，将其抽象为一个"领导者"和两个潜在"追随者"的序贯博弈过程，即 $i=1$、2、3。其中，无论是自愿型"领导者"还是权威型"领导者"，都不存在"搭便车"问题，而潜在"追随者"在理性约束和公平约束的共同作用下，既可能成为现实"追随者"，也可能成为"搭便车者"。

令三个异质性个体的初始收入为 w_i，且其收入差异满足：

$$w_1>w_2>w_3 \tag{3-1}$$

投入公共产品上的贡献分别为 q_1、q_2、q_3，"领导者"单独承担的沉没性组织成本为 c_0，若两位潜在"追随者"均选择"搭便车"，则 $q_2=q_3=0$；三者的剩余私人物品量分别为 w_1-q_1、w_2-q_2、w_3-q_3；设三者对公共物品的偏好系数分别为 f_1、f_2、f_3，借鉴 Chan 等（1999）的效用函数形式，则三者的个体效用满足：

$$U_i=U(w_i-q_i,Q)=w_i-q_i+f_i\cdot Q+(w_i-q_i)\cdot Q \tag{3-2}$$

该效用函数表明，个体效用既与公共收益相关，也与剩余私人物品相关，还与二者的乘积相关，因而，个体为了自身效用最大化，其决策时会在公共物品与私人物品之间进行权衡。

二、"领导者—追随者"序贯博弈模型

为分析"领导者—追随者"框架下的有条件合作过程，这里采用序贯博弈模型，即首先由"领导者"1 决定是否组织集体行动，然后

潜在"追随者"2根据"领导者"1的行为做出相机抉择，最后潜在"追随者"3又根据潜在"追随者"2的行为做出相机抉择。

1. 序贯博弈模型的构建

根据上述基本假设及"领导者"和"追随者"的异质性特征，可得到"领导者—追随者"分析框架下的序贯博弈过程，如图3-1所示，右边括号中的内容分别为"领导者"1、潜在"追随者2"、潜在"追随者"3三者在不同行为状态下的效用值。

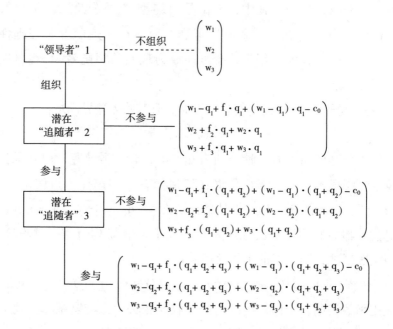

图 3-1 "领导者—追随者"分析框架下的序贯博弈过程

2. 序贯博弈原理分析

根据图3-1中的序贯博弈过程，可以得到"领导者—追随者"分析框架下有条件合作、绝对理性约束和相对公平约束三个方面的机理。

（1）有条件合作机理。在一般性的集体行动中，"领导者" 1 的行为倾向是不确定的，既可能组织也可能不组织。但对于国民经济动员集体行动来说，"领导者" 1 的组织行为是刚性约束的，这时 "领导者" 1 必须付出组织成本 c_0，且该成本属于沉没成本。那么，对于紧随其后的潜在 "追随者" 2 来说，就不再需要付出该成本；同时，"领导者" 1 所提供的公共产出 q_1 增加了潜在 "追随者" 2 的效用，从而使潜在 "追随者" 2 具有更大的参与动力，成为现实的 "追随者"。另外，当潜在 "追随者" 2 选择参与时，也能进一步增加潜在 "追随者" 3 的效用值，使后者具有更大的参与动力。总之，潜在 "追随者" 2 在 "领导者" 1 的组织下更倾向于参与，潜在 "追随者" 3 在潜在 "追随者" 2 的参与下也更倾向于参与，即二者都表现出有条件合作的倾向。

（2）绝对理性约束机理。首先，对于经济动员中的 "领导者" 1 来说，不存在 "搭便车" 问题，因而不需要考虑其理性约束问题。其次，对于潜在 "追随者" 2 和 "追随者" 3 来说，绝对理性约束意味着参与时的效用应大于不参与时的效用，即对二者来说，需要同时满足：

$$
\begin{cases}
\dfrac{w_2 - q_2 + f_2 \cdot (q_1 + q_2) + (w_2 - q_2) \cdot (q_1 + q_2)}{w_2 + f_2 \cdot q_1 + w_2 \cdot q_1} > 1 \\[4mm]
\dfrac{w_3 - q_3 + f_3 \cdot (q_1 + q_2 + q_3) + (w_3 - q_3) \cdot (q_1 + q_2 + q_3)}{w_3 + f_3 \cdot (q_1 + q_2) + w_3 (q_1 + q_2)} > 1
\end{cases}
\tag{3-3}
$$

（3）相对公平约束机理。首先，对于经济动员中的 "领导者" 1 来说，不存在 "搭便车" 问题，因而不需要考虑其公平约束问题。其次，对于潜在 "追随者" 来说，相对公平约束意味着 "多劳多得" "多贡献多回报"，具体而言分以下两种情况。

一是当潜在 "追随者" 2 参与，而潜在 "追随者" 3 不参与时，必须满足式（3-4），即 "追随者" 初始禀赋的平均效用要大于 "搭便车者" 初始禀赋的平均效用。

$$\frac{w_2-q_2+f_2\cdot(q_1+q_2)+(w_2-q_2)\cdot(q_1+q_2)/w_2}{w_3+f_3\cdot(q_1+q_2)+w_3\cdot(q_1+q_2)/w_3}\geq 1 \tag{3-4}$$

二是当潜在"追随者"2和潜在"追随者"3都参与时，令 $q_2 > q_3$，则需满足式（3-5），即贡献大的"追随者"初始禀赋的平均效用要大于贡献小的"追随者"初始禀赋的平均效用。

$$\frac{w_2-q_2+f_2\cdot(q_1+q_2+q_3)+(w_2-q_2)\cdot(q_1+q_2+q_3)/w_2}{w_3-q_3+f_3\cdot(q_1+q_2+q_3)+(w_3-q_3)\cdot(q_1+q_2+q_3)/w_3}\geq\frac{q_2}{q_3} \tag{3-5}$$

▮▮▮ 第三节 "领导者—追随者"模式运行的困境及其影响

第二章的基础理论分析已表明，并非所有"潜在"集体行动都能顺利实现，事实上，集体行动困境普遍存在，并可能产生较为恶劣的后果。正如奥尔森在 20 世纪 80 年代研究贫困社会时指出的，许多贫困国家之所以一直存在贫困问题，其根源就在于国家层面大规模有组织的集体行动的失败。同样，对于经济动员这项特殊的集体行动来说，因需要面对特定的矛盾和困难，所以也存在集体行动失败的可能。例如，就"领导者—追随者"分析框架而言，即使有"领导者"的无条件组织领导和潜在"追随者"的有条件合作，也需要配套的外部条件才能实现该集体行动。否则，当无法及时把经济动员潜力转化为国防经济实力时，将导致严峻的经济效率问题和安全问题。

一、经济动员能力生成的困境

集体行动困境是对集体行动失败状态的一种表述，而成功的集体行动可以从两个角度来定义：一是产出的角度，即有效供给了集体公共利益这种公共产品；二是参与行动成员数量的角度，这在公共选择领域又分为三个标准，即半数规则、多数规则和一致同意规则。显然，第二个角度关于成功集体行动的判断标准有所不同。那么，对于集体行动困境也就可以对应上述两个角度，从相反的方向来定义，即不能实现公共产品有效供给，或者不能达到半数规则、多数规则、一致同意规则的要求等。将这些基础性概念与经济动员的相关要求及特征相结合，有助于界定经济动员集体行动困境的基本内涵。

1. 经济动员集体行动困境的事实

在人类战争史上，尤其是自第一次世界大战以来的百年间，上演了一幕幕经济动员实践的"话剧"，既涌现了大量成功的经典案例，也不乏动员过程力不从心、动员效果令人失望的失败实践，后者就是对经济动员集体行动困境的最好描述。下面以第一次世界大战中的经济动员困境为例进行说明。

第一次世界大战开始于 1914 年 7 月 28 日，结束于 1918 年 11 月 11 日，由于战争持续时间长、战场消耗大均创历史新高，迫使各参战国进行工业再动员。随着工业革命的深入推进及工业生产在国民经济各领域的全面渗透，战时军品生产与交通运输、财政金融、商业贸易等国民经济活动紧紧捆绑在一起，此时，只有对整个国民经济体系和所有经济活动进行总动员，才能保证各类国民经济活动朝着满足战争需求的方向顺畅运行，于是这又进一步迫使各国实施经济总动员。实施规模庞大的经济总动员是一项涉及众多部门，将国家各种经济资源转化为作战手段的艰巨任务，需要各部门、各行业朝着一个共同目标进行有组织的协同合作，也需要政府在组织活动中"唱主角"，而政府的"拿手好戏"是战时经济统制。显然，在工业化的大背景下，第一次世界大战的经济动员已经出现全民性集体行动的特征，但部分国家在实施过程中遇到了困境。

一是出现"领导者"自身困境的德国。由于存在小集团的利益之争，德国军地各方意见不统一，本应从全局出发的各部门都从各自的角度来考虑问题,导致在动员准备阶段便暴露出集体行动难以协调的问题,突出表现在动员经费的分配和使用上。例如,海军认为应该将经费用在大力扩充海军方面,因为当时突破敌国的海上封锁已至关重要;陆军则主张,为了避免打一场持久消耗战,必须通过建设强大的陆军在陆地上迅速获得胜利,因而经费应该投在陆军建设上。这就是当时德国军方内部在经济动员集体行动上的不协调,而在更大的范围内,政府与军队之间的协同也存在困境。例如,财政部担心,大量经费用于军队将会产生严重的社会生产和生活问题;内政部的顾虑是,向军事倾斜的经济政策可能会引发严重的经济危机;在粮食供应方面,虽然当时的粮食产量已基本能够满足本国需求,但粮食生产者为追逐粮食出口关税券形式的奖金等好处,积极出口粮食,而军事部门要求取消出口关税券的强烈呼吁毫无成效,致使德国粮食储备不足。

二是难以有效组织"追随者"的俄国。在 1914 年 8—10 月,当其他参战国组织经济总动员的任务都已由政府承担时,俄国仍以军队为主来实施动员,导致军队和企业之间因利益冲突难以达成有效的协作。如在工业部门中,资本家纷纷追逐高额利润,按行业组成各种委员会,其作为争夺军事订货、分配原料和规定价格等的机构,而不考虑实际生产能力,结果造成大量订货不能按时交付。就在第一次世界大战接近尾声之际,俄国于 1917 年 10 月爆发了"十月革命",诞生了新兴的社会主义国家——苏维埃联邦社会主义共和国,但新生政权的处境极为艰难,对内面临反革命叛乱和暴乱的直接威胁,对外需要对抗帝国主义的联合进攻和武装干涉。正如列宁深刻指出的,"为了赢得这场战争,应该把人民的一切力量都动员起来"[①]。然而,在政权未稳固的情况下进行全民经济动员遇到了极大困境,如"粮食垄断专卖的困境"。在参加第一次世界大战的 3 年多时间里,俄国大量农业劳动力和生产

---

① 张羽. 战争动员发展史 [M]. 北京:军事科学出版社, 2004:174.

资料转为军用，大片土地荒芜，造成粮食生产急剧下降。新兴政权建立后，为了解决革命时期严重的粮荒问题，采取了粮食垄断专卖措施，这本质上是一种特殊的战时经济动员措施。该措施遭到了富农的抵制，他们不但没有按规定出售粮食给政府，而且在黑市上进行粮食交易，引发粮食专卖集体行动的困境。其结果是，1918 年 1 月收购到的粮食只占原定计划的 21.8%①，给革命带来了较大困难。

2. 经济动员集体行动困境的界定

人民战争是我国开展经济动员工作的基本原则，是经济动员能力生成的基本遵循，也是经济动员集体行动成功的基本条件。

（1）人民战争铁律所决定的经济动员全民参与形式。在近现代战争中，人民战争可谓大放异彩、战功卓越，甚至有学者称历史上还没有什么战争形式能够战胜人民战争，综观战争史实，可知此言非虚。从逻辑上说，这是符合马克思主义历史唯物主义基本观点的，即人民群众是历史的真正创造者，是战争胜负的最终决定因素，自然也是经济动员集体行动成功与否的根本决定力量。在现代高技术战争条件下，许多人怀疑人民战争过时了。其实，我们可以得出这样的结论：传统的人民战争形式在新的历史条件下不合时宜，但人民战争不会过时。因为其基本依据在于，无论战争形态怎么演变，无论高技术要素如何影响战争原理、机理，都无法改变战争对国民经济体系的依赖状态，任何战争的伟力仍然并将始终存在于广泛的民众中，准备和实施战争必须"依靠群众、相信群众、动员群众"的原理始终不会改变。

这条铁律也是我国国民经济动员能力生成的基本依据和准则。在 2010 年 7 月 1 日实施的《中华人民共和国国防动员法》中，第一章总则第四条明确规定："国防动员坚持平战结合、军民结合、寓军于民

---

① 张羽. 战争动员发展史［M］. 北京:军事科学出版社，2004：174.

的方针，遵循统一领导、全民参与、长期准备、重点建设、统筹兼顾、有序高效的原则。"其中，全民参与既是整个国防动员工作的基本原则，也是经济动员工作以及经济动员能力生成的基本原则。从实质上看，全民参与就是组织和发动全国人民关心、支持、参与经济动员活动，依靠全体人民加强各行各业的战争经济潜力建设、组织转化和应用。因此，在经济动员集体行动中贯彻全民参与原则，既是在经济动员能力生成过程中实践人民战争思想的体现，也符合我国宪法和法律对公民国防权利和义务的基本要求。

（2）高新技术经济力量参与困境的界定。根据辩证唯物主义基本原理，人民战争没有过时的论点还包含人民战争需要与时俱进的应有之义。传统人民战争条件下的经济动员潜力是人力密集型的，而现代高技术条件下的经济动员潜力是知识密集型和科技密集型的。因此，经济动员能力生成与时俱进，也就是动员的直接客体需要由人力密集型适时向知识密集型和科技密集型转变。同时也必须认清，即使在现代人民战争条件下，维护国家安全对经济动员的需求也不是单一的，知识密集型和科技密集型动员潜力不是经济动员的全部，而是重点，即转变是重点的转变，并不是完全的替代。由此，现代人民战争条件下的经济动员集体行动首先是全民参与的经济活动，而且知识密集型、科技密集型参与主体的贡献必须达到一定的门槛值，具体的门槛值需根据科技发展水平和战争形态而定。那么，经济动员集体行动的困境就是，经济动员集体行动未能实现全民参与，或者知识密集型、科技密集型参与主体的贡献未能达到一定的门槛值。当然，这种界定只是一般意义上的，具体的形式还需要根据安全需求而定，尤其是"门槛"的概念及其衡量还需要根据实际情况而定。

二、造成困境的原因分析

国民经济动员集体行动困境是集体行动困境的特殊表现形式，引起该困境的原因复杂多样，既有与一般意义上的集体行动共同的因素，如公共产品特性等，也有其自身特有的内在根源基础，如经济动员能力构成中硬要素的特定作用、联盟动员本身面临的困境等。

1. 经济动员集体行动供给公共产品的一般特性

供给纯公共产品是经济动员集体行动的一般特性，因纯公共产品的主客体特性而产生困境的一般过程在前文已进行过分析，这里主要阐述在经济动员中的具体表现。一是经济动员集体行动的行为主体规模巨大且具有多元异质性。首先，参与经济动员活动的主体具有全民性，使"一致同意"集体行动的运行成本极高，实现起来异常困难。其次，参与经济动员的民众具有异质性，每个人的"成本—收益"结构并不完全相同，因此，当对全体民众采取统一的经济动员措施时，无法保证刚好有效激励每个参与者，也就没法确定能够实现"一致同意"的经济动员集体行动。二是经济动员集体行动产出的公共特性与生产属性。首先，经济动员所提供的安全产品具有完全的非排他性和非竞争性，任何国民都不会担心被排除（或者排除的成本极高）在消费该公共产品之外，也不会担心自己消费的安全产品数量因别人消费而减少，所以，每个国民都没有自愿参与经济动员集体行动的积极性。其次，根据公共产品加总技术类型与集体行动激励之间的相关性可知，总和加总技术下各主体的贡献量完全可替代，因而将增加集体行动的困难。在经济动员领域，集体行动产出的战争经济实力各部分之间的可替代性，在一定程度上抑制了集体行动的实现。

2. 经济动员集体行动的特有属性

经济动员作为一项特殊的集体行动，其特有的属性也是制约经济动员能力生成的重要因素，主要体现在以下两个方面。

（1）"领导者"的合法性与组织有效性。由本书的基本假设可知，经济动员集体行动天然具有"领导者—追随者"模式的特征，因而，该集体行动成功与否也将受到该模式的极大制约。在"领导者—追随者"模式中，"领导者"的作用是非常关键的，一是作为"领导者"的政府其所具有的合法性，决定其能否得到广大民众的支持，并产生民众自愿追随的效果；二是"领导者"实施的经济动员举措的有效性，决定其能否将民众组织起来。事实上，古往今来世界各国政府始终面临执政合法性与组织有效性方面的严峻挑战，并影响其经济动员能力的生成。

（2）经济动员国际化的新挑战。现代高技术战争的高消耗性、经济全球化和政治国际化的深刻演变，使世界各国尤其是盟国之间的利益依存度日益密切，如最近几场局部战争的经济动员都在不同程度上表现出"联盟性"。就我国而言，虽然一直坚持不结盟政策，但在面对国家安全尤其是面对国际共同安全威胁时，也需要发挥国际经济动员潜力的作用。然而，从供给的角度来看，联盟动员属于国际公共产品范畴，在现有的"威斯特伐利亚体系"下，因为缺乏有效的超国家组织主体，所以很难克服盟国之间"搭便车"的问题，这是奥尔森的《集体行动的逻辑》所不能回答的世界性难题，也是我国经济动员集体行动面临的新问题。

三、困境的直接后果：效率损失

对于经济动员集体行动来说，其困境的最终后果将是多方面的，例如，不能及时有效地将战争经济潜力动员起来，满足不了军事需求，从而造成安全隐患，并可能产生消极的政治影响。本书立足于以经济学方法分析困境相关问题，所以这里主要关注困境的直接后果，即经济动员的效率损失问题。

1. 国民经济动员集体行动效率的内涵

效率一般指不浪费或将现有资源利用得最好。在主流经济学理论中，定义经济效率主要采用两种准则：帕累托效率准则和考尔德—希克斯效率准则（杨小卿，2010）。帕累托效率也称一般均衡状态下的资源配置效率，其成立的前提是同时满足生产效率、交换效率和生产—交换组合效率三个条件。总的来说，帕累托效率准则是一种非常理想化的效率准则，其思想建立在市场运行不存在交易成本、不存在外部性、决策者完全理性和信息充分这些假设的基础上。而且，帕累托效率准则所界定的契约曲线上各经济效率间不具有比较性。从经济活动"生产—分配—交换—消费"的全过程来看，帕累托效率的三个条件本质上只满足生产效率和消费效率，即该准则还缺少对分配效率和交换效率的要求（张秀生和盛见，2008）。因此，在实际市场条件下，帕累托效率准则的应用性不强。对比而言，考尔德—希克斯效率准则的基本思想则完全不同，该准则基于"成本—收益"观念，认为任何一种资源配置方式只要满足收益大于付出的成本，就是具有经济效率的。由于现实中的任何一项经济行为和优化措施都伴随实际成本或机会成本，因此，考尔德—希克斯效率准则更接近现实条件下的经济效率情况，可操作性更强。此外，在经济学理论中，除了正面定义经济效率，还有很多学者通过定义非效率从相反的角度来说明经济效率的含义，如新古典经济学中的非效率、莱宾斯坦的 X 非效率、新制度经济学中的非效率等（毕泗锋，2008）。

国民经济动员作为一项特殊的经济活动与集体行动，具有很强的现实性和实践性，不仅涉及一般经济活动的生产、分配、交换和消费等环节，而且其运行的交易成本、公共产品的外部性也不可忽略。为了比较全面地把握国民经济动员经济效率这个综合性指标，本书从两个层面梳理经济动员效率的基础理论：一是经典理论关于经济动员效率的基本认识，二是从集体行动视角认识经济动员效率的内涵。

（1）经典理论关于经济动员效率的基本认识。国民经济动员学界就国民经济动员经济效率相关问题进行了大量探索研究，无论在研究成果的数量上，还是在研究视角及方法上，均取得了较大进展。其中，比较有影响力的成果是基于经济学基本理论，在借鉴帕累托效率准则一般均衡的全局思想的基础上，以考尔德—希克斯效率准则的"成本—收益"法则判定国民经济动员活动是否符合经济效率，即采用既贴近实际又兼顾全局的效率准则思想，从正面直接界定国民经济动员经济效率。经典理论深刻指出，国民经济动员经济效率的本质是在国民经济由正常状态转入非常状态的全过程中，所消耗的人力、物力和财力等资源实现最少化。但不同角度下国民经济动员经济效率的内涵呈现不同的特点。例如，若从国民经济动员涉及的具体行业或领域来把握其经济效率，则必须考虑该效率的一般均衡性；若从国民经济动员系统的复杂性属性来把握其经济效率，则必须考虑该效率的动态演变性。另外，也可以通过技术效率和制度效率，或者经济活动生产效率、分配效率、交换效率和消费效率来表达国民经济动员经济效率的内涵。为了全面反映经济动员活动全过程，可以从国民经济动员准备阶段的经济效率、国民经济动员实施阶段的经济效率与国民经济复员阶段的经济效率三个维度，建立国民经济动员经济效率评价体系。

一是国民经济动员准备阶段的经济效率。国民经济动员准备是为了保证经济动员活动能够快速高效地进行，国家在战前和平时期预先做的安排、筹划和采取的措施。经济动员准备是国防建设的重要内容之一，主要通过依托经济建设贯彻国防要求，建设平战结合、军民兼容项目等措施，兼顾国防建设与经济建设。因此，国民经济动员准备阶段的经济效率主要体现在两个方面。首先，和平时期健全的法规制度和规划计划，有助于消除各种制度性障碍对动员活动的不利影响，降低经济动员的交易成本，表现为动员活动的交换效率。其次，经济动员准备阶段的技术发展和储备，既能提升生产要素之间的相互转换能力，为后续的拓产、转产提供技术支撑，又能提高生产要素的边际产出率，表现为动员活动的生产效率。

二是国民经济动员实施阶段的经济效率。国民经济动员实施是临战或紧急状态时将经济动员潜力转化为经济动员实力的阶段，是整个国民经济动员活动的中心环节，也是解决国民经济动员需求和供给这一根本性矛盾的核心阶段，该阶段的经济效率主要表现为生产效率和消费效率。首先，临战或紧急状态下动员需求膨胀性增加，动员供给方通过拓产、转产来扩大生产能力，但由于技术水平不可能短期内就有突破性变化，所以生产的规模和范围通过影响资源利用效率来决定生产水平，即动员活动的生产效率。其次，将经济动员潜力转化为经济动员实力以满足军事需求，其本质上是一种消费活动，当供给与需求平衡对接时，便实现了动员活动的消费效率。

三是国民经济复员阶段的经济效率。国民经济复员是指将国民经济由非常状态恢复到和平时期经济建设与发展正常状态所进行的一系列活动，该阶段的经济效率主要表现为生产效率和分配效率。首先，由于安全需求的急剧下降，要求相应地减少动员供给能力，即通过控制生产规模和范围调节产出量，而生产组织的规模与范围又同时影响生产效率。其次，经济复员本质上是资源重新配置的过程，由于安全威胁基本消除，国家需要将部分经济资源从军用转为民用，并根据安全与发展新形势的需要，调整经济资源在军民间的比例，同时在该阶段，国家还需要对经济动员造成的经济损失进行相关赔偿和补偿，这些经济活动的效果主要体现为分配效率。

经济动员准备、经济动员实施和经济复员三个阶段承前启后、环环相扣，统一于国民经济动员实践，使经济动员准备效率、经济动员实施效率和经济复员效率三者相互作用、相互制约，共同影响国民经济动员整体经济效率。首先，经济活动的生产、分配、交换和消费等环节分散于经济动员的三个阶段，通过生产效率、分配效率、交换效率和消费效率间的前后作用，使三个阶段的经济效率之间交叉影响。其次，国民经济动员经济效率是一个复杂性、综合性指标，只有当三个阶段均满足经济效率时才能实现国民经济动员经济效率。最后，各阶段经济效率的地位随动员过程动态演化。在和平时期，动员准备是整个动员工作的主要内容，国民经济动员经济效率主要体现为经济动员准备效率；在战时或紧急状态下，国民经济动员经济效率主要体现为经济动员实施效率；在战争或紧急状态末期，国民经济动员经济效率主要体现为经济复员效率。国民经济动员经济效率评价指标体系如表3-1所示。

表3-1　国民经济动员经济效率评价指标体系

各阶段经济效率	各环节效率	表现形式
国民经济动员准备 阶段的经济效率	交换效率	法规、制度、规划
		技术通用性
		军民结合水平
	生产效率	技术发展水平
		技术通用性
国民经济动员实施 阶段的经济效率	生产效率	生产组织形式
		实施时机
	消费效率	供需平衡
国民经济复员 阶段的经济效率	生产效率	生产组织形式
		复员时机
	分配效率	资源结构
		赔偿和补偿支付

（2）从集体行动视角认识经济动员效率的内涵。仲永龙、于元斌和张根亮（2010）在进行中外战争动员效率比较研究时认为，动员效率是国家将人力资源、物力资源、财力资源和精神力量用于战争的效率，即战争动员主体对战争动员客体的作用力和影响力。显然，该理解在本质上是将动员能力的作用效果视为动员效率，从而搭起了动员能力与动员效率之间的桥梁。那么，从经济动员能力的基本内涵出发，决定国民经济动员经济效率的因素就应该包括经济动员的信息获知与处理效率、决策与应变效率、组织与协调效率、民众对战争支持的效

率、精神力量发挥的效率、争取国际援助的效率、平时经济体制转入战时经济体制的效率、各种物力资源对战争的保障效率、军用物资的生产与储备效率等。

基于经济动员的集体行动本质，经济动员能力本质上是一种集体行动能力，因此，从动员能力角度定义的经济动员效率，本身也是一种集体行动效率的定义，即"以最小的成本将动员对象组织起来"，也可以看成经济动员准备、经济动员实施和经济复员三个阶段集体行动效率的综合。例如，在经济动员准备阶段，需要以最小的成本组织民众参与平时的动员准备工作；在经济动员实施阶段，需要以最小的成本动员民众参与转产和扩大生产行动；在经济复员阶段，需要以最小的成本组织民众及时恢复到平时状态。此外，在理论界，关于集体行动效率的理解也存在多种，其中最具代表性的是公共选择领域的"一致同意"原则：集体行动效率的本质就是行为主体对集体行动过程以及结果均表示同意的状态。将"一致同意"原则贯彻到经济动员效率内涵中，主要有三大好处：一是符合现代战争条件下经济动员全民参与的基本理念；二是能够充分体现人民战争思想下"一切为了人民，一切依靠人民"的人民主体性与自觉性集体行动特征；三是能够体现经济动员效率的制度含义及"机会成本"。

2. 国民经济动员经济效率损失：以经济建设与国防密切相关的建设项目为例

由上述关于经济动员效率的内涵拓展可知，当集体行动困境出现时，可能会在三个阶段产生经济效率损失，既可能在动员准备阶段出现隐藏知识信息的逆向选择困境，如经济潜力调查不准确、信息登记不完全等，也可能在动员实施和经济复员阶段出现隐藏行为信息的道德风险困境。根据信息经济学基本理论，逆向选择和道德风险二者本身就代表非帕累托最优或者说经济效率损失。为了将理论研究与实际工作更好地衔接，这里以经济建设与国防密切相关的建设项目为例。

2016 年印发的《经济建设与国防密切相关的建设项目目录》（以下简称《目录》），对相关经济建设项目明确了贯彻国防要求的内容，是强化我国国民经济动员工作和经济动员能力建设的重要举措。

（1）逆向选择导致国民经济动员经济效率损失。1970 年，阿克洛夫（诺贝尔经济学奖得主）在其开创性论文《柠檬市场：质量的不确定性和市场机制》中首次从一个特别的角度分析了信息不对称对市场效率的影响，这一影响后来被称为"逆向选择"（也称"劣币驱逐良币"）。从此，"柠檬市场"成为逆向选择的代名词，并进一步拓展到"旧车市场"（也称"二手市场"或"次货市场"），这里的"旧"与"二手"并不是表明商品本身旧，而在于商品的一些外生真实信息如质量、档次等特征被隐藏了或者难以被观察到，即商品信息是卖方私人的。"逆向选择"的通俗解释是指在"旧车市场"上，由于商品的真实特征不易被观察，导致两种不理想的市场交易结果：一是买方支付高价格却买到低价值产品；二是面对优劣无法分辨的商品市场，买方只愿意支付所有商品的平均价格，那么高质量的卖方就会退出市场，于是买方进一步降低支付价格，较高质量的卖方也退出市场，如此循环，最后，"旧车市场"的成交额趋于零，即市场完全失灵。第二种结果也表明，在完全信息市场上，交易双方按质开价，即价格取决于质量，这时价格只传递了市场信息，市场交易是有效率的；但在逆向选择中，支付价格决定了市场上的商品质量，从而干扰了市场作用的发挥。

同样，由于知识信息不完全不可避免，在国民经济动员准备阶段会出现两种情况的逆向选择。第一种情况是"以次充好"。贯彻国防要求参与国民经济动员工作是一项公共事业，对于参与主体来说能够带来形象、声誉等收益，因而部分企业可能会故意高报动员潜力等私人信息，争抢挂牌"动员中心"，但由于与动员需求不符，从而降低经济动员供需对接的经济效率；或者故意高报项目条件和基础等私人信息，冒充进入贯彻国防要求的目录清单，从而增加军地二次具体对接时的甄别和筛选成本，降低整个贯彻工作的效率。第二种情况是"以好装次"。有部分企业本来满足经济动员的基本条件，却担心贯彻国防要求带来的风险、保密、补偿兑现等问题，于是在统计经济动员潜力及填写审批、核准及备案项目信息时，蓄意低报企业条件和基础等信息，逃避贯彻国防要求参与经济动员的责任，从而造成经济动员供给不足，降低国民经济建设的国防效益。

（2）道德风险导致国民经济动员经济效率损失。道德风险问题是信息不对称导致的另一个后果，在理论研究中，常以"委托—代理"模型来分析该问题。其中，委托人泛指不掌握私人信息而处于信息弱势的一方，代理人泛指拥有私人信息而占有信息优势的一方。与逆向选择不同，这里的私人信息是代理人内生（主观决定）的行为信息。道德风险的通俗解释涉及三种情况：一是"委托—代理"关系发生后，委托人因信息不对称很难观察到代理人的行为，代理人就会降低努力水平而偷懒、不作为，从而给整个生产过程带来净损失；二是委托人为了观察代理人的努力水平，采取适当的监督措施，这时代理人没有偷懒，但委托人因实施监督而支付了监督成本；三是代理人的行为仍然难以观察，但委托人采取了适当的激励措施使得代理人选择不偷懒，委托人因此付出代理成本。显然，与完全信息时相比，道德风险在这三种情况下均产生效率损失。

由于行为信息不完全不可避免，在经济动员全过程就会出现道德风险。例如，在《目录》范围内的经济建设项目经过二次对接筛选后进入开工建设阶段，由于项目建设主体的努力水平难以被军事需求方有效地观察、监督，建设主体就会存在两种机会主义行为倾向。一方面，部分建设主体可能会将投入军事能力上的努力转移到民用能力上，降低贯彻国防要求的军事技术、战术指标，难以保证军事需求质量，对国防和军事效益造成损失；另一方面，考虑到贯彻国防要求所增加的投资可申报补偿，部分建设主体可能会随意提高军事技术、战术指标，肆意增加建设成本，将风险全部转移给军事需求方，造成国防建设的经济效益损失。那么，为避免这两种机会主义行为，建设管理部门和军事需求方就必须对项目建设过程实施监督或激励，但这又会产生监督成本或代理成本，与完全信息时相比，这些成本都是不必要的，这就是道德风险所产生的现实效率损失。从实际情况来看，《目录》中项目建设的道德风险主要出现在经济动员准备阶段。

此外，在经济动员实施阶段和经济复员阶段，还有两种一般情况的道德风险：一是在动员实施过程中，由于被动员主体的实际努力水平难以被动员组织主体有效观察、监督，前者就会存在偷懒的机会主义行为倾向，如降低参与动员的努力程度、降低保障质量等。二是在经济复员阶段，由于动员组织主体的行为不能受到有效的约束，可能会出现过度动员，因此不能及时复员对国民经济建设产生的消极影响。

▌▌▌第四节　本章小结

本章以国民经济动员的集体行动本质为逻辑起点，结合国民经济动员的国家属性，通过序贯博弈模型构建了经济动员能力生成的"领导者—追随者"分析框架。由此，经济动员能力便是一种将"潜在"集团动员起来的集体行动能力，也是"领导者"将潜在"追随者"组织和动员起来的能力。但是，经济动员能力生成同样面临难以避免的困境，并会产生严重的经济效率损失后果。为此，需要根据"领导者—追随者"分析框架探寻困境的破除之道。由该分析框架的基本原理可知，为了走出困境，一方面，需要对"领导者"进行约束，以构建可信承诺的共容利益；另一方面，需要通过恰当的制度安排对"追随者"实施有效的激励和约束。这两个方面的具体内容将分别在第四章和第五章展开。

第四章

共容利益：约束"领导者"的可信承诺机制

民之为道也，有恒产者有恒心，无恒产者无恒心。苟无恒心，放辟邪侈，无不为已。①

——《孟子·滕文公章句上》

我们现在的中心任务是动员广大群众参加革命战争，以革命战争打倒帝国主义和国民党，把革命发展到全国去，把帝国主义赶出中国去。谁要是看轻了这个中心任务，谁就不是一个很好的革命工作人员。我们的同志如果把这个中心任务真正看清楚了，懂得无论如何要把革命发展到全国去，那末，我们对于广大群众的切身利益问题，群众的生活问题，就一点也不能疏忽，一点也不能看轻。因为革命战争是群众的战争，只有动员群众才能进行战争，只有依靠群众才能进行战争……动员群众的方式，不应该是官僚主义。②

——《毛泽东选集(第一卷)》

---

① 秦川．四书五经［M］．北京:北京燕山出版社，2007：521．

② 毛泽东．毛泽东选集：第一卷［M］．北京:人民出版社，2009：124-136．

根据"领导者—追随者"分析框架，经济动员能力本质是"领导者"通过一定手段将"追随者"有效组织起来的能力，那么，为了保证"领导者"的组织手段有效，即为"追随者"所认可，首先需要"领导者"构建起"领导者"与"追随者"之间"一荣俱荣，一损俱损"的共容利益。这既符合行为人受利益驱动的基本规律，如马克思所说，"人们奋斗所争取的一切，都同他们的利益有关"[①]；也符合谢林（2011）提出的可信承诺机制，即"领导者"通过适当的自我约束，反而更能够赢得"追随者"的合作。

第一节　指引集体行动的 "另一只看不见的手"

"有条件合作者"假设包含的"自私基因"，决定了利益诉求是社会人进行一切行动的动力基础，集体行动自然也概莫能外。在经济学领域，"一只看不见的手"催生的市场逻辑，使当每个人只谋求自身利益时，社会帕累托最优结果自动产生，这被称为适用于私人产品的"经济学第一定律"，也被称为"斯密定律"。但在公共产品领域，该定律就失灵了，而需要涉及"经济学第二定律"[②]，即在共容利益这"另一只看不见的手"的指引下使用权力，产生的结果可能在一定程度上与公共利益相一致，实现公共产品的供给。显然，"经济学第二定律"表明，共容利益通过对"领导者"的适当约束，构成集体行动公共产品有效供给的基本前提。同样，对于经济动员这项特殊的集体行动而言，"另一只看不见的手"也是指引经济动员能力有效生成的内在前提。

[①] 中共中央马克思恩格斯列宁斯大林著作编译局. 马克思恩格斯全集：第一卷［M］. 北京：人民出版社，1995：29-30.

[②] 盛洪. 现代制度经济学［M］. 北京：中国发展出版社，2009：389.

一、共同利益的细分：狭隘利益和共容利益

传统集体行动理论认为，拥有共同利益的集团或组织成员有进一步追求扩大这种共同利益的趋势，进而实现某种形式的集体行动。但现实困境引发对该逻辑的深入探讨，研究发现，拥有共同利益的集团包括排他性集团和相容性集团，对应的共同利益则细分为狭隘利益和共容利益，二者在经济动员等集体行动中往往产生迥异的效果。

1. 从匪帮的故事说起

新制度经济学国家理论的一个重要论点认为，国家是一只"掠夺之手"。该理论将国家作为经济社会发展的一个内生变量进行处理，且该变量的作用过程表现为不同的掠夺方式，奥尔森称之为"流寇"与"坐寇"。

流动匪帮也称"流寇"。他们采取"一锤子买卖"的方式获取财富，即只考虑短期收益，一次性压榨干被掠夺对象几乎所有的财富。由于"流寇"是流动性的，所以他们四处进行"釜底抽薪"式的掠夺，又因其规模较小，所以在理性上他们意识不到自己对整个社会的危害程度，便与整个社会构成微不足道的狭隘利益关系，于是，他们肆无忌惮地掠夺财富。那么，从被掠夺者的角度来看，如生产财富的老百姓，一方面，在"流寇"的压榨式掠夺下，财富所剩无几，用于投资和扩大再生产的资源受到极大约束；另一方面，在现有制度未变革之前，他们预估到即使财富生产出来也会被抢走，便没有动力在生产上进行有效的投入。因此，被掠夺者更倾向于选择闲暇或者反抗掠夺，当选择闲暇时便出现了大片荒芜的良田，当选择反抗时就出现了对抗盗匪的民间组织，这些现象在近代史上基本都出现过。于是，在"流寇"的掠夺下，整个社会经济发展与财富创造的情况就会变得越来越糟糕。

独霸一方的军阀也称"坐寇"。在无政府状态下的"流寇"中，当有一天某个有实力的匪帮发现，只要能够控制某区域的犯罪活动，即使进行较低比例的掠夺也能满足其物质需求，并可以避免颠沛流离的生活时，该匪帮就努力将其他"流寇"驱赶出这块区域，成为独占该区域掠夺利益的垄断者，即固定匪帮或者"坐寇"。这种身份的变化也使掠夺者与被掠夺者之间的利益关系趋向共容，并且二者的相互激励结构都相应改变。首先，就"坐寇"而言，其成为该区域的征税者和秩序维护者，对区域财富掠夺的垄断使"坐寇"非常有动力去打击区域内的其他犯罪活动，阻止外来"流寇"的侵扰，并在垄断掠夺上减少攫取的份额比例，以期望获得持续的稳定收入。其次，在"坐寇"区域内的生产者则成为纳税者，在被"坐寇"掠夺后，还有部分剩余用于再生产活动。更重要的是，在"坐寇"没有变更的情况下能够预估未来的生产—收入结构，因而有动力在生产活动上进行投入，于是社会生产进入一个良性循环。可见，相比拥有狭隘利益的"流寇"社会，拥有共容利益的"坐寇"社会更利于生产发展和公共福利的实现。

2. 狭隘利益与共容利益的界定

奥尔森最早提出狭隘利益与共容利益的概念，在其基础上，后续学者对二者的认识进一步深化、界定更加清晰。总的来说，在主流经济学界，关于狭隘利益与共容利益的界定主要有三种说法。

（1）收益占比评判法。奥尔森对狭隘利益与共容利益的区分标准就是从收益占比和收益份额的角度界定的。根据收益占比准则，狭隘利益意味着在一个具有共同利益的集团内，每个成员只能获得集团总产出增长中的极少比例，同时集团总产出减少也只会对其造成微不足道的损失。相反，共容利益则意味着某个理性追求自身利益的个人或者组织，能在特定社会总产出中获得相当大的一部分，且会因社会总产出的减少而遭受重大损失，因而有巨大的动力推动集团公共利益的实现，并努力避免集体行动失败。

（2）短期收益与长期收益评判法。参与者对收益预期的长短也成为区分狭隘利益与共容利益的重要指标。例如，追求狭隘利益的"流寇"由于只有短期的预期，所以更倾向于"竭泽而渔""一锤子买卖"。同时，被掠夺的生产者因为没有可靠的收入保证，无法形成稳定的长期预期，也只好在生产活动中进行短期投资。相反，趋向共容的"坐寇"就完全不同了，在其垄断财富掠夺的任期内，往往通过设定某个征税额，努力使整个任期内的总收入最大化，于是，在每个短期内，"坐寇"都会进行有约束的、稳定的、可持续的掠夺。同样，在其统治下的生产者由于看到了较为稳定的预期，就会有积极性在生产活动中进行长期投资。也可以通过量化的方式区分狭隘利益与共容利益。例如，在狭隘利益集团中，参与者收益的目标函数是单期的，或者说未来各期收益的折现因子远远大于 1；在共容利益集团中，参与者收益的目标函数是多期叠加的，且未来各期收益的折现因子都接近 1。

（3）零和博弈与正和博弈评判法。还有学者从博弈论的角度区分狭隘利益与共容利益。在狭隘利益集团或组织中，由于参与者的收益与公共利益之间关系松散，因而其没有足够的动力和兴趣从事公共产品供给的生产性活动，而是热衷于分配性活动以获得公共利益中的较大份额，那么其他成员分得的公共利益势必会减少，从而产生"一荣俱损"或"此消彼长"的结果，即集团内部的零和博弈。在共容利益集团或组织中，每个参与者都能意识到集团公共利益任何形式的减少都是其自身利益较大程度的损失，集团公共利益任何形式的增加也是其自身利益较大程度的提升，即"一荣俱荣，一损俱损"，于是每个参与者都有努力增加公共利益的动力，自愿参与供给公共产品的集体行动，出现正和博弈。

3. 狭隘利益与共容利益的互动

狭隘利益与共容利益作为集团共同利益的两种不同表现形式，虽然对集团集体行动效果产生的影响迥异，但二者并非完全独立，而是在一定条件下可以相互转化，并在互动过程中演绎出精彩的历史事实。例如，关于政权更替与国家兴衰的逻辑，一直是一个既让人着迷又极富挑战性的课题。对此，无数政治家及学者都孜孜以求，试图破解这个历史性、世界性难题。然而，从取得的理论成果来看，其解释力尚不能令人特别满意。值得一提的是，在经济学界以奥尔森理论为基础的狭隘利益与共容利益转换学说，为解释这一难题提供了很好的理论视角。

首先，集团利益是政权更替与国家兴衰背后的强大动因。表面上看，历史上的王朝兴亡以及政权更迭均是不同政治组织对政治权力争夺的结果。然而，实现利益垄断才是攫取政治权力的根本动机和最终目标，政治权力只是垄断资源配置及利益分配的一种有效手段。因此，从狭隘利益与共容利益互动的角度解释该问题，才更具基础性和根源性。其次，在政权更替与国家兴衰问题中，可将统治者与被统治者整体视为一个具有共同利益的"潜在"集团，并从二者的利益关系角度来区分狭隘利益与共容利益。第一，当统治者的私利与社会繁荣的公利之间相关性不大时，统治者就会为了增进私利而毫无节制地损害社会公利，这便构成狭隘利益。第二，当统治者的私利与社会繁荣的公利之间密切相关时，统治者就会比较节制地寻求私利和社会公利的平衡点，尽可能地减少对社会公利的损害，并试图通过促进社会繁荣来增加自身利益，于是形成共容利益。但是，历史事实清晰地表明，共容利益与狭隘利益并非完全独立，而是经常相互转换，尤其在政权更替与国家兴衰过程中非常明显。

一般来说，在一个新王朝建立的初期，往往会表现出较强的共容利益，如在政治治理上贯彻"立君为公"的理念，在经济上实施轻徭薄赋的措施，这种基于长期收益的行为既有利于社会繁荣和公利，也有利于统治者的私利。但是，该共容利益状态维持一段时间后，统治集团就会或快或慢地蜕化为偏好短期收益和排他性行为的狭隘利益集团，并逐渐失去政治合法性。那么，一个更具共容利益的"领导者"集团会赢得广泛支持和认同，并在一定条件下取代狭隘利益集团，从而形成狭隘利益这只"掠夺之手"与共容利益这只"扶持之手"之间的循环接替。虽然共容利益是兴盛的前提，狭隘利益是衰败的征兆，但是就人类目前所经历的全部历史来看，尚没有哪个执政集团能够始终保持足够的共容利益，从而跳出政权更替与国家兴衰的"陷阱"。因此，如何处理狭隘利益与共容利益的互动关系，始终是执政者需要面对的最严峻挑战，也是经济动员集体行动中"领导者"首先要解决的难题。

二、共容利益支撑经济动员集体行动的基本逻辑

将共容利益作为经济动员集体行动的基本前提，既是对传统集体行动学派"共同利益论"的突破，也是对奥尔森共容性组织理论的发展。就现实而言，共容利益是从根源上走出信息不完全困境的唯一出路，是对信息经济学与激励经济学理论的继承和发展，更是提高集体行动参与者的自愿性、自觉性，降低集体行动组织与实施过程中交易性成本的逻辑基点。

1. 对奥尔森集体行动理论的拓展

奥尔森对共容利益理论产生与发展的贡献毋庸置疑，为后来学者深化研究相关问题奠定了很好的基础。1965 年，奥尔森在经典著作《集体行动的逻辑》中，虽然未直接提出共容利益的概念，但他通过区分小集团与大集团在共同利益作用下的不同集体行动效果，已经开始触及共容利益的内涵本质。在 1982 年出版的《国家的兴衰：经济增长、滞胀和社会僵化》中，奥尔森通过研究排他性集团与国家衰落之间的联系，明确将共容利益的对立面——狭隘利益，从集团共同利益中区分出来。在 2000 年问世的《权力与繁荣》中，奥尔森非常明确

地定义了共容利益，并阐述了共容利益与国家繁荣之间的内在逻辑机理。总的来说，奥尔森关于共容利益的理解触及了问题的本质，但其分析主要停留在集体行动的组织者或领导者单方面，这与他研究的切入点有关。例如，在《权力与繁荣》中，奥尔森是在研究政府起源问题时正式提出共容利益概念的，所以，他研究共容利益的立足点就先天性地处于匪帮、政府等具有主动权和领导能力的主体一边。事实上，集体行动的最终彻底实现，除了需要"领导者"的组织，还需要"追随者"的积极参与，而后者则涉及"追随者"与整个集团公共利益之间的共容问题，以及所有集团成员之间的共容利益问题。

由此，基于"领导者—追随者"假设，对奥尔森经典理论拓展后的共容利益在内容上就包括如下两个方面。首先，共容利益既是"领导者"利益与集团公共利益之间的关系，也是"追随者"利益与集团公共利益之间的关系。例如，在"固定匪帮"模型中，一旦"坐寇"自觉成为某区域的征税者，则在"坐寇"与整个社会发展的公共利益共容的同时，区域内的所有臣民也与该公共利益构成共容利益关系，因为当社会发展利益总量上升（下降）时，"坐寇"按照最优税率征税后，臣民的剩余就会增加（减少）。其次，共容利益在"潜在"集团所有成员之间是相互的，即集体行动"领导者"利益和"追随者"利益之间"一荣俱荣，一损俱损"。同样以"固定匪帮"模型为例，当"坐寇"收入增加（减少）时，就会在保护生产的公共产品上投入更多（少），由此，臣民在扣除一定比例税收后的剩余也就更多（少），即臣民与"坐寇"利益共容；反过来，臣民通过生产投资及产出也会影响"坐寇"的利益，即"坐寇"与臣民共容利益。

那么，在经济动员集体行动中也存在同样的逻辑。国民经济动员提供的公共安全产品是"领导者"（政府）与"追随者"（民众）的共同利益，当一个国家在特定的制度体制下构成一个共容利益整体时，便可同时推导出政府利益与安全利益之间共容、民众利益与安全利益之间共容，以及政府利益与民众利益之间共容。

2. 走出不完全信息困境的唯一出路

包括集体行动在内的人类社会所有行为，都运行在一个不完全信息的环境中，不完全信息通过影响人的判断、决策、控制、监督和执行等过程，大大降低了人类活动的经济效率。由于集体行动的组织协调本身对信息的依赖程度很高，因此会更加迫切地需要解决信息效率问题。根据信息经济学基本原理，从信息本身解决该问题是不可能的，而脱离信息因素本身从共容利益上寻求出路，则是可行的办法。

（1）不完全信息困境。人类社会活动中需要面对的困境各种各样，且困境之间存在一定的联系，甚至是因果关系。例如，不完全信息既是产生集体行动困境的一个重要因素，其自身也存在困境。面对不完全信息给人类社会带来的巨大困境，人们希望依靠信息技术发展，从信息本身出发解决该问题，但事实证明该途径不可行。一方面，不断发展的信息技术既可能是打开不完全信息困境的钥匙，也可能是问题产生的深层次根源；另一方面，不完全信息的存在是绝对的，人类科学技术的发展则是一个不断上升的过程，实质上是相对的和能力有限的。因此，以有限的能力去解决绝对存在的问题，本身在逻辑上就不可行。

（2）走出不完全信息困境的共容利益逻辑。思路一变天地宽。第三章的分析表明，不完全信息是导致经济动员集体行动效率损失的现实根源，既然无法从信息本身出发解决不完全信息问题，就应该跳出这种死循环，独辟蹊径。为此，首先需要对解决问题的手段和目的有一个清醒的认识。就本书而言，走出集体行动困境是最终目的，不完全信息只是影响该目的实现的一个因素，且该因素并不能构成集体行动效率损失的充分条件。所以在逻辑上，只要能阻断从不完全信息到效率损失的路径，就能达到最终目的，而共容利益便是有效的工具。正如信息经济学基本理论认为的，虽然客观上不完全信息的存在是绝对的，但不完全信息并不必然导致低效率。以"委托—代理"过程为例，如果代理人与委托人之间利益相容，即二者目标一致，即使不对代理人进行监督和激励，委托人也不必担心代理人会偷懒，其效率与完全信息时并无二致。因此，在应对不完全信息时首先要解决的是目标一致或利益相容问题。显然，该逻辑同样适用于集体行动过程，即只有在共容利益缺乏与信息不完全二者同时存在时，才会真正出现集体行动的困境及效率损失。那么，根据其逆否命题的基本含义，要绕过不完全信息实现集体行动，就必须构建共容利益。

3. 经济有效的自愿集体行动的"催化剂"

按照实现方式或者组织形式，集体行动可分为自愿集体行动和强制集体行动，但该边界的划定并非绝对。例如，在自愿集体行动中，虽然参与者的自主性起了决定性作用，但并不排除有强制因素的作用；同样，在强制集体行动中，强制虽然是关键因素，但并不能完全排除参与者自愿性、自觉性的作用。总的来说，强制和自愿都能促成集体行动，但二者在效果和效率上存在较大差别，该差别正是共容利益发挥作用的空间所在。

（1）两类集体行动的成本比较模型。按照经济学准则，在提供相同公共产品产出的情况下，可依据所花费成本的多少评判各类集体行动的相对优劣。在集体行动成本方面，公共管理学派创立了经典的"集体行动成本分析法"，其核心思想是，最有效的集体行动应该具有最低的"社会相互依赖成本"，该成本又由"外部性成本"和"决策成本"构成。其中，"外部性成本"指在"一致同意"的过程中，参与者因不同偏好倾向相互之间产生的外溢成本；"决策成本"指实现"一致同意"行动需要的全部交易成本。在各类集体行动中，"社会相互依赖成本"由多种因素共同决定，其中，集体行动参与者人数就是一个重要因素。对此，理论界建立了"人数—成本"函数模型，并指出"外部性成本"是"一致同意"人数的非线性减函数，"决策成本"是"一致同意"人数的非线性增函数。分别以 C 表示"外部性成本"、D

表示"决策成本"、C+D 表示"社会相互依赖成本"，建立如图 4-1
所示的关系模型。在模型的横坐标上随意抽取一个坐标点，即固定
"一致同意"人数变量，"外部性成本"和"决策成本"的大小则取决
于集体行动的自愿性程度和强制性水平。一般来说，从自愿集体行动
到强制集体行动，其"外部性成本"和"决策成本"都会相应增加，
对应到模型上就是三条曲线都往上平移。因此，在集体行动中，出于
经济效率考虑，自愿性比强制性更具优势。

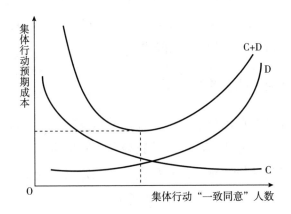

图 4-1　集体行动"一致同意"人数与预期成本关系模型

（2）自愿集体行动的共容利益机理。根据经济学的基本逻辑，自
愿的基础是利益驱动，这里的利益取广义含义，既包括经济利益，也
包括政治利益和社会利益等内容；既有物质、货币表现形式，也有精
神、社会资本等非货币、非物质表现形式。由共容利益的基本内涵可
知，共容使得集体行动参与者个人利益与集体公共利益紧密捆绑在一
起，二者"一荣俱荣，一损俱损"，参与者在追求个人利益的同时实
现了集体公共利益，在实现集体公共利益的同时也保证了个体利益，
从而为个体积极主动参与集体行动注入了强大动力，极大地降低了集
体行动成本。

三、经济动员共容利益的比较分析

经济动员作为一项特殊的集体行动，所供给的安全这项共同利益在不同的社会形态下表现出不同程度的共容性；反过来，又对经济动员能力的生成产生不同的影响。国民经济动员服务于战争、从属于政治的天性，决定了经济动员集体行动的共容性与社会形态的共容性高度一致。为了清晰展现不同共容利益下的经济动员集体行动能力水平，这里以奥尔森的经典模型为基础，将共容利益细分为不同的等级水平，并采用历史比较方法分析其作用效果。

1. 衡量共容利益指数的模型

奥尔森在其经典论述中从国家理论的角度将共同利益区分为狭隘利益与共容利益，并认为从极端的狭隘利益到完全的共容利益是一个连续变化的过程。但经典理论对狭隘利益只定义了最极端的情况，即"流寇"横行的无政府状态，而将其余的社会形态都纳入共容利益的范畴，只是共容程度不同。例如，在有政府的社会中，黑手党家族垄断犯罪的街道就拥有最低限度的共容利益；在"坐寇"垄断财富掠夺的专制社会，如封建专制社会、近代中国军阀割据社会等，则拥有较高程度的共容利益；在民主社会中，因为由大多数人统治，故而拥有更高程度的共容利益。总的来说，奥尔森的分类对深化理解不同社会状态下共容利益的特点和规律具有重要意义。

在经典分析的基础上，为更好地理解不同社会状态下共容利益对经济动员能力生成的影响，这里建立与共容利益相对应的人类社会形态量化分析指标 $S_i (i = 1, 2, 3, 4)$。其中，指数 $S_1 = 0$ 表示狭隘利益社会形态，即将狭隘利益作为共容利益的一种特殊情况对待；S_2 表示极少数派专制的社会形态；S_3 表示多数利益集团统治的西方民主社会形态；S_4 表示全民自我统治的共产主义社会形态（中国特色社会主义属于共产主义初级阶段，其共容利益划归为 S_4 形态）。同时，用税率 t_i 来间接衡量共容利益程度 EI_i，因为较高的税率往往会降低社会产出，从而影响收税总额，所以共容利益程度较高的社会必然满足税收总额与社会总产出"双赢"，于是税率就会相对较低，即共容利益程度与税率之间构成一个反方向变化的函数：$EI_i = f(t_i)$。同时，税率也是社会形态的函数，即满足 $t_i = g(S_i)$，下面分四种情况讨论。

一是假设在"流寇"社会（S_1）采取"竭泽而渔"式的财富掠夺方式，即 $t_1 = 100\%$，这时整个社会的生产处于完全荒废的状态。

二是在专制社会（S_2）中，假设专制者征收 $t_2 = 1/3$ 的税收时，其攫取的最后 1 元会减少 3 元的国民收入，其中 1/3（1 元）的减少量也是其自身的损失，那么该 1/3 的税率就是该共容利益社会的最优税率。

三是在多数利益集团统治的西方民主社会（S_3）中，假设征税者除了可以获得分配性的税收，还能在市场中通过生产和交易活动获得 1/3 的国民收入，这时如果 $t_3 = 1/3$，则最后 1 元税收减少的 3 元国民收入中，会给征税者带来 2 元的损失，包括 1（1/3×3）元的税收减少额和 1（1/3×3）元的生产性收入损失。那么，征税者为了获得最大化的净收益就会降低税率，使得 $t_3 < 1/3$。

四是在全民自我统治的共产主义社会形态（S_4）中，按照同样的逻辑和计算方式，由于统治者自身就是生产者，其通过市场生产和交易获得的收入占国民收入的 100%，因此为了实现净收益最大化，其税率将进一步降低，即 $t_4 < t_3$。

由此，综合两个简单函数便得到共容利益程度与社会状态之间的复合函数：$EI_i = f(t_i) = f(g(S_i))$。结合上述数量分析可知，随着变量 $i = 1、2、3、4$，即社会形态从"流寇"社会到共产主义社会，税率逐渐降低，社会的共容利益程度依次提高。

2. 不同共容利益下的经济动员能力

在上述理论模型分析中，通过不同的社会形态间接度量了共容利益。显然，从经济动员的政治属性出发，这种间接度量方式是非常恰当的。在此基础上，为了比较分析不同共容利益水平在经济动员能力生成中的差别性作用，这里以 $S_i(i=1,2,3,4)$ 为向量，梳理"流寇"社会、专制社会、资本主义民主社会和公有制社会条件下的经济动员能力。尽管世界范围内的历史发展并不是同步稳定向前的，但人类社会形态演变的总趋势基本是按照 $S_1 \rightarrow S_4$ 的顺序渐进发展的。由于在一定的社会形态下，共容利益并不是影响经济动员能力的唯一因素，为了有效剥离其他因素如政治制度强制力、经济体制等的影响，在梳理的过程中主要侧重于经济动员能力中的民众参与和支持热情等"自愿"指标，因为从前面的基础理论分析中可知，该指标与共容利益高度相关。此外，由于每种社会形态下的经济动员实践数量都非常多，且每次实践所表现的水平也参差不齐，为方便研究，这里主要将每个社会形态下比较经典的经济动员实践作为案例分析对象，并假定它们分别能够代表本阶段经济动员能力的平均水平。

（1）S_1 的经济动员集体行动。S_1 属于"流寇"社会，本质上是非共容利益的完全狭隘利益社会。从战争演化和经济动员演化历史的角度来看，S_1 社会还没有真正意义上的经济动员实践活动。一是因为没有保障战争的需求；二是因为在分散的、各自为政的冲突条件下，也没有实施动员活动的统一组织和能力，"流寇"与民众之间只有掠夺与被掠夺，不存在合作行为。因此，这里将 S_1 的经济动员能力作零处理。

（2）S_2 的经济动员集体行动。从政府产生到目前为止的人类历史中，专制社会的时间最为漫长，在这期间，出现了大量的专门服务于专制统治者利益的经济动员活动。其中，大量实践在效果上达到了当时专制者的目的，但在组织和领导民众参与、赢得人民支持等方面，还远远没有将经济动员能力发挥出来。例如，近代中国在抗击侵略战争中的经济动员能力时暴露了大量问题，可以分两个阶段来看。一是清朝末年抵抗西方侵略的战争。中国是世界上封建社会时间最长的国家，在漫长的封建专制统治中，统治阶层"家天下"的狭隘利益思想根深蒂固，导致的结果就是在普通民众的意识里只有家没有国。于是，当鸦片战争爆发时，统治阶层除了通过征税获取战争经费，完全没有动员全民经济的意识和举措，无数民众在侵略战争中表现出事不关己、看热闹的心态，甚至出现向侵略者出售物资和劳力的行为。二是 20 世纪 30 年代初期至 40 年代中期抵抗日本侵略的战争。当时的中国虽然在形式上完成统一，但实质上是军阀割据的半封建社会状态，国民党政府仅代表极少数大地主、大资产阶级的利益，而最初由孙中山倡导的"三民主义"逐渐被抛弃。例如，"民权主义"并没有得到实行，广大民众没能获得主人翁地位，就连老百姓最关心的民生问题也没有得到基本解决。于是，作为"追随者"的民众在消耗最初的革命激情后，因面临政治上的不平等和经济上的压榨，对"领导者"也就很难有更多的支持和认同，所以整个社会的共容利益程度不高。加之统治者凶狠残暴、政治腐败、丧失亲和力和号召力，导致反侵略战争中变节者泛滥、汉奸成群。正如陈独秀在《爱国心与自觉心》中所言："国家国家，尔行尔法，吾人诚无之不以为忧，有之不以为喜。"①② 所以当日本帝国主义发动全面侵略战争时，中国却仍然"一盘散沙"，一大堆突出问题接踵而来，投机倒把、大发战争财等乱象比比皆是，经济动员能力生成面临巨大困难。

（3）S₃ 的经济动员集体行动。法国大革命是人类史上首次大规模的资产阶级民主革命，实施的全民总动员也是人类进入阶级社会后首次接近不分阶级、无论贫富贵贱、全民参与和支持的动员实践，更是资本主义民主制度下经济动员的典型。首先，在共容利益上，法国大革命给了劳苦大众平等的政治权利，同时，从封建社会解放出来刚获得的自由也是全民参与革命的核心利益。其次，在经济动员实施上，民众的积极性、自觉性空前高涨，法国人民无论男女老少，都积极响

---

① 任建树. 奇文赏析民主至上：评陈独秀的《爱国心与自觉心》[J]. 史林，1986（3）：81-85.

② 付启元. 抗战时期汉奸形成原因探析 [J]. 民国档案，2002（4）：83-86.

应动员号召,将一切物质力量用于革命战争。例如,大批科学家将自己的聪明才智贡献到军火研制工作中;工人则努力工作,赶制了大量武器弹药,使枪支的产量比革命前增长了4倍;青年奔赴前线打仗,已婚男子制造武器和运送粮食,妇女则制造帐篷、衣服和在医院服务等。显然,在共容的"自由与平等"这一利益鼓舞下,法国经济动员能力的发挥取得了很好的效果。但因为毕竟是代表部分人利益的资产阶级的民主革命,所以没能实现完全的共容利益,经济动员能力的发挥效果不可持续。

类似的情况在近代中国历史上也曾出现过。清朝末年,孙中山先生领导的旧民主主义革命以"天下为公"为政治口号,彻底结束了长达2000多年的封建专制统治,通过"三民主义"建立了短暂的程度较高的共容利益,并在推翻封建专制统治的过程中赢得了民众较为广泛的经济支持,且将这种经济动员能力延续到北伐战争中。

(4)S_4的经济动员集体行动。中国共产党领导的新民主主义革命,在中华大地上开启了共容利益的更高形态,并依靠广大民众将经济动员能力发挥到了极致。正如毛泽东同志在革命年代所指出的,要想真正将广大群众组织和动员起来,除了对其进行觉悟和启发,还必须解决好群众最关心的利益问题。例如,农民能否分到土地,工人的利益能否得到保障,群众吃饭、穿衣能否满足,人民的婚姻和疾病卫生问题能否解决等。因为只有做到了这些,"追随者"才会真正地拥护"领导者"并围绕在其周围。

3. 共容利益与经济动员能力双向互动原理

不同共容利益的社会形态表现出大小不一的经济动员能力,这并不是历史的偶然,而是由共容利益与经济动员能力互动的内在逻辑决定的。

(1)共容利益影响经济动员能力的生成。经济动员能力生成的核心是将从事经济活动的人组织和动员起来,而这种组织行为的重要条件是对公共权力的合理使用。一方面,根据奥尔森的"另一只看不见的手"原理,当经济动员集体行动处于共容利益状态时,作为"领导者"的政府就会谨慎使用动员活动中的各项权力,使得"领导者"利益及集体行动在某种程度上与国家公共利益相一致,于是政府就有动力履行好"领导者"职责,在经济动员能力生成中发挥好组织引导作用。另一方面,由"有条件合作者"基本假设可知,作为"追随者"的广大民众是利益驱动的行为人。共容利益既不是物质基础也不是技术条件,而是一种以经济利益、政治利益与社会利益为基本内核的社会关系。那么,在这种社会关系中,"领导者"与"追随者"之间就会产生合作的默契,类似于市场中的声誉机制,通过提升民众参与集体行动的自愿性和自觉性,极大地降低信息搜集、组织领导、规划计划和控制协调等过程的交易成本,大大提升经济动员各子系统的动员能力,实现将民众低成本地组织起来。

(2)经济动员能力反作用于共容利益。"历史永远是由胜利者书写的"①,而胜利者往往是具备更强动员能力的一方,这是人类历史演进的基本规律之一。同样,特定共容利益的社会形态,也是由具有相应经济动员能力的"潜在"集团创造和维持的。以近代中国民主革命历史为例,最初,作为革命党出现的国民党也曾代表广大民众的利益,其"三民主义"本身就是一种共容利益性政治理念,并在民主革命战争中形成了较强的经济动员能力,如在辛亥革命和北伐战争中"一呼百应"。然而,国民党在执政后不久便抛弃体现共容利益的"三民主义",日渐沦为代表少数人利益的狭隘利益集团,随即失去民众的广泛支持,导致经济动员能力急剧下降。这时,更具共容利益的中国共产党依靠有效组织和动员民众,将其取代,建立了新的稳定可持续的共容利益社会形态。由此可见,不同共容利益的社会形态之间的交替演进,本质上是动员和组织能力之间的较量与博弈。

---

① 丰子义. 历史阐释的限度问题 [J]. 哲学研究, 2019 (11): 10.

▌▌第二节 我国国民经济动员共容利益的现实挑战剖析

历史上，共容利益对提高经济动员能力、促成经济动员集体行动发挥了巨大作用，但都具有一定的历史阶段性。当前，我国国民经济动员实践面临的经济社会环境、科学技术条件和使命要求都发生了巨大变化，这对共容利益的作用机理产生了重要影响，成为提升我国国民经济动员能力面临的现实挑战。

一、市场逻辑对共容利益的挑战

改革开放 40 多年来，随着我国经济体制改革的不断深入推进，计划手段与市场工具的作用发生了巨大变化，社会主义市场经济体制逐步完善。2013 年 11 月党的十八届三中全会审议通过的《中共中央关于全面深化改革若干重大问题的决定》明确提出，"要使市场在资源配置中发挥决定性作用"，这标志着市场这种制度安排将全面渗透到经济社会的方方面面，影响经济活动行为人的偏好和价值观，并将从根源上影响整个国家共容利益的重塑。

1. 两只"看不见的手"之间的冲突

在一切经济活动中，市场的力量是巨大的，但市场是一把"双刃剑"，其本身包含促成集体行动的要素，因为市场的运行是基于合作的分工；也包含阻碍集体行动的逻辑，因为市场运行的核心机理在于一只"看不见的手"。然而，集体行动运行的核心机理则在于"另一只看不见的手"，两只"看不见的手"无论在基本原理还是原始动力上都存在巨大差别，具体表现为私利与共容利益的差别和冲突。

（1）市场决策的功利性，必将造成被动员对象多重个体利益与经济动员公共利益之间的矛盾，加大维持共容利益机制的难度。在市场条件下，个人以及企业主体的利益诉求呈现出多元化和异质化，表现为功利性价值取向；而国民经济动员的最终目的始终是保障战争和社会稳定需要，表现为政治性及公共性价值取向。于是，两种不同类型价值取向之间的冲突和矛盾便不可避免。一方面，经济主体异质化的过程会使"小成员"与公共利益之间的共容关系出现弱化的趋势；另一方面，社会主义市场经济条件下的企业，尤其是非公有制企业，都是相对独立的经济主体，其在从事经济活动时首先考虑的是自身的经济利益。即便在经济动员活动中，企业首先考虑的也往往是自身的"成本—收益"问题，而不是国家的公共利益。因此，市场条件下经济行为人的功利性决策机制并不必然导致公共利益的实现，这对维持现有共容利益机制构成严峻挑战。例如，山立威、甘犁和郑涛（2008）对我国 A 股上市公司在"5·12"汶川地震中的捐款情况进行了量化分析，实证结果表明，这些公司捐赠行为的背后带有较强的经济动机，如获得广告效应等。该研究又根据公司产品是否直接接触消费者进行了比较分析，发现直接接触者比不直接接触者的捐款数额平均多出 50%左右。因此这种纯经济利益驱动的市场机制必然会对具有公共利益属性的经济动员能力的生成造成一定的消极影响。又如，在 2017 年 6 月下旬四川茂县山体滑坡救灾过程中，出现了某私人承包的收费站对救灾军车强制收费的现象，并产生了恶劣的社会影响。当然，其中虽然有应急动员工作本身的问题，但也暴露了市场机制对经济动员能力生成构成的挑战。再如，在经济动员实践中，由于受市场功利主义的影响，对非公有制经济开展潜力调查、统计登记等的难度加大，严重制约经济动员能力的生成和发挥。

（2）市场决策的分散性，使有效发挥"另一只看不见的手"的作用的难度增大。市场行为建立在分散决策和自愿自觉的基础上，但国民经济动员具有政府强制实施的特性，本质上是在共容利益下使用权力的过程，即从国家整体安全利益出发，通过行政、法律等手段对市场主体经济行为的条件和规则进行调控，间接影响和引导企业的经济行为。显然，市场主体的分散决策与政府行为的统一调控之间存在矛盾和冲突，势必会增加政府强制行为的成本，不利于"另一只看不见的手"发挥作用。为了充分说明市场决策的分散性对共容利益的挑战，这里以市场化程度最高的美国为例。作为最具代表性的资本主义国家，由于对自由主义的信仰，美国在和平时期缺乏必要的战争动员准备，而是倾向于对抗发生后进行临战动员，以应付迫在眉睫的战争或冲突，因而，其经济动员能力生成的效果往往非常差。例如，美国军方为了在战争爆发时实现较大规模的动员，于1939年6月制订了"彩虹"作战计划，但在第二次世界大战期间，由于市场思潮对战争动员态度的冲击和"中立"政策的影响，该计划未能实施，甚至到第二次世界大战结束时，连经济动员的管理机构都没能建立起来。

2. 富治逻辑下的市场经济法治考验

市场经济是竞争性经济，也是法治经济。法治作为保障市场经济有效运行的外部条件，有其运转的基本逻辑——富治与法治的互动，而富治与共容利益在激励约束上殊途同归，这便打通了法治与共容利益之间的逻辑联系通道。当前，我国虽然不断建立完善社会主义市场经济体制，但在法治方面还存在不少问题，这对于规范经济动员能力生成来说，也是一个关键的"瓶颈"。

（1）异曲同工的富治与共容利益。实践证明法治确实是个好东西，但要发挥好法治的作用，还需要满足特定的条件。对此，古今中外的学者分别提出了不同的见解，其中，蕴含共容利益的富治思想闪耀出智慧和实用的光芒。早在春秋时期，齐国的管仲就在《治国篇》中从法治与富治相互依赖关系的角度，开创性地提出了富治思想。他指出："凡治国之道，必先富民。民富则易治也，民贫则难治也……

是以善为国者，必先富民然后治也。"① 可见，尽管管仲的富治思想难以避免带有特定的时代色彩，但不可否认的是，他深刻揭示了富治与法治相互作用的内在逻辑，并初现共容利益的思想雏形。此后，战国时代的孟子进一步提出"无恒产者无恒心"。军事家尉缭则指出，"王国富民，霸国富士，仅存之国富大夫，亡国富仓府"②，并打通了富治与国家战争能力及动员能力之间的逻辑联系通道。事实上，在马克思主义理论体系中，多次从利益的角度表达了富治思想，并蕴含共容利益的设想。例如，邓小平同志指出："革命是在物质利益基础上产生的，如果只讲牺牲精神，不讲物质利益，那就是唯心论。""不讲多劳多得，不重视物质利益，对少数先进分子可以，对广大群众不行，一段时间可以，长期不行。"③ 显然，富治或者说共容利益是促成法治生效的基础条件；反过来，法治则是维持富治和共容利益的外部约束。

（2）经济动员法治与市场要求的差距。完善的市场经济必然要求健全的法治体系，因此市场环境下成熟的经济动员也需要与之对应的法治保障，从而确保"领导者"与"追随者"之间的共容利益，释放广大民众的积极性。由于我国特有的历史和体制原因，长期以来，行政调控是国民经济动员工作中的基本手段，工作模式则体现为相对单一的"思想发动+适当补偿"，深深打上了计划经济时代的烙印。然而，随着市场经济的快速发展及我国全面深化改革的大步推进，传统动员模式暴露出了大量突出问题。例如，自2007年《物权法》实施以来，面对国民经济动员客体日益增强的利益观念和法治意识，行政命令式的传统动员模式越来越难以实施有效的激励和约束，特别是在调动广大民众参与经济动员活动的积极性方面困扰重重。同时，在动员范围要求越来越广、转化速度要求越来越快、保障质量要求越来越高的联合作战经济动员面前，单一的行政手段更是捉襟见肘、力不从

① 管仲．管子［M］．哈尔滨：北方文艺出版社，2013：274-276.
② 尉缭．武经七书尉缭子［M］．北京：中华书局，2011：215.
③ 邓小平．邓小平文选：第二卷［M］．北京：人民出版社，1994：146.

心。显然，传统动员模式与市场条件的矛盾，本质上就是单一行政手段与共容利益的冲突。那么，根据市场经济也是法治经济的基本规律，只有加速推进经济动员由"行政命令型"模式向"法规主导型"模式转变，才有可能维持市场经济条件下经济动员的共容利益属性，从而释放市场经济主体参与的积极性。例如，可以适当借鉴发达国家有益的经验做法，并结合我国国情军情，转变行政命令主导的传统经济动员观念，树立经济动员制度化、规范化理念，突出法规等正式制度安排在经济动员关系调整中的主导作用，明确和规范"领导者"与"追随者"在经济动员集体行动中的责任、权利和义务关系，确保各参与者的正当利益诉求。但目前我国经济动员领域的法治保障水平离上述要求还有较大差距，这成为市场条件下维持经济动员共容利益的"瓶颈"。

二、经济动员科技密集化对共容利益的挑战

科技是第一生产力，也是提升战斗力的倍增器，还是推动国民经济动员转型升级的重要引擎。但是，科技创新是一个充满不确定性的漫长过程，在该过程中，知识产权是维持创新活力、推动创新持续稳定发展的动力源泉，也是支撑科技要素动员实现共容利益的基础性条件。

1. 科技革命推动经济动员的知识化转型

知识经济时代的到来，使战斗力生成模式发生革命性变化，并催生国民经济动员内容与模式的新变化，这也成为经济动员能力生成面临的机遇与挑战。

（1）科技动员成为支撑现代经济动员的关键领域。战争实践已经充分证明并将持续证明，人类社会所取得的最新科学技术成果总是最先运用于军事领域，而一旦战争活动所依赖的物质基础和技术条件发生变革，战争形态和进行战争的方式必将顺势转型，并可能引发新一轮军事变革。

在战争实践中，如何将科技创新能力和成果大批量引入军事应用，实质上属于国民经济动员的范畴。随着科学技术在国防领域的广泛应用及其地位作用的快速上升，科学技术已成为决定军队战斗力生成和战争制胜的关键因素，不再仅仅是实施国防动员的技术性工具和手段，其本身已成为经济动员领域的关键内容，并发展为新的动员分支——科技动员，即为满足国家安全对科学技术的需求，及时将国家科技运行体制、科技资源和条件由平时状态转化为非常状态的有组织性的活动。

（2）经济动员由"数量规模型"向"科技密集型"转变。自20世纪下半叶以来，随着人类社会由工业时代跨入信息时代，人类战争形态也相应地从机械化战争向信息化战争演变，同步催生国民经济动员内在形态的跨越式发展。例如，在机械化战争时代，国民经济动员主要着眼于对人员基本生活的保障和对通用物资的有效供给，而武器装备等技术性保障所占的比重较小，供给科技含量较高的人力物力的能力非常有限，科技性投入的比重也不高。总体而言，这是一种"数量规模型"的经济动员，经济动员能力生成基于对日常消费性产品生产者的组织和动员，属于外延式经济动员能力生成模式。

在信息化战争条件下，随着以信息技术为核心的高新技术的迅猛发展及其在经济、社会和军事领域的广泛运用，国民经济体系的科技供给潜力与军事领域的科技需求同步增大，此时，将这种潜在供给有效地转化为现实供给并对接军事需求，就成为经济动员内容结构转型的重要标志。从现实来看，在高技术战争和军事行动的消费清单中，虽然对人员生活物资的绝对需求量有增无减，但对高新技术武器装备维修、保养和供应等的绝对需求量增长加快，所占的比重也越来越高。或者说，经济动员不再仅仅涉及弹药、油料等基本要素，还需要大量的知识性人力、物力、基础条件及信息条件本身，信息人才和信息产业将成为支撑现代经济动员的重要基础。那么，在这种"科技密集型"的经济动员中，经济动员能力生成将依托对高科技知识型产品生产者的组织和动员，属于内涵式经济动员能力生成模式。

2. 知识改变共容利益的"命运"

科技的大量注入不仅给经济动员增添了新内容与活力，也迫使其共容利益的形式和作用机理发生了新变化。产权是科技产品创造者的核心利益，也是"科技密集型"经济动员共容利益的逻辑基础。当前，我国在知识产权方面存在的问题，对现代经济动员共容利益构成了又一个挑战。

（1）"科技密集型"经济动员共容利益的新特点。长期以来，由于传统经济动员的技术含量相对较低，知识要素发挥的作用极其有限，在"多胜少败"战争铁律的指导下，经济动员走上数量与规模化道路，传统经济动员共容利益的实现形式以价值交换为主。"科技密集型"经济动员运行于现代市场经济的大背景下，因而其共容利益的实现形式将严格受到产权的约束，该产权的逻辑主要表现在以下两个方面。

第一，现代经济首先是市场经济，而市场经济的本质则是产权经济，即市场交易是产权的交易，因而会对经济动员能力生成过程中的激励机制等"游戏"规则产生重大影响。伴随着中国特色社会主义市场经济体制的逐步建立，非公有制经济主体已成为支撑社会经济发展的重要力量，且其蕴含着强大的科技潜力和广阔的发展前景，必将成为未来国民经济动员的重要对象。但是，这些经济主体的经营状况、运行机制和利益关系主要受市场规则支配，通过单一的行政手段让其为经济动员出钱、出人才及出技术，将难以完全奏效。只有通过产权交易的经济激励手段，才能使其自身利益与公共利益并行不悖，从而维持共容利益。

第二，现代经济更是知识经济，而知识经济的价值根植于产权之上。现代科学技术主要是一种知识产品，作为经济动员的重要对象，则是一种"资本密集型"的动员潜力。那么，该特征必然要求建立

"产权密集型"的激励机制，从而有效生成相应的动员能力。因为针对科技创新本身的不确定性、高风险性、长期回报性，只有通过有效的产权界定和回报，才能确保长期、稳定的预期，有效激发地方科技部门、科研院所、大专院校和有关企事业单位科技人才的投资和工作积极性，有效发挥科技平台设施、科技装备器材和科技信息条件等资源的优势，从而确保科技经济活动行为主体自身利益与经济动员公共利益的一致性，维持知识产品动员的共容利益。

（2）"科技密集型"经济动员共容利益的困境。对科技要素产权利益的充分保障，是构建"科技密集型"经济动员共容利益的根本途径，但现实情况与该要求相比还存在较大差距。例如，在知识产权有效治理方面，虽然近年来国防知识产权的申请量已呈大幅增长之势，推动成果转化的相关平台和条件建设也在逐步夯实，但"重产权保护，轻流转运用"等观念还没有完全转变，使成果转化的动力依然不足、效率始终不高。相关数据显示，我国近年来省部级以上科技成果年均达 3 万多项，但仅有 10%～15% 的成果能够大面积推广并实现规模效益；年均 7 万多项的专利中也只有大约 10% 能够真正实施；高新技术与科技进步对国民经济增长的贡献率只有 20%～30%，而世界发达国家的同类指标高达 60%。① 大量的科技和知识成果处于"沉睡状态"，尚不能跨进经济动员潜力的门槛。同时，与国防应用相关的知识产权的责、权、利不明晰，或者界定不合理，不能充分体现脑力劳动的价值，难以调动科技供给者的积极性，使军民两大领域科技成果转化应用的激励机制难以发挥作用，尤其不利于调动经济社会领域大量的知识成果参与经济动员活动以发挥国防效益。此外，由于产权兑现、金融支持、配套措施落实不到位，导致经济社会参与主体预期不稳、主动性不强，"大利大干、小利小干、无利不干"，大量的社会科技潜力无法动员起来。

① 刘扬，吴月娥．金融危机影响下我国科技新闻面临的机遇与对策［J］．科技传播，2010（4）：222.

三、国民经济动员功能拓展对共容利益的挑战

在传统的单纯应战型经济动员中，需要处理的矛盾主要是平战转换的利益冲突。当前，由于安全形势新挑战与国家安全需要，经济动员的功能进一步向保障应急和为经济建设服务方面拓展，不仅需要处理好军地、军民之间的利益矛盾，而且需要处理好不同利益主体及资源的重新分配组合，这给共容利益带来了新的挑战。

1. 功能拓展的驱动力与内涵

时代呼唤的"大动员"理念构成了经济动员功能拓展的基本逻辑起点。新的国内外安全形势与国内经济发展形势，都要求经济动员在履行应战核心功能的基础上进行相应的拓展，而这种拓展与我国国防建设基本原则是一致的。

（1）安全与发展形势驱动国民经济动员功能拓展。一是新的安全形势驱动国民经济动员进行功能拓展。国民经济动员最初起源于战争，在过去很长一段时间里，也基本上只服务于战争活动。自冷战结束以来，虽然世界范围内一直没有发生较大规模的战争，但每个国家面临的安全形势更加复杂多样。那么，这种多样化的安全目标，也就必然要求为其提供保障服务的国民经济动员的功能同步多样化，即国民经济动员功能进行相应的拓展。二是新的发展形势驱动国民经济动员进行功能拓展。国民经济动员活动范围涉及国民经济系统的方方面面，是一种特殊的经济活动，就该角度而言，国民经济动员也是国家经济建设和发展的一部分。那么，在优化经济动员工作的过程中，就需要最大限度地发挥其正的溢出效应，为经济社会发展注入动力。一方面，我国正处在由"大国"走向"强国"的关键时期，推进社会主义市场经济体制改革的潮流不可逆转。为了发挥好市场在资源配置中的决定性作用，就需要国民经济动员通过功能拓展，打破各部门各领域自成

体系、自我封闭的基本格局，实现资源在全社会范围内的优化配置，提高经济动员的经济效率，最大限度地降低经济动员的机会成本，为经济社会发展减轻压力。另一方面，随着我国融入世界经济体系的步伐不断加快，尤其是"一带一路"倡议的提出，国家发展利益将进一步拓展到海外，从而需要经济动员进行功能拓展。表4-1所示的我国2009—2018年对外贸易依存度，能在一定程度上反映国家发展利益拓展的情况。总的来说，我国对外贸易总额占GDP的比重偏高，这个比例在世界大国中也是较高的。国家经济发展的利益拓展到哪里，维护国家利益的力量就要延伸到哪里，提供物质保障的国民经济动员就需要将其自身功能相应地拓展到哪里。

表4-1　我国2009—2018年对外贸易依存度

年份	GDP（亿元）	进出口总额（亿元）	进出口依存度（%）
2009	340320.0	150648.1	44.3
2010	399759.5	201722.1	50.5
2011	468562.4	230887.3	49.3
2012	519470.1	244160.2	47.0
2013	568845.2	258212.3	45.4
2014	636463.0	264300.0	41.5
2015	689052.1	245900.0	35.7
2016	744127.0	243300.0	32.7
2017	827122.0	277900.0	33.6
2018	919280.0	305100.0	33.2

资料来源：笔者从历年公开数据中整理得到。

（2）国民经济动员功能拓展的内涵和本质。中国人民解放军自建立之日起，就同时发挥着战斗队、工作队和生产队的作用。"三个提供、一个发挥"是新世纪新阶段党中央、中央军委赋予人民军队的历史使命，为军事力量的综合性建设与多样化运用指明了方向，也为国民经济动员功能拓展指明了新的方向。进入新世纪新阶段后，国防和军队建设不仅需要提高以打赢信息化条件下局部战争为核心的应对多种安全威胁、完成多样化军事任务的能力，而且应对非战争军事行动的任务也日趋繁重。例如，《军队非战争军事行动能力建设规划》要求，中国人民解放军主要担负反恐维稳、抢险救灾、维护权益、安保警戒、国际维和、国际救援六类非战争军事行动任务，并对非战争军事行动能力建设的指导原则和目标等做了相关规定。显然，作为保障军事行动的国民经济动员活动，必须同时拓展到相应的非战争军事行动任务中。在 2006 年全国交通战备工作会议上，温家宝同志首次指出，要"努力建设一个平时服务、急时应急、战时应战的交通保障力量体系"。"战时应战、急时应急、平时服务"思想的提出，标志着我国国民经济动员功能拓展方向的基本形成。一直以来，国民经济动员在服务经济建设和应急方面都发挥了较好的作用。例如，1978—2013 年，全军先后开放了 1580 项国防基础设施为经济建设服务。① 历史上，从 1987 年大兴安岭森林灭火、1998 年抗洪救灾、2003 年抗击"非典"，到 2008 年汶川抗震救灾，国民经济动员系统均起到了很好的保障作用。又如，2016 年 7 月初，长江流域遭受持续强降雨，湖北、安徽、江苏等多地发生严重洪涝灾害；2017 年 6 月底至 7 月初，湖南等地出现严重洪涝灾情。为此，各军种部队、武警以及各受灾地区省军区、军分区、人民武装部官兵和民兵预备役人员启动相关救援预案，奔赴防汛救灾一线。再如，2017 年 8 月 8 日 21 时 19 分，四川阿坝藏族羌族自治州九寨沟县漳扎镇发生 7.0 级地震，21 时 40 分，西部战区某部便启动救援预案，并进行了相关物资保障动员。

2. "平时服务"与共容利益

（1）"平时服务"的主要内容。国民经济动员拓展"平时服务"

---

① 王兴旺. 国防建设对经济社会发展的"溢出效应"[J]. 国防，2009(3):5.

功能，广义上指经济动员工作必须适应社会主义市场经济又好又快发展的需要，按照国防建设与经济建设协调发展的要求，统筹处理好平时经济建设、国防和军队建设中的"资源投入、资源消耗、资源补充"的关系，通过经济建设与国防和军队建设相互溢出，实现"一份投入、多种效益"的目标。"平时服务"内容包括三个方面：一是在服务平时经济建设上，为其提供相关人才服务、信息服务、技术服务、物资和设备设施保障服务等；二是在服务平时国防建设上，将经济动员涉及的通用资金或者闲置资源，用于增强国防实力和进行战争准备各项建设；三是在服务平时军队建设上，通过经济动员手段和相关资源，为军事、政治、后勤、装备等方面的军队建设提供有效的支撑。

（2）"平时服务"对共容利益的影响与现实挑战。国民经济动员是衔接国防军队建设和经济建设的桥梁与纽带，拓展"平时服务"功能就是为了更好地发挥桥梁与纽带作用，深化军民融合发展，并强化"军、政、民"各主体的利益联系。如北京市地下铁路起初只是国家的一项秘密国防战备工程，但长期以来为北京的经济社会发展提供了有力支撑。

首先，适度开放经济动员资源服务经济社会建设，本质上是对经济社会的反哺，有利于维系全局共容利益关系。第一，从经济效益的角度来看，拓展"平时服务"功能收获了国防、经济和社会多重回报，实现了"一份投入、多份产出"的效果；第二，适度开放的经济动员资源成为拉动当地经济社会发展的重要引擎，为地方政府的政绩带来了新的增长点，进一步强化了军政、军地的共容利益关系；第三，最根本的是这些国防基础设施为广大民众的生产生活活动带来了极大的便利，巩固了军民共容利益的基础。其次，如何适应市场规律并处理好"平时服务"中的军政、军地、军民关系，也是维持和构建共容利益面临的新的严峻挑战，若处理不好，则会产生诸多复杂矛盾。此外，我国正建设海洋强国，海洋经济已成为我国经济发展的重要组成部分，海洋是"军、政、民"共容利益的新领域，如何在海洋方向拓展经济动员功能，兼顾经济社会发展，已成为构建共容利益的新课题和新挑战。

3. "急时应急"与共容利益

（1）"急时应急"的主要内容。国民经济动员拓展"急时应急"功能，是适应构建社会主义和谐社会需要，推动新时期经济动员工作转型发展的必然要求。在性质上，"急时应急"属于国民经济动员的非战争军事功能，是对"战时应战"功能的延伸，也是落实国家总体安全观的应有之义。"急时应急"功能在内容上主要包括两个方面。一方面，参与保障和应对自然灾害、事故灾难、公共卫生和社会安全事件等突发事件。这是因为：一是应急准备与经济动员准备在工作流程和内容上极为相似，尤其是二者涉及的很多经济社会资源可以通用、互为补充；二是应急准备与经济动员准备在实施手段上极为相似，通常都采用行政、法律、经济和必要的技术手段，尽管这些手段在动用权限、启动程序、使用强度等方面存在一定的差异，但在运作机理、运行方式等方面十分相似；三是突发事件事后恢复重建与战后经济复员工作过程极为相似，可以利用经济动员相关条件和资源。另一方面，参与保障和应对紧急状态。虽然我国现行宪法界定的紧急状态既不包括战争状态也不包括突发事件，且紧急状态与战争状态在状态属性、运作特点等方面存在明显的差异，但通过对比分析《中华人民共和国宪法》（以下简称《宪法》）、《中华人民共和国国防法》（以下简称《国防法》）、《中华人民共和国国防动员法》（以下简称《国防动员法》）中的相关内容可以发现，二者在状态确认、宣布、延长、终止等决策程序和启动条件方面仍具有很多相似性，因此，依托经济动员应对紧急状态具有重要的体制基础。

（2）"急时应急"对共容利益的影响。从集体行动的角度来看，"急时应急"功能拓展了经济动员提供安全这类公共产品的途径，通过深化军地合作，为强化经济动员共容利益提供了新的契机，并在大量应急保障实践中得到很好的体现，这里主要分析两个典型实例。

一是在 2003 年抗击"非典"疫情中，国民经济动员作为保障"大安全"的重要手段，发挥了积极的作用。例如，在医疗动员保障上，紧急动员了专为军事斗争准备的厦门市"医疗急救动员中心"。按照组织部署，该中心全部 151 名同志听从指挥、坚守岗位，针对"非典"疫情的新情况、新问题，启动经济动员机制并制定应急措施和方案，义无反顾地投入抗击"非典"斗争的第一线，完成了厦门首例"非典"患者的护理和转送工作。在科技动员保障上，发挥了国民经济动员信息系统研发中心的技术优势，利用该中心开发的"国民经济动员管理信息系统"平台，针对疫情较重、经济欠发达、卫生监控系统欠缺的内蒙古自治区，专门组织 10 名高级工程师和技术骨干，自筹资金，奋战 20 多天，开发出稳定实用的"非典"疫情监测信息系统。此外，在财政金融、物资和信息保障方面，也较好地发挥了经济动员的作用。

二是在 2008 年汶川大地震救灾中，国民经济动员作为有效的保障手段，为应对突发事件提供了人力、物力、财力等资源保障，确保了应急救援工作的顺利开展和灾区群众的基本生活。例如，在科技动员方面，2008 年 6 月 4 日，中国兵器工业集团第二一一研究所接到紧急救援指令后，立即派出救援小组，携带 10 台热成像仪连夜奔赴灾区，投入搜索救援行动。6 天后，热成像仪成功在密林深处发现了失事直升机残骸，搜救工作圆满完成。

总的来说，在应急需求的牵引下，我国国民经济动员在"急时应急"功能拓展上取得了长足进展。一方面，为保障广大人民群众的生命财产安全、维护人民切身利益做出了重大贡献，夯实了军民的共容利益基础；另一方面，在军民融合战略深入推进的大背景下，国防动员体系与应急管理体系的对接融合也取得了一定进展，为深化军政、军地利益共容打下了坚实的体制根基。但是，目前"急时应急"功能拓展还处在初级阶段，存在的诸多矛盾将会制约"大动员"共容利益的构建、维持和作用发挥。例如，在国防动员和应急管理两大体系之间仍存在组织领导机构设置分散、互不兼容等比较突出的问题，从而影响两大系统同时从全局公共利益出发进行最有效的合作。

▍第三节　基于产权的现代经济动员共容利益治理

共容利益是释放经济动员能力的基本前提，但它本身受到市场逻辑、科技密集化和功能拓展的挑战。笔者认为，只有通过合适的产权治理，才能从根本上解决这一系列矛盾和困难。为此，本节首先在逻辑上明确产权治理的必要性；其次分析我国在相关领域产权治理上存在的问题；最后结合我国国情并借鉴国外经验，从制度层面提出治理之道。

一、现代经济动员共容利益的产权基础

根据产权理论的一般逻辑，知识产权作为产权的一种类型，是激发"知识型"经济动员潜力的战略资产。国防动员的大量实践经验表明，知识产权问题一直是信息时代制约民企参军积极性的关键因素，并成为现代国民经济动员中亟待解决的基础性难题。

1. 产权治理的基本原理

在法律层面，产权是指财产所有权。作为新制度经济学的核心概念之一，产权本质上是一种社会制度，是一切经济行为背后稳定预期的法定保障，也是共容利益生效的制度性基础。知识产权作为产权的一种，在一切知识型经济行为和集体行动中发挥同样的作用。

（1）共容利益产权治理的一般原理。作为一种社会制度，产权具有三项基本功能，即激励与约束功能、外部性内部化功能和资源配置

功能。其中，激励与约束功能完全建立在利益机制之上，通过确保行为人可预期的收益来激发其从事特定行为或参与集体行动的积极性，即"有恒产者有恒心"。具体到经济动员集体行动中，产权主要通过三个方面作用于共容利益。首先，产权制度作为一种正式的法律规范，能够约束政府等"领导者"和组织主体，增加其成为狭隘利益集团的成本。例如，美国等现代国家通过立法形式构建了产权制度，明确规定个人财产权利神圣不可侵犯，政府不应过多地干预个人自由，社会不应为了共同利益而牺牲个人的追求，除非在国家即刻就要遭到危险的条件下，并需要对个人进行相应的补偿。在我国社会主义法律体系中，也有类似的规定。如此，对于政府这个经济动员集体行动的"领导者"来说，便不能随意侵占社会利益，而是被约束为共容性组织主体。其次，产权制度作为由第三方强制执行的正式制度安排，能为集体行动的潜在"追随者"提供长期稳定的预期，使其积极从事财富积累工作，并自觉为公共利益暂时牺牲个人利益，减少集体行动中的道德风险和逆向选择，主动将个体利益与集体利益绑定在一起。同时，在保证产权的前提下，从事经济动员等公共事务还能增加参与者的社会资本收益，因而，参与经济动员集体行动本身就是一种将个体利益与集体利益统一起来的途径。最后，产权制度通过提升信誉，强化经济动员集体行动"领导者"和"追随者"的相互合作。产权制度本身是信誉的基础，因为明晰的产权是人们追求长远利益的根本动力，而只有追求长远利益的人才会重视信誉和讲求信誉。在市场经济中，法律是一双有形的眼，信誉则是一双无形的眼。那么，在信誉这项社会规范的作用下，集体行动的"领导者"和"追随者"基于预期收益考虑，都会自觉进行长期性投资，表现出相互合作的行为倾向，强化利益的共容性。

（2）科技密集型经济动员共容利益的知识产权治理过程。知识产权原义为对"知识"或"智慧"的所有权，也被称为"智力成果权"或"无形财产权"，是由英文"Intellectual Property"翻译而来的。知识产权是指创造者依法对其智力成果在一定时期内享有的专有权或独占权，是基于创造性智力成果和工商业标记依法产生的权利的统称。那么，在通过激励和约束功能作用于科技密集型经济动员集体行动共容利益的机理上，知识产权与其他类别的产权一样，也主要表现为上述分析的三个方面。因为对于科技创新者来说，保护知识产权就是保护知识产品，就是保护知识创造的核心利益，也就是保护其参与集体行动并贡献创造性价值的积极性。当然，知识产权的作用过程也有其自身特殊的地方。一是知识成果是一种无形资产，看不见摸不着，因而在精确定价方面存在较大的困难，产权界定的交易成本较高。二是无形资产的保护难度较大，如软件、创意等知识产品很容易被复制和盗取，进一步增加了知识产权执行、保护的交易成本。

2. 应对三种挑战的相同产权基础

对于传统意义上的经济动员来说，市场化、科技化与功能拓展三种现实，虽然分别从不同角度挑战着共容利益的构建与维持，但根据新制度经济学的基本逻辑，产权问题始终是它们共同的核心基础，只是具体的表达形式不完全一样。

（1）市场逻辑的产权根基。成熟的市场经济往往与完善规范的产权制度相伴而生，这既是世界范围内市场经济实践的真实写照，也是市场有效运行内在逻辑的必然要求。在实践上，就世界各国的情况来看，往往市场化程度较高且市场机制运行高效的国家，其产权制度也比较成熟，如美国等西方资本主义发达国家。相反，在非洲的一些小国中，不仅缺乏有效运行的市场机制，产权制度和财富也几乎一样匮乏，社会主体的资产收益没有保障，于是社会财富进一步匮乏，完善的市场就更难建立起来，形成了恶性循环。在逻辑上，产权是降低市场行为风险的刚性约束。获利是市场交易的根本动力，与市场交易互为补充的社会分工是财富增长的根本原因，而产权则是保证社会分工与获利行为的制度基础。同样，该逻辑也适用于市场条件下的财富管制过程，如经济动员全过程。虽然经济动员中除了法律和经济手段，还经常使用行政手段，但在市场环境下行政手段有效的基础仍然是产权；否则，无论政府如何进行强制，动员的效果都将大打折扣。由此可见，要想应对市场中"看不见的手"对共容利益的挑战，最根本的做法还是从产权上着手。

（2）知识创造的产权根基。科技的不断发展和经济增长方式的不断转变，使知识在经济增长中的作用日益凸显。知识作为一种生产要素，有着与劳动、资本、土地等不同的特性。一是知识要素的无形性，使得侵犯知识资产更加容易，因而为了鼓励知识创造行为，就更需要对其进行产权保护。二是知识创造的高风险性、不确定性和回报的长期性，使得只有通过有效的产权制度建立稳定的收益预期，才有可能激发投资者和创造者的积极性。

（3）功能拓展的产权根基。国民经济动员功能拓展，实质上是经济资源在不同用途之间的交叉配置，也是利益关系的重新整合。显然，当资源在不同主体间转化应用时，存在利益流失的风险。只有在事前通过产权制度界定好相关主体的收益边界，才能消除该风险，进而促成不同主体间的相互合作和利益绑定。例如，在国防基础设施对社会经济建设开放的过程中，如果没有明确界定不同主体在资产上的使用权、审批权、收益权和处置权等，就可能出现不同主体在收益问题上的冲突；也可能导致国防基础设施被过度处置或改造，影响国防功能的正常发挥；还可能导致在应战或应急需求出现时，无法及时保证军事用途等。因此，在应急功能拓展中，只有清晰界定资产的产权关系，才能保证特殊情况下该资产的有效使用。

二、我国国民经济动员的产权现状与问题

随着我国社会主义市场经济体制的逐步建立，产权制度建设也取得重大进展。然而，实践发展的速度总是让人措手不及，使现实与要

求之间的差距永远无法消除。就经济动员工作而言，由于产权涉及的领域广、关系杂、过程多，这里主要分析动员补偿和民企参军中的产权突出矛盾。因为就工作层面而言，这两个方面的共容利益问题对经济动员能力的生成非常关键，是产权矛盾的主要方面。

1. 经济动员补偿的产权问题

动员补偿，是国家为了增强战争实力，在征用公民、法人和有关组织的设施、器材、物资的过程中对经济利益受损对象给予弥补的措施，通常包括补助、补贴、支持、保障、协助或者其他政策优惠。实施补偿的逻辑在于进行经济动员必然产生公权对私权的侵害，并造成动员主体与客体权益关系的重构。尤其是在市场经济条件下，建立和健全国民经济动员补偿制度这个调节社会利益关系的"平衡器"，既是提升被征用主体积极性、调动人民群众参战支前热情、提高征用效率的基本方法，也是维护人民权益和社会公平正义、密切军政军民关系、打牢经济动员社会基础，进而维持"领导者—追随者"共容利益的重要举措，已成为国民经济动员不可回避的重大课题。对此，中华人民共和国成立以来，中国共产党从"执政为民、以人为本"的理念出发，依据《国防法》和《国防动员法》关于征用与补偿的规定，依法构建了国防动员补偿机制，细化了动员征用补偿制度和办法。但是，在我国动员补偿实际工作中存在重"公共利益"需要、轻公民和组织"合法财产利益"保护的倾向，出现补偿不及时、补偿数额少，甚至违法征用、滥用征用权等问题，在一定程度上有损被动员对象即"追随者"的正当利益，制约了共容利益的构建及其积极作用的发挥，对经济动员能力生成产生极为不利的影响。具体问题主要表现在以下两个方面。

（1）保障产权的经济动员补偿法治水平达不到实践要求。首先，立法体系有待加强与完善，主要表现在三个方面：一是我国尚未出台专门的《国防动员补偿法》，只在国家基本法律及中央和地方性行政法规、规章、条例中涉及征用、征收的补偿补助等有关问题时做了一般性简略的概述，或者提供了部分可咨引证的依据。二是涉及动员补偿的法律规定逐渐增多，但没有形成前后连贯与配套统一的法规系统。1986 年《民法通则》规定禁止非法侵占公民合法财产；2004 年《宪法》第一次正式以国家根本法的形式规定"公民的合法的私有财产不受侵犯"；2007 年《物权法》明确了物权的种类、内容、设立和保护方式，在社会主义基本经济制度层面将"因抢险、救灾等紧急需要"的征用行为限定在尊重"物权"的前提下。由此可见，随着我国私有财产权益保护立法的不断强化，可适用于经济动员补偿的法规日益丰富，但由于不是从体系出发配套设计出来的，因此不同法规之间存在冲突的问题就不可避免。三是规范动员补偿的具体办法趋向细化，但程序、标准等有关内容亟待充实。例如，"如何补、补多少"一直是经济动员补偿实践中经常面临并亟须统一的问题。其次，缺乏严密的经济动员补偿执法与监督体系。经济动员补偿立法的生命在于高效执行、严格实施与严密监督。由于动员补偿法治本身的特殊性，政府是法治规范的对象，因此这种实施和监督本身就存在不可置信的难题。就现状而言，我国还没有相对完善的经济动员补偿法与监督组织体制和工作机制，从而制约了经济动员补偿的有效实施，影响了产权制度的最终落实。

（2）经济动员补偿内容的科学性和可操作性达不到现代产权治理要求。首先，产权界定不清导致动员补偿标准不明确，影响了动员补偿工作的落实。动员补偿标准是根据征用对象实际损失的程度确定补偿数额的准则，确定动员补偿标准是实施动员补偿、弥补征用对象损失的前提。当前，尤其在科技型资源领域，产权界定的不清晰与不合理，致使经济动员缺乏科学客观的损失评估技术、普遍适用的补偿标准及计算方法，评估过程还主要靠补偿执行者的主观估算，工作随意性大，难以保证被征用者的经济损失获得公平、公正、合理的补偿。实际征用补偿的总额低于征用对象的损失，容易造成动员征用补偿双方的矛盾，若不能很好地调和解决，则会对后续动员活动产生不利影响。其次，动员补偿方式不灵活，与现代化产权治理不适应，容易挫伤部分公众的积极性。补偿方式是承担补偿责任的形式和方法，采取何种补偿方式直接关系到能否对征用对象提供适当的补偿。现阶段各地普遍采用以货币补偿为主的补偿方式，其他实物补偿、社会保障、政策优惠等很少涉及。对于一些积极承担动员义务的单位和企业，在补偿额度调整及资金、税收、金融政策等方面没有加以优待，没有及时给予相应的鼓励和扶持，导致征用补偿的激励效应发挥有限。同时，对于一些对动员工作比较消极的单位和企业，缺乏有力的约束手段以及必要的惩罚措施，长此以往，势必会影响社会公众和组织参与经济动员的积极性和主动性。

2. 民企参军的知识产权问题

随着我国经济的社会主义市场化改革不断深入，民企在国民经济发展中的地位日益上升，成为实施经济动员的重要依靠力量。在军民深度融合发展的大背景下，民企参军的主体往往是科技型、知识型企业，对其则更需要通过完善的知识产权治理予以保护、激励和约束，但现状与该要求相比还有较大差距，主要表现在以下两个方面。

（1）民企参军的知识产权法治体系不完善。首先，激励优势民参军企业的知识产权立法体系不完备。长期以来，为了做好民企参军的知识产权激励工作，我国相继颁布了一系列涉及知识产权激励和约束的法律法规，但存在的问题也不容忽视。第一，相较于知识产品的迸发式创造，现行法规文件的适用性不断受到巨大挑战，而出台新的法规政策往往是一个漫长的过程，难以完全适应新的要求。第二，知识产权立法缺乏系统性，配套水平不高，有的甚至出现条例内容相互冲突，且各个法规之间联系性不强。其次，优势民参军企业知识产权保护的执法缺乏有效配套措施。知识产权法治体系不完善导致的结果就是，优势民参军企业科技创新的积极性与研究投入不足，严重制约经济动员能力生成。

（2）民企参军的知识产权界定不完全。一是知识产权保护内容存在盲区。一方面，作为知识产权的利益攸关主体，部分民口企业漠视知识产权保护，没有自觉将知识产权保护及发明专利申请纳入日常管理中；另一方面，部分民口企业对知识产权保护的认识不准确、不到位，例如，仍然有很多人简单地认为，知识产权保护就是申请专利。二是知识产权归属和利益分配不清。例如，广泛存在的对脑力劳动定价的问题，致使民参军企业创造的知识成果的所属利益及其发明主体地位得不到有效保证，甚至会导致国防采办合同最终成为采购者单方获利的契约，从而对作为供给方的民口企业的积极性产生不利影响。三是知识产权评估定价等规定不到位。国防知识产权定价规则在很大程度上受到国家科研经费划拨计划和主体谈判能力等因素的影响，与传统军工企业相比，民口企业的弱势地位不利于其谈判，进而影响民口企业参军的积极性。

三、共容利益的产权治理之道

既然在逻辑和原理上已证明，产权治理是应对实践挑战、维持经济动员集体行动共容利益的根本途径，那么问题的核心就进一步转移到如何进行产权治理上。产权治理是一个世界性的市场难题，为此，可以适当借鉴国外相关历史经验，以解决我国经济动员补偿和民企参军知识产权问题。

1. 国外的积极经验

"吾用天下之用为用，吾制天下之制为制。"① 西方国家的现代市场化进程比我国起步早，在产权治理方面也进行了长期的探索，尤其在与经济动员密切相关的补偿机制和知识产权方面，积累了大量具有

---

① 尉缭. 武经七书尉缭子 [M]. 北京：中华书局，2011：208.

参考价值的实践经验和理论成果。

（1）经济动员补偿的有益做法。首先，世界主要国家都非常重视通过立法手段确保经济动员补偿的有效性。例如，美国《公共卫生紧急权力示范法》第 805 条明确规定："在公共卫生紧急状态期间，当私有财产被公共卫生当局为应对危机而临时或永久性征用或征调时，政府应当支付补偿金。"《特拉华州法典》也有类似要求："州应当向物品或设施被州公共安全机关或公共卫生机关在紧急状态下为了临时或永久使用或依据本法征用或征购的所有人支付公正的补偿金。"其次，主要国家对于补偿内容也有较为科学的规定。一是注重细化征用的补偿范围。二是在动员补偿标准的具体计算方法上，非常重视两个关键因素，即计算补偿金价格的日期与财产结构。

（2）激励优势民口企业参军的知识产权制度。在现代高技术战争背景下，为了激发优势民口企业参与经济动员的积极性，世界主要国家经过长期实践探索，逐渐走出一条体现共容利益的知识产权之路。尤其在冷战结束后，西方主要发达国家为适应和平主旋律下的"军民一体化"趋势，纷纷从自身国情出发，对知识产权归属、保密等相关知识产权政策进行了适时修改。例如，美国、英国、德国、俄罗斯、日本等国政府通过有条件放权，出台了一系列比较灵活的知识产权归属与利益分配政策，"放权让利"逐渐成为激励优势社会主体参与国防建设的基本原则。其中，又以美国的探索过程最为典型。事实上，作为工业基础最为发达的国家，美国过去也曾长期奉行"谁投资、谁拥有"的国防知识产权政策，损害了民参军主体的知识产权权益，导致大量拥有高新技术的民口企业不愿参与国防建设。此后，随着国防工业改革的进行，美国于 1980 年出台了《拜杜法案》，明确规定"允许政府投资所获得的专利归完成单位"。20 世纪 90 年代，美国引入大量民口投资支撑国防研发经费。2000 年，在 2450 亿美元的研发总经费中，联邦政府投资只有 650 亿美元，仅占约 26%，其余为民参军投资。① 此外，美国陆续出台了一系列优化知识产权归属和利益分配的法规文件，如《专利法》《联邦采办条例》《联邦采办条例国防部补充条例》等。由此，美国政府有效激励了大量优势民口企业参与国防建设和经济动员。

2. 维持共容利益的产权治理措施

结合前面的理论分析并借鉴世界范围内的积极经验，为解决经济动员补偿和民企参军两个方面的产权治理问题，以维持经济动员集体行动的共容利益，促成经济动员能力生成，需要从以下两个方面着手。

（1）经济动员补偿领域。首先，不断完善经济动员补偿法治保障体系。一是立足国家治理原理与市场经济规律完善动员补偿法规体系，确保"追随者"的利益不被"领导者"随意侵占。例如，对照新形势、新要求，修订过时及存在冲突的内容，加快出台动员补偿的专门法规。二是强化经济动员补偿的执法和监督过程。例如，依法将动员补偿工作纳入各级动员机构的职责范围，并建立相关考核机制。充分发挥各级法律援助机构的作用，完善动员补偿监督体系，切实使经济动员"追随者"的合法权益得到法律保护。

其次，兼顾经济动员补偿的效率与公平，科学确定动员补偿标准与范围。目前，我国关于经济动员补偿标准和范围的规定还非常笼统，既不便于操作而有损实施效率，也会损害部分参与者的利益而产生不公平问题。同时，部分法规关于补偿的规定缺乏科学性，实践中难以执行。对此，可以参考国际通行做法，即确定征用补偿标准时不仅要考虑征用财产本身的价值，还要考虑影响价值的因素，包括人工添附物、不动产的自然资源财富等。应以我国《国防动员法》及相关法规明确的"动员标的物使用完毕后，应当恢复原使用功能后返还，不能

① 管传芳，刘平. 美国国防部的知识产权管理［J］. 中国发明与专利，2006（7）：74.

修复或者灭失的给予补偿"为基本原则，并结合具有较强实用性、易为各方所接受的公平市场价值核算工具，即"买卖双方在无强迫情况下，经验丰富、信息灵通的买方愿付给卖方之财产的价格"，建立"以市场基准和恢复重置为最低要求"的补偿标准，采取"成本核算法"或"机会成本核算法"计算补偿的额度，实现补偿标准的公正客观和有效实用。此外，根据实际贡献情况不断拓展补偿范围，即不仅要做好动员征用引起的补偿，也要重视国防专利补偿，以及因动员演习和执行动员任务造成个人或组织人身、财产损失引起的补偿等。

（2）民企参军领域。一是在通过立法手段保护知识产权的同时，客观、科学地评估民参军技术成果的价值，合理分配国家、集体和个人的权益，明确知识产权的权属与利益分配。将知识产权的权能区分为保密权、征收征用权、占有权、使用权、收益权、处分权、转让权等，明确规定民企参军过程中产生的专利所有权归属发明人，国家享有保密权、使用权。按照市场规律和对象属性，确定国家、军队、单位和发明人的收益分配比例，充分保障发明人应享有的权利和收益。二是加大知识产权激励机制的执行力度。我国部分执法者的个人素质不高，往往出现执法不严的情况，这就要求对执法人员进行定期培训，成立监督执法人员行为的纪检机构，并建立对执法人员违法犯罪的追究问责制度。

▌▌第四节　本章小结

利益是驱动一切经济行为的核心动力，同理，共容利益是决定集体行动能否发生、集体行动能力能否生成的基本前提。那么，对于经济动员这项特殊的集体行动来说，也只有当"领导者"与"追随者"之间满足共容利益关系时，经济动员能力的生成才有较大可能。由此，打破经济动员集体行动困境，首先要解决共容利益问题，这也是本章的主要研究内容。但是，在整个逻辑上，共容利益并不是集体行动的充分条件，即仅有"领导者"与"追随者"的共容利益，并不能够保证经济动员能力有效生成。为此，还需要构建对"追随者"进行激励和约束的相关制度安排，这将是第五章的主要研究任务。

第 五 章

制度安排：将"追随者"组织起来的现实手段

一个或者是通过对集团中的个人进行强制，或者是对那些个人进行积极的奖励，从而被引向为其集团利益而行动的潜在集团，这里称之为"被动员起来的"潜在集团。①

——《集体行动的逻辑》

在"领导者—追随者"分析框架下，经济动员能力的本质是"领导者"通过一定手段将"追随者"有效组织起来的能力。显然，要想真正实现经济动员能力生成，除了构建约束"领导者"的共容利益，最终还得落实到对潜在"追随者"的组织上，即通过相关的制度安排激励和约束潜在"追随者"，避免其成为"搭便车者"。根据集体行动理论体系关于走出困境的基本思路，并结合经济动员集体行动的特有属性，这里主要从以下三个方面着手：一是发挥好"领导者"的强制职能，从宏观层面激励和约束潜在"追随者"。二是针对广义理性潜在"追随者"实施选择性激励，正如《史记·乐书》所说的，"故礼以导其志，乐以和其声，政以一其行，刑以防其奸"，实现对微观行为

---

① 奥尔森．集体行动的逻辑［M］．陈郁，郭宇峰，李崇新，译．上海：格致出版社，2014：35．

主体的全面激励和约束。三是以行业动员为切入口，分步实施动员，避免大集团集体行动的困境，形成经济动员的中观制度能力。

第一节 宏观制度能力：强制

国民经济动员作为国家及政府行为，天然具有强制特性，因此，政府或"领导者"的强制能力便构成经济动员能力的重要内容。事实上，就一般意义的集体行动而言，人们在很早之前就深刻认识到强制措施对于打破集体行动困境的重要作用。例如，休谟在《人性论》中提出类似的看法，即政府不仅能保护人们已有的利益，还能强制人们通过合作实现某种公共目的，同时实现自己的利益。此后，奥尔森在分析大集团集体行动困境时，也指出了强制的特殊作用。显然，对于经济动员这类特殊的集体行动来说，该逻辑也同样适用，即强制是促进经济动员能力生成的重要制度安排。其具体到经济动员实践中，就是通过适当的规划计划、经济管制和资源征用等强制措施，能够有效地将广大经济活动行为人组织起来、动员起来。

一、经济动员的强制逻辑

从强制角度构建经济动员能力体系，首先要解决"为什么"的问题，即强制约束的内在逻辑，为此，必须追根溯源地探寻强制的理论。由于经济动员本身属于国家行为，经济动员能力理论也属于国家理论的一部分，故而，这里主要依据国家理论关于权力的学说来分析集体行动中的强制逻辑。

1. 从权力的逻辑到集体行动的逻辑

（1）从权力、强制到繁荣。权力向来是政治科学的核心概念，因此，按照市场的逻辑，权力似乎与经济学没有太大关系。直到 20 世纪下半叶新制度经济学兴起，人们才开始从逻辑角度建立起政治学与经济学之间的内在联系，为此，学术界也将新制度经济学称为新政治经济学。更有学者从经济学角度重新定义了权力，即"把成本强加给别人的能力"。显然，由该定义可以看出，权力表达的过程就是强制实施的过程。对此，Lasswell 和 Kaplan（1950）在《权力与社会：一项政治研究的框架》（*Power and Society: A Framework for Political Inquiry*）中描述得更加透彻："强制（Coercion）是高度的约束或诱导，即如果可选的行为过程与严重的剥夺或放任有关，那么在影响力情境中就会涉及强制。"尤其在公共事务中，强制措施无一不是依托公权力来保障实施的，如税收、法律等。事实也充分证明，无论采取什么经济制度的现代国家，强制至少和市场一样不可或缺。而且，强制与市场也并不冲突，正如哈耶克（2015）在论述"个人主义与集体主义"时曾深刻指出的，法律等强制性制度安排不是为了替代竞争，恰恰是为了更好地发挥竞争的作用。为此，奥尔森、巴泽尔建立了很好的理论解释框架："强化市场型政府"模型。一方面，政府权力是保证经济繁荣的"背后的剑"；另一方面，必须采取有效措施约束政府，避免其对经济繁荣产生不利影响。由此便建立了从权力、强制到繁荣的基本逻辑，即基于权力的政府强制通过对产权实施保护，为劳动者提供稳定预期，有效激发经济行为人的投资和创造积极性；同时，由国家垄断实施的强制，因其有效的威慑而产生规模经济效应，能够提高强制实施的效率。

（2）集体行动的强制逻辑。强制除了能缔造繁荣，也是推动集体行动走出困境的重要手段。例如，在集体行动的分类中，就有分为自愿集体行动和强制集体行动的观点，后者便突出了强制在集体行动中的主导作用。对此，理论界从逻辑角度进行了较为全面的分析。首先，针对强组织化的集体行动，集体行动经典理论指出，解决集体行动的"搭便车"问题，需要强制性的组织策略，即依靠一种集权的方式来迫使集团成员参与集体行动。而且，该强制措施根据集体行动规模的不同又包含了多种层次，除了国家层面的政府强制，还包括具有科层组织的社会团体等小范围内的强制。其次，针对弱组织化的集体行动，李怀和贺灵敏（2009）在研究集体行动内部动员机制问题时指出，强制措施往往比选择性激励更能破除困境，并且该强制动员还可以细分为硬强制动员与软强制动员。其中，硬强制动员指在特定的空间环境中，集体行动的组织者为使集体行动获得成功，避免可能出现的"搭便车"现象，采取威胁或暴力手段对其他参与者进行压迫式动员；软强制动员作为硬强制动员的辅助方式，指在特定的空间环境中，集体行动的组织者利用其他参与者所处的复杂社会关系网络产生的集体压力和无形约束，促使其参与集体行动。例如，在某市出租车司机的一次集体罢工行动中，由于没有统一的正式实施组织，在没有选择性激励措施的情况下，该市的出租车司机完全依靠暴力和威胁等硬强制动员对"搭便车者"进行威慑，强迫其参与集体罢工；同时，依托区域内的关系网络对"搭便车者"形成一种无形的集体压力，进一步强化了集体行动的硬强制动员过程，最终破除了集体行动困境。

2. 经济动员内在的强制属性

（1）公共目的催生公权使用。在传统意义上，国民经济动员是作为战争活动的重要组成部分出现的。在如今的大国防、大安全时代，国民经济动员则服务于国家总体安全，是国家意志和国家利益的体现。由此可见，国民经济动员活动具有高度的政治属性，而政治目的的实现离不开公权使用，即强制。根据经济学的基本逻辑，国民经济动员属于公共部门活动，其产出是维护国家安全的公共产品，它的非竞争性和非排他性会导致"市场失灵"，因此，强制就成为必要的补充手段。

（2）"领导者"的拿手好戏是强制。现代经济动员属于典型的国家行为，并且国家及其下设机构在整个动员活动过程中充当唯一的

"领导者"。例如，就平时的经济动员准备而言，《国防法》明确规定，国务院领导和管理国防建设事业，地方各级人民政府依照法律规定的权限，管理本行政区域内的国民经济动员等工作。就组织协调职责而言，由政府部门设立的各级国民经济动员机构履行。对于国家及其下设机构来说，应用公权有其比较优势。因此，"领导者"在经济动员活动中的拿手好戏便是强制。正如 Viscusi、Vernon 和 Harrington（1995）深刻指出的，"政府的主要资源是强制力"。因此，"领导者"为了有效履行自身职能，提升经济动员效果，就会自觉地运用强制手段进行资源配置。

（3）基于强制运行的科层体制。世界范围内的动员实践经验表明，无论一个国家的经济体制是计划经济还是市场经济，其经济动员活动都运行于类似的科层体制中，即国民经济动员体制，并作为国家体制的重要组成部分。根据经济学基本原理，强制能够节约科层组织运行的交易成本，是科层组织中"领导者"的首选工具。例如，经历过两次世界大战后，以工业发达国家为代表的世界主要国家在充分吸取经验教训的基础上，相继建立了以政府为主体、比较完备的、科层式的经济动员体制。如美国，先是在联邦政府中设立"联邦紧急事务管理总署"，并在国家安全委员会设立"紧急动员准备委员会"。"9·11"事件之后，又将"联邦紧急事务管理总署"纳入新成立的国土安全部，依法明确政府各部门的职责，并强制实施。同样，中国也逐步建立并完善了上下贯通、横向衔接、强制实施的国民经济动员体制。

3. 经济动员外在的效率要求

在经济动员集体行动中，强制通过对作为"追随者"的广大经济活动行为者实施刚性约束，迫使集体行动走出困境。同时，该刚性约束是无差异和无条件的，能够最大限度地减少"追随者"与"领导者"之间的讨价还价，从而提高经济动员能力的生成效率，满足应战或应急对国民经济动员平战转换速度、战急转化速度的基本要求。

（1）平战与战急转化的过程性要求。对于一般的集体行动来说，将参与者全部动员起来实现公共产品供给，便意味着该集体行动的成功，是属于结果导向性的。但是，国民经济动员服务对象的特殊性，决定了经济动员不仅是结果导向性的，还是过程导向性的，即在该集体行动中必须将"追随者"快速动员起来、及时组织起来。例如，在保障应战的过程中，尤其在现代高技术战争条件下，时间就是胜利，谁能够在最短的时间里将经济动员潜力转化为战争实力，谁就拥有更多决定战争胜负的筹码。由此可见，转化速度成了衡量经济动员能力生成价值的关键标尺。同样，在保障应对各种危机事件中，时间因素也是考核经济动员职能拓展有效性的关键指标。

（2）强制效果的历史比较。显然，现如今的国家已无法摆脱市场经济影响的发展阶段，通过经济动员实现社会经济资源向安全领域有效配置的方式，既可以是强制的计划手段，也可以是完全市场化的手段，但二者在资源配置转化速度上存在较大差异，一般来说，前者具有较好的时效性，后者时效性较差。例如，著名国防经济学者庇古（2013）在《社会主义与资本主义的比较》中比较两种制度的激励问题时指出，苏维埃式的新制度能够极大地激发劳动者的工作热情，从而能够将劳动者快速组织起来。奥尔森在《权力与繁荣》中论述苏联模式专制理论时提出，苏联的共产主义经济在动员资源上是史无前例的有效体制。事实上，苏维埃式新制度最大的特点就是强制和计划，所以，其动员的快速有效性与该特点是完全分不开的。为了比较不同的强制措施对经济动员转化速度的影响，这里分析第二次世界大战期间苏联、德国、美国、英国、中国国民党政府的经济总动员情况，并以各国官方发布总动员令为起始时间，以其经济全面转入战时轨道为经济动员完成转化的终止时间，梳理战争动员历史统计资料。同时，为了简化比较研究，以各国的政治制度和经济体制作为衡量其强制能力的关联变量，并依此将强制能力划分为强弱不同的等级。例如，第二次世界大战期间，苏联已是高度集中的社会主义国家，其强制能力最强；德国在希特勒的独裁统治下，强制能力也较强；美国和英国属于资本主义民主国家，在自由主义经济体制下强制能力较弱；国民党政府统治下的中国，由于只是形式上的全国统一，实质上是军阀割据，因而强制能力也较弱。具体如表5-1所示。

表5-1　第二次世界大战期间主要国家/政府经济总动员转化时间比较

国家/政府	总动员起始时间	总动员转化完成时间	耗时	强制能力
苏联	1940年7月1日	1942年底	17个月	强
德国	1942年1月13日	1944年8月	31个月	较强
美国	1941年12月9日	1944年底	36个月	较弱
英国	1939年9月2日	1942年8月	36个月	较弱
中国	1939年1月	1941年12月之后	>36个月	弱

注：时间数据梳理参考张羽2004年版《战争动员发展史》。

显然，由表5-1中的数据统计结果可知，在第二次世界大战期间各主要国家的经济总动员在实践中存在这样一条规律：经济动员的转化速度与该国的强制能力正相关。虽然没有足够的历史数据支撑二者之间的因果关系，但是这种正相关为从机理上分析强制对经济动员转化速度的影响提供了可靠的历史依据。

二、经济动员的强制形式

世界各国因历史和国情存在差异，在国民经济动员实践中采取的强制措施也存在一定差别。这里为了突出研究的针对性，重点分析我国国民经济动员工作中主要的强制措施，包括动员规划计划、战时经济管制和民用资源征用。

1. 动员规划计划

国民经济动员规划计划，是指对一定时期内经济动员活动所进行的部署和安排。由于规划与计划的差别只在于前者比后者周期更长，因而在实际应用中也往往将规划统称为计划。为简化讨论，这里将规划视为计划的特例纳入广义计划，并分析经济动员计划的演变历史和强制特性。总的来说，经济动员计划的思想和实践起源于战争与经济资源之间的供需矛盾，动员计划内容、形式和手段随着战争形态、经济发展方式的变化而不断演变，且其指令性、强制性呈现不断加强的趋势。

（1）经济动员计划的演变史。国民经济动员计划有着悠久的历史渊源，例如，早在我国春秋时期，齐国的管仲就提出了蕴含动员计划的思想："故凡用兵之计，三惊当一至，三至当一军，三军当一战。故一期之师，十年之蓄积弹；一战之费，累代之功尽……是以圣人小征而大匡，不失天时，不空地利，用日维梦，其数不出于计。故计必先定而兵出于境；计未定而兵出于境，则战之自败，攻之自毁者也。"① 秦国的商鞅则具体阐述了合理规划、物尽其用的计划原则。到了三国时期，曹操提出"欲战必先算其费"的经济动员计划理念。由此可见，虽然我国古代有关经济动员计划的思想和实践缺乏系统性、全面性，但为后来的经济动员计划演变发展提供了思想启迪和实践基础。此后很长的一段时间里，经济动员计划主要局限在军队后勤领域，虽然有所发展，但成效并不显著，直到20世纪上半叶两次世界大战中暴露出严重问题，经济动员的战略地位才得到提升，同时经济动员计划才有了变革性的发展。由于在第一次世界大战前夕对动员计划的认识严重不足，各参战国普遍没有制订国民经济动员计划。第一次世界大战开始后不久，各国经济动员的组织工作便陷入一片混乱。在吸取第一次世界大战教训的基础上，各国开始重视经济动员计划工作，所以在第二次世界大战前夕及期间，德国、日本、美国、法国、英国、苏联等国家都通过实施经济动员计划强制提升本国经济动员能力。例如，

① 管仲.管子［M］.哈尔滨:北方文艺出版社，2013:180-181.

在德国，希特勒于 1933 年上台后，为了加紧经济备战以推行对外扩张的侵略政策，先后推行了两个"四年计划"。又如，在侵华战争进入相持阶段后，日本为继续增强其战争实力，先后强制实施了"军备扩充计划"和"生产力扩充四年计划"。面对战争消耗对经济动员造成的巨大压力，美国、法国、英国和苏联也曾多次编制和强制实施国民经济动员计划。第二次世界大战结束后一直到冷战结束前，世界各国国民经济动员计划没有大的发展。自 20 世纪 90 年代以来，面对高技术局部战争的威胁与严峻挑战，各国政府纷纷研究与其相适应的应急动员计划。为了应对发展与安全新形势，中国也探索出台了一系列动员计划，如各类国家层面的经济动员计划、部门层面的经济动员计划、地区层面的经济动员计划、企业层面的经济动员计划等，为新时期的经济动员准备和经济动员能力生成奠定了较好的制度基础。

（2）经济动员计划的强制特性。国民经济动员计划既不是设想也不是研究报告，而是正式有效的预期任务。动员计划虽然不是法律法规或者规范性文件，但它是各级部门通过一定程序正式下达的工作任务和具体方案，对于经济动员的"领导者"和"追随者"都有很强的约束性，是可行性、指令性和约束性的有机统一，具有依法强制实施的特性。例如，对于按照时间周期长短划分的长期计划（一般为 10 年以上）、中期计划（一般为 5 年左右）和短期计划（年度计划和季度计划）等，其一旦颁布实施，该周期就成为约束计划进展的重要标尺，并有相关部门对计划实施全过程依法进行监督，除非有重大特殊情况，否则计划的各项内容和指标必须如期完成。又如，在社会主义市场经济体制下，虽然企业在平时能够自主决定生产什么、生产多少、什么时间生产等，而不受政府干预，但是当面临战争和应急情况时，企业的生产活动就要与经济动员计划所涉及的相关内容和任务保持一致，任何部门、地区、企业和个人都不得违反，必须无条件地执行，否则会受到法律的制裁。

2. 战时经济管制

战时经济管制也称经济统制，指在非常时期，国家为了既保持社会和经济的稳定，又保证军队和居民的物资供应需求，运用行政、法律、经济等多种手段，对经济活动实行干预，使之处于国家控制之下的行为。战时经济管制既是现代国家在非常时期管理社会经济生活的重要举措，也是促进经济动员能力生成的有效强制手段。

（1）战时经济管制的演变史。经济管制作为一项实践性、操作性很强的工作，其背后有着深厚的理论支撑和逻辑基础。在历史上，其实践发展与理论探索都经历了一个过程。①具体实践。由古代战争向近现代战争演变的过程，既是战争消耗空前激增的过程，也是战争对社会生产条件破坏急速加剧的过程，这就要求在近现代战争中必须适时调整国民经济生产与分配过程、结构布局和财政金融收支，以使国民经济既能稳定发展又能服务战争需要。然而，仅仅依靠市场化手段难以在短时间内实现该调控目标，这就从客观上要求国家对国民经济实行统一控制和调节，即经济管制。例如，第一次世界大战中空前的物资消耗和对经济资源的巨大破坏，迫使参战国不得不对国民经济实行全面管制，以最大限度地保障战争需求。此后，世界各主要国家都开始注重运用战时经济管制手段，并逐步建立和完善经济统制制度。到第二次世界大战时，经济管制手段已在交战国中广泛使用，其中，又以德国和日本最为典型。例如，日本的经济管制涉及战时经济的各个领域，并先后颁布了一系列管制令。②理论准备。1936年，凯恩斯的《就业、利息和货币通论》问世，这是经济学的一次"革命"，为经济管制提供了坚实的理论基础和逻辑依据。此后，斯蒂格勒（Stigler，1971）从经济学的角度提出："经济管制作为一种法规，管制是产业所需并主要为其利益所设计和操作的。"米尼克（Mitnick，1980）从政治学的角度提出："管制是针对私人行为的公共行政政策，它是从公共利益出发而制定的规则。"吉尔洪和皮尔斯（Gellhom 和 Pierce，1982）从法学的角度提出："经济管制是管制者的判断对商业或市场判断的决然取代。"1985年，梅尔进一步将经济管制定义为"政府控制市民、公司或准政府组织行为的任何企图"①。这一系列的理论探索，既是对已有经济管制实践的解释和总结，又为新的实践工作提供了坚实的逻辑支撑。其中，凯恩斯主义已被奉为经济管制的"金科玉律"。

（2）战时经济管制的强制特性。首先，经济管制属于依法强制实施的国家行为，在管制全过程，国家及其下属机构是唯一合法的组织实施者。例如，在各国的基本法中，都有对战时经济管制相关内容和实施要求的规定。其次，战时经济管制的主要手段是以强制为基础的。与平时经济建设和管理不同的是，战时经济管制往往以行政和法律手段为主，以经济手段为辅，而强制则是这些手段能够有效发挥作用的保证。例如，行政手段延伸自行政权力，通过下达指示和命令，实现对经济活动的组织指挥和协调控制；法律手段则是基于有关非常时期的经济法律、法令和条例等国家意志，对战争和突发事件中国家、企业和个人之间的经济关系进行刚性约束，以保证经济正常运转。

3. 民用资源征用

民用资源征用指为应付战争、重大突发事件或满足重大军事演习时的紧急需要，国家依据法定条件和法定程序，强制性地购买公民个人、法人和其他组织所拥有的财产的强制行为。可以说，民用资源征用是非常时期解决物资保障供需矛盾的最有效措施，而这种有效性建立在其过程的强制性基础上。

（1）民用资源征用的主要内容。民用资源征用是世界各国进行应战和应急保障的通行做法，也被认为是政府在谋取公共安全利益时的合法权力，为此，一般都通过立法对征用相关事项进行规范。对于民用资源征用，首先要解决的是"征谁的""征什么"的问题，我国在相关

---

① 史普博. 管制与市场［M］. 余晖，何帆，钱家骏，等译. 上海:格致出版社，1999：38.

立法中界定了征用对象的范围。例如，《中华人民共和国国防动员法》第五十四条规定："本法所称民用资源，是指组织和个人所有或者使用的用于社会生产、服务和生活的设施、设备、场所和其他物资。"《中华人民共和国国防法》第四十八条规定："国家根据动员需要，可以依法征收、征用组织和个人的设备设施、交通工具和其他物资。"《民法典》第二百四十五条规定："因抢险、救灾等紧急需要，依照法律规定的权限和程序可以征用单位、个人的不动产或者动产。"《中华人民共和国戒严法》（以下简称《戒严法》）第十七条规定："根据执行戒严任务的需要，戒严地区的县级以上人民政府可以临时征用国家机关、企业事业组织、社会团体以及公民个人的房屋、场所、设施、运输工具、工程机械等。"

（2）民用资源征用的强制特性。显然，无论是民用资源征用的基本概念，还是对其对象、内容的规定性，都散发出浓浓的强制味道。事实上，该强制性在其执行过程中体现得更彻底。首先，国民经济动员所涉及的资源征用由国家授权，是依照法定程序实施的政府行为，并产生主客体之间"命令—服从"的权利义务关系，即征用双方不是市场中的自愿交易关系，征用的实施主体是政府等"领导者"，被征用的对象是企业（事业）单位和个人等"追随者"，二者是强制和被强制的关系。其次，当"领导者"依法实施征用时，作为"追随者"的组织和个人必须履行被征用的义务，向"领导者"让渡其合法所有或使用的资产的占有权、使用权和处置权。如果被征用的组织或个人拒绝履行被征用的义务，或者任意要价，"领导者"可以依法强制其履行，按照法律规定的条件暂时强行占有私人财产。

三、经济动员能力生成的强制模拟

前面的内容着重从属性、要求和现象上分析强制与经济动员的关系，这里将进一步分析由强制到经济动员能力生成的内在机理。为此，结合本书的基本假设，对强制过程进行经济学抽象，建立经济动员集体行动的博弈论模型，并基于广义"成本—收益"框架，分析强制措施打破困境并生成经济动员能力的具体过程。

1. 强制的经济学抽象

经济学模型是合理假设基础上的抽象。为了建立强制作用于经济动员能力生成的博弈论模型，这里主要进行三个方面的假设及抽象：一是强制的经济学本质；二是与强制相配套的补偿的经济学本质；三是经济动员能力生成门槛的经济学本质。

（1）成本分担机制：强制的经济学本质。在一般意义上，国民经济动员中的强制性措施代表了公权的使用，这又可以理解为两种特定的经济学含义：第一，根据巴泽尔关于权力的经济学定义，动员计划、经济管制和资源征用等强制措施将给动员对象带来成本，而且这种成本是无条件依法强加的；第二，政府对公权的使用还意味着强制的对象是普遍的，即全体国民都是经济动员强制措施的作用客体，由此可见，强制实施是无差别的集体性激励与约束。显然，将二者结合起来，强制措施就可以抽象为一种成本分担机制，即在国家相关法律的刚性约束下，所有国民将共同分担经济动员的一部分成本。例如，无论是实施经济动员规划计划、进行战时经济管制，还是征用民用资源，都会给民众带来一定程度的经济损失和机会成本。虽然对于不同的被强制对象来说，其实际经济损失和机会成本可能存在较大差异，但在强制实施之前，由于应战和应急需求的不确定性，对于每个参与者来说，可以预期到的强制成本在概率上可视为均等。故可认为，国民经济动员的强制政策对于民众来说，就是一种成本分担的制度安排。在公共部门经济学领域，成本分担机制已有较好的研究基础，并被认为是摆脱公共产品供给困境的有效制度安排。本书相关模型就是在现有研究基础上建立起来的。

（2）贡献返还机制：与强制相配套的补偿的经济学本质。在国民经济动员领域，补偿与强制始终相伴而生。因为在实际工作中，如果缺乏必要的补偿措施，那么强制措施的实施效果将大打折扣。事实上，补偿与强制共生的现象无论在实践上还是在理论上都有充分的依据。

在实践中，世界各国为了更好地实施经济动员，在建立强制制度的同时普遍通过立法形式建立了相关补偿制度。以我国民用资源征用的强制与补偿为例，在《宪法》对合法私有财产保护的基本精神下，《民法典》第二百四十五条规定："组织、个人的不动产或者动产被征用或者征用后毁损、灭失的，应当给予补偿。"与此相对应，《国防法》第四十八条规定："县级以上人民政府对被征收、征用者因征收、征用造成的直接经济损失，按照国家有关规定给予适当补偿。"《戒严法》第十七条规定："因征用造成损坏的，由县级以上人民政府按照国家有关规定给予相应补偿。"《国防动员法》第五十八条进一步明确："被征用的民用资源使用完毕，县级以上地方人民政府应当及时组织返还；经过改造的，应当恢复原使用功能后返还；不能修复或者灭失的，以及因征用造成直接经济损失的，按照国家有关规定给予补偿。"

在逻辑上，补偿与强制的共生符合"富治"原理，即作为补充安排的补偿措施，有利于更好地发挥强制措施的作用。因为只有对强制造成的直接成本或机会成本进行适当补偿，才能继续激发民众参与经济动员集体行动的热情，并巩固强制措施的合法性，进而确保强制制度的顺利实施。对此，美国学者亨金和罗森塔尔（1996）曾深刻指出："从来没有哪个制度否认过宪法的征用权，重要的是对征用的法律限制，即必须给予私人公正的补偿，以弥补当事人的特别牺牲，实现公平负担。"

既然补偿如此重要，那么应该如何从经济学的角度对其进行科学界定？从国民经济动员工作的基本流程来看，因补偿制度建立于平时，实施于强制之后，所以对于"追随者"来说，补偿是一种可以预期的贡献返还机制，即通过建立和实施补偿制度，"追随者"能够在被强制之前就稳定预期到，他们在强制中所做出的贡献在事后能够得到部分或者全部返还，从而降低其参与经济动员强制行动的风险，提高参与积极性。同样，在公共部门经济学领域，贡献返还机制作为摆脱供给困境的举措，已有很好的研究和应用。此外，贡献返还机制还涉及返还标准即补偿标准的问题，就经济动员强制的补偿标准来看，国际上主要有充分补偿、公平补偿和适度补偿三种。由于我国的特殊国情，目前主要遵循适度补偿原则，但该原则是一个比较宽泛的概念，为了便于研究，这里将适度补偿的标准假定为强制造成的分担成本。另外，若是"追随者"拒绝强制措施，则会有相应的处罚性制度安排。

（3）门槛制度：经济动员能力生成门槛的经济学本质。在经济动员集体行动中，强制的直接目的是获得一定量的公共产出，对应于特定经济动员能力的生成，但最终目的是保障应战或应急对经济资源的需要。根据应战或应急的基本规律，假定符合"短板效应"原理，那么只有当经济资源的保障水平达到某个额定标准时，应战或应急才有可能成功，即实现安全目标。因此，从产出的角度来说，经济动员强制制度在经济学意义上符合门槛制度，即为确保经济动员服务应战或应急需求的有效性，经济动员的强制产出必须有一个最低限度的门槛值。只有当强制产出水平达到该门槛值，"领导者—追随者"的公共安全利益才有可能被有效供给；若强制供给水平低于该门槛值，则"领导者—追随者"的公共利益将遭到损失。为了体现现代战争中的精确动员特征，即充分兼顾经济效率原则，在模型设定中可假设最优强制产出水平刚好等于门槛值。需要强调的是，虽然这里的门槛制度是从强制角度引出来的，但对于经济动员来说，不论有无强制措施都遵循门槛制度的基本规律。

2. 对照组模型：非强制博弈框架

为了精确分析强制这个变量对经济动员能力生成的影响，在逻辑上，首先需要设计一个对照组模型，也就是剔除强制变量的控制组模型。根据本书的基本假设及理论分析可知，经济动员能力生成需要解决的核心问题是博弈过程的"囚徒困境"，因而建立"领导者—追随者"博弈模型。由于在政治稳定的民族国家中，政府作为法定"领导者"都会主动承担经济动员的组织职责，故该博弈过程需要解决的主要是潜在"追随者"的参与问题。同时，将共容利益和门槛制度作为变量引入模型。其中，门槛制度涉及应战应急成功与失败两种结果，并且在不同的共容利益水平下，"追随者"的参与激励也存在着较大差异，为此，需从共容维度剥离出非共容利益与共容利益两类环境。于是，非强制措施下的两个变量共形成四种博弈情形，为了同时检验共容利益对经济动员能力生成的作用，这里就以共容为标尺将四种情形分成两类。

（1）非共容利益下的非强制博弈模型。首先，非强制博弈框架意味着"追随者"在完全自愿的动力机制下进行选择，既可能参与也可能不参与供给经济动员公共产品，此时，成本分担机制和补偿机制将不起作用，但门槛制度照样约束"追随者"的行为。由此，假设一国国民总数（"追随者"的近似数）为 n，且 n 足够大；对于某特定的应战或应急保障任务，经济动员产出应满足的门槛值等效为至少有 k 个"追随者"参与该集体行动，k 也是一个比较大的数值。其次，非共容利益意味着作为"追随者"的民众的自身利益与国家利益之间并非完全绑定。那么，在应战应急成功与失败之间，"追随者"的收益虽然会有差别，但差别不大。

令供给每单位经济动员公共产品的边际成本为 c_i，即每个"追随者"因参与经济动员集体行动给自身带来的成本或机会成本。若所有"追随者"的供给水平满足门槛值且应战应急成功，则每个国民获得的公共安全收益为 b_i，且满足 $b_i<c_i$，那么，"追随者"的净收益满足 $pb_i=b_i-c_i<0$，"搭便车"的净收益为 b_i。若所有"追随者"的供给水平满足门槛值但应战应急仍然失败，或者所有"追随者"的供给水平低于门槛值而引起应战应急失败，则因国民利益与公共利益没有绑定，

个体福利只会受到轻微的影响，每个国民获得的公共安全收益为0，那么，"追随者"的净收益满足 $pb_i = 0 - c_i < 0$，"搭便车"的净收益为0。由此，以某个典型的潜在"追随者"i为代表，构建其自愿参与经济动员集体行动的博弈收益矩阵，应战应急成功和失败两种情况分别如表5-2、表5-3所示。在所有博弈收益矩阵中，标记"*"处均表示占优策略。

表5-2　过门槛值且应战应急成功的非共容利益自愿博弈收益矩阵

i参与情况	i之外的参与人数						
	0	…	k-1	k	k+1	…	n-1
i不参与时	0*	0	0	b_i	b_i	b_i	b_i
i参与时	$-c_i$	$-c_i$	$b_i - c_i$	$b_i - c_i$	$b_i - c_i$	$b_i - c_i$	$b_i - c_i$

表5-3　过门槛值但应战应急失败的非共容利益自愿博弈收益矩阵

i参与情况	i之外的参与人数						
	0	…	k-1	k	k+1	…	n-1
i不参与时	0*	0	0	0	0	0	0
i参与时	$-c_i$	$-c_i$	$-c_i$	$-c_i$	$-c_i$	$-c_i$	$-c_i$

根据成本、收益数值之间的大小关系及净收益的正负情况，并结合表5-2、表5-3的博弈情况可知，当该经济动员是非共容利益集体行动时，无论潜在"追随者"i之外的参与者人数是多少，也无论供给充足会带来什么样的应战应急结果，潜在"追随者"i都选择不参与，即对于i来说，选择"搭便车"总是占优策略。同样，对于其他潜在"追随者"来说，也会有该博弈过程和结果。因此，在非共容利益条件下，由于每个潜在"追随者"都倾向于选择"搭便车"，于是，经济动员集体行动陷入困境，经济动员能力无法有效生成。

（2）共容利益下的非强制博弈模型。在其他条件均相同的情况下，当经济动员属于共容利益性质的集体行动时，潜在"追随者"

自身利益与"领导者"利益、国家公共利益紧紧捆绑在一起，于是，潜在"追随者"收益在应战应急成功与失败情况下的差异较大。例如，当所有"追随者"的供给水平满足门槛值且应战应急成功时，则每个国民获得的公共安全收益没有损失，仍保持为 b_i，同样，"追随者"的净收益满足 $pb_i=b_i-c_i<0$，"搭便车者"的净收益为 b_i。但是当所有"追随者"的供给水平满足门槛值但应战应急仍然失败，或者所有"追随者"的供给水平低于门槛值而引起应战应急失败时，则因国民利益与公共利益之间"一损俱损"，个体福利因安全得不到保证将遭受极大损失，令损失的绝对值为 e_i，且满足 e_i 远大于 c_i，那么，"追随者"的净收益满足 $pb_i=-e_i-c_i<0$，"搭便车"的净收益为 $-e_i$。同样，以某个典型国民 i 为代表，构建其博弈收益矩阵，应战应急成功和失败两种情况分别如表5-4、表5-5所示。

表5-4　过门槛值且应战应急成功的共容利益自愿博弈收益矩阵

i 参与情况	i 之外的参与人数						
	0	…	k-1	k	k+1	…	n-1
i 不参与时	$-e_i$ *	$-e_i$	$-e_i$	b_i	b_i	b_i	b_i
i 参与时	$-(e_i+c_i)$	$-(e_i+c_i)$	* b_i-c_i	b_i-c_i	b_i-c_i	b_i-c_i	b_i-c_i

表5-5　过门槛值但应战应急失败的共容利益自愿博弈收益矩阵

i 参与情况	i 之外的参与人数						
	0	…	k-1	k	k+1	…	n-1
i 不参与时	$-e_i$ *	$-e_i$	$-e_i$	$-e_i$	$-e_i$	$-e_i$	$-e_i$
i 参与时	$-(e_i+c_i)$	$-(e_i+c_i)$	$-(e_i+c_i)$	$-(e_i+c_i)$	$-(e_i+c_i)$	$-(e_i+c_i)$	$-(e_i+c_i)$

由上述博弈结果可知，在具有共容利益的经济动员集体行动中，如果由于动员之外其他因素的作用，使即使经济动员供给充足但应战应急仍然失败，即表5-5的情况，那么在没有其他制度安排的情况

下，国民的占有策略是"搭便车"，经济动员能力无法生成；如果由于动员之外的应战应急措施得当，使经济动员供给充足，应战应急获得成功，那么此时与国家利益绑定在一起的国民没有占优策略。例如，在表5-4中，一是若i之外的参与人数少于k-1，即不能满足门槛值，则国民i选择"搭便车"；二是当i之外的参与人数刚好等于k-1，即刚好满足门槛值时，则国民i选择参与；三是当i之外的参与人数大于k-1，即超过门槛值时，则国民i选择"搭便车"。因此，对于国民i来说，存在两个纳什均衡点。那么，从整体效果来看，其结果要么没有任何潜在"追随者"参与经济动员，要么正好有k个潜在"追随者"参与。

总的来说，对照组模型的博弈结果能够说明两个问题。一是表5-4中刚好有k个国民参与经济动员集体行动的现象，证明了"有条件合作者"假设的合理性，因为当国民预期到"领导者"不仅能主动发挥动员职能，还能有效使用该动员起来时的力量时，即在应战应急措施上得力高效，从而给国民带来更大收益，那么，民众就会主动成为"追随者"。二是由表5-2与表5-4的对比、表5-3与表5-5的对比可知，由于共容利益的存在，可能会产生刚好有k个潜在"追随者"参与经济动员集体行动的结果，从而破除困境。但是该结果也说明，共容利益并不能保证必然将潜在"追随者"有效动员起来，即困境在很大程度上仍然不可避免，这就要求必须从制度安排上寻求破除困境的必然之路。

3. 实验组模型：强制博弈框架

以对照组的模型框架为基础，将非强制条件调整为强制条件，构建新的实验组博弈模型。从前面对强制的经济学抽象可知，对应强制措施有三个变量，即成本分担变量、贡献返还变量和不履行强制义务的处罚变量。其中，成本分担变量表示在经济动员强制约束下，每个国民因履行法定义务而必须承担一定的经济动员成本，为简化起见，设单个国民预期分担的成本折现值等效于门槛值在全民中均摊，即

$k \cdot c_i/n$，满足 $k \cdot c_i/n < c_i$，说明分担成本低于自愿参与成本，且国民总数越大分担额越少。贡献返还变量表示在事后补偿措施中，对被强制者遭受的损失进行适当的经济利益补偿，令平均补偿额的折现值为 r_i，并且在数值上与"追随者"的参与成本 c_i 相当，即满足 $r_i \approx c_i$。不履行强制义务的处罚变量表示没有履行经济动员义务的个人预期到事后将受到行政处罚，令行政处罚的折现值为 p_i，一般来说，为了刚性约束国民，事后的惩罚额度至少要大于事前参与经济动员的成本，这里设定二者数值大小满足 $p_i \approx c_i$。在强制条件下，同样从共容利益维度进行博弈归类，这样既能分析新加入的三个变量对个体行为的影响，也能检验共容利益对经济动员能力生成的作用。

（1）非共容利益下的强制博弈模型。一是若所有"追随者"的贡献额满足门槛值且实现安全目的，则全体国民获得的安全性收益为 b_i。其中，"追随者"付出的分担成本及参与成本合计为 c_i，得到的补偿为 r_i，其净收益为 $b_i+r_i-c_i$；"搭便车者"付出的分担成本为 $k \cdot c_i/n$，受到的处罚为 p_i，其净收益为 $b_i-p_i-k \cdot c_i/n$。二是若所有"追随者"的贡献额满足门槛值但没能实现安全目的，或者因贡献额不足导致应战应急失败，则全体国民获得的安全性收益为 0，其中，"追随者"的净收益为 r_i-c_i，"搭便车者"的净收益为 $-p_i-k \cdot c_i/n$。由此，以某个典型国民 i 为代表，构建其在强制约束下参与经济动员集体行动的博弈收益矩阵，应战应急成功和失败两种情况分别如表 5-6、表 5-7 所示。

表 5-6　过门槛值且应战应急成功的非共容利益强制博弈收益矩阵

i 参与情况	i 之外的参与人数						
	0	…	k-1	k	k+1	…	n-1
i 不参与时	$-p_i-$ $k \cdot c_i/n$	$-p_i-$ $k \cdot c_i/n$	$-p_i-$ $k \cdot c_i/n$	b_i-p_i- $k \cdot c_i/n$	b_i-p_i- $k \cdot c_i/n$	b_i-p_i- $k \cdot c_i/n$	b_i-p_i- $k \cdot c_i/n$
i 参与时	r_i-c_i*	r_i-c_i	$b_i+r_i-c_i$	$b_i+r_i-c_i$	$b_i+r_i-c_i$	$b_i+r_i-c_i$	$b_i+r_i-c_i$

論国民经济动员能力

表 5-7　过门槛值但应战应急失败的非共容利益强制博弈收益矩阵

i 参与情况	i 之外的参与人数						
	0	…	k-1	k	k+1	…	n-1
i 不参与时	$-p_i-$ $k \cdot c_i/n$	$-p_i-$ $k \cdot c_i/n$	$-p_i-$ $k \cdot c_i/n$	$-p_i-$ $k \cdot c_i/n$	$-p_i-$ $k \cdot c_i/n$	$-p_i-$ $k \cdot c_i/n$	$-p_i-$ $k \cdot c_i/n$
i 参与时	r_i-c_i*	r_i-c_i	r_i-c_i	r_i-c_i	r_i-c_i	r_i-c_i	r_i-c_i

（2）共容利益下的强制博弈模型。一是当所有"追随者"的贡献额满足门槛值且实现安全目的，则全体国民获得的安全性收益为 b_i，此时，"追随者"和"搭便车者"的净收益与非共容利益时相同。二是当所有"追随者"的贡献额满足门槛值但没能实现安全目的，或者由于贡献额不足导致应战应急失败，则因国民个体利益与公共利益之间"一损俱损"，个体福利因安全得不到保证将遭受极大的损失，即 e_i，那么，"追随者"的净收益为 $r_i-c_i-e_i$，"搭便车者"的净收益为 $-p_i-k \cdot c_i/n-e_i$。由此，以某个典型国民 i 为代表，构建其在强制约束下参与经济动员集体行动的博弈收益矩阵，应战应急成功和失败两种情况分别如表 5-8、表 5-9 所示。

表 5-8　过门槛值且应战应急成功的共容利益强制博弈收益矩阵

i 参与情况	i 之外的参与人数						
	0	…	k-1	k	k+1	…	n-1
i 不参与时	$-e_i-p_i-$ $k \cdot c_i/n$	$-e_i-p_i-$ $k \cdot c_i/n$	$-e_i-p_i-$ $k \cdot c_i/n$	b_i-p_i- $k \cdot c_i/n$	b_i-p_i- $k \cdot c_i/n$	b_i-p_i- $k \cdot c_i/n$	b_i-p_i- $k \cdot c_i/n$
i 参与时	$r_i-c_i-e_i$*	$r_i-c_i-e_i$	$b_i+r_i-c_i$	$b_i+r_i-c_i$	$b_i+r_i-c_i$	$b_i+r_i-c_i$	$b_i+r_i-c_i$

表5-9　过门槛值但应战应急失败的共容利益强制博弈收益矩阵

i 参与情况	i 之外的参与人数						
	0	⋯	k-1	k	k+1	⋯	n-1
i 不参与时	$-e_i-p_i-k \cdot c_i/n$	$-e_i-p_i-k \cdot c_i/n$	$-e_i-p_i-k \cdot c_i/n$	$-e_i-p_i-k \cdot c_i/n$	$-e_i-p_i-k \cdot c_i/n$	$-e_i-p_i-k \cdot c_i/n$	$-e_i-p_i-k \cdot c_i/n$
i 参与时	$r_i-c_i-e_i^*$	$r_i-c_i-e_i$	$r_i-c_i-e_i$	$r_i-c_i-e_i$	$r_i-c_i-e_i$	$r_i-c_i-e_i$	$r_i-c_i-e_i$

（3）强制模拟的结果分析。首先，由表5-6~表5-9的收益矩阵可知，对于典型个体 i 来说，无论利益共容与否，也无论门槛值以上的经济动员供给是否会导致应战应急失败，个体的占优策略都是选择参与经济动员集体行动。其次，表5-2~表5-5与表5-6~表5-9相比较，经济动员集体行动的组织模式由自愿变成强制，对应的结果是行为人的决策由"搭便车"变为"追随"，这说明强制制度安排通过改变个体的"成本—收益"结构，使共容利益下个体参与集体行动的可能成为必然，也使非共容利益下个体参与集体行动的不可能成为必然。最后，由于潜在"追随者" i 是典型代表，对于其他潜在"追随者"来说也存在类似过程，因此通过实施强制性的集体激励与约束，所有国民都能够被动员起来。

▌▌▌第二节　微观制度能力：选择性激励

虽然强制性制度安排对破除困境具有积极作用，但强制既不是万能的，也不是完美的，而且强制和共容利益一样，都属于集体性约束与激励手段，那么，对于异质性的动员对象来说，强制的激励约束作用并不彻底。为此，学者逐渐意识到要想完全解决集体行动中的"搭便车"难题，就必须实施一种不同于集体激励的有选择性的激励。例如，奥尔森在《集体行动的逻辑》中首创选择性激励理论，主张对参与集体行动的每个成员区别对待，坚持"多贡献多回报、少贡献少回报、零贡献零回报、负贡献负回报"，并且"赏罚分明"。此后，经济学界不断拓展和深化激励研究，并形成了以激励相容为核心思想的激励机制设计理论，为解决选择性激励问题提供了更加坚实的理论基础和模型化的方法工具。在此基础上，Schelling（1990）在《微观动机与宏观行为》（*Micromotives and Macrobehavior*）中通过分析微观动机与宏观行为之间的互动联系，进一步拓展了选择性激励的研究视角。在逻辑上，选择性激励对于经济动员这类特殊的集体行动也同样适用，而且在实践中，经济动员工作中的大量制度安排也体现了选择性激励特性。为此，本节从"为什么""是什么""怎么办"等方面建立选择性激励的理论体系，并通过博弈模型证明选择性激励能力是经济动员能力的重要内容。

一、选择性激励是动员实践的必然选择

随着社会主义市场经济体制的逐步建立和完善，以及市场经济主体地位的稳步上升、作用的日趋凸显，我国国民经济动员的对象和手段发生了深刻变化，强制手段虽然依旧不可或缺，但已不能包办一切。相反，作为强制的拓展与延伸，选择性激励手段必将成为市场环境下经济动员能力有效生成的必不可少的制度安排，尤其是在平时的经济动员准备过程中，其对经济动员能力的生成极其有效。

1. 应对交易成本的需要

在逻辑上，虽然强制措施能够在一定条件下通过实施集体性激励和约束，将共容利益下集体行动的可能变成现实，但在实际操作中，强制措施本质上是一种计划性手段，其实现过程无法避免高交易成本的严峻挑战。首先，制订完善的强制计划需要完全的信息作为基本支撑。一方面，搜集、整合、处理信息都绕不开交易成本；另一方面，

现实信息的不完全性制约着强制计划的设计。其次，强制措施的实施过程要付出较高的交易成本，无论是执行、监督、还是强制性的约束和激励，都不是无"摩擦"的"免费"过程。最后，由于强制对正常经济生活的干预，势必会带来个体利益与集体利益的矛盾、民众正常生活与非常状态的冲突，并且为了解决该矛盾冲突，需要付出较高的交易成本。下面以经济动员的民用资源征用为例予以说明。一是在事前摸清民用资源底数并进行登记时，因经济动员组织者无法掌握有关被征用对象实力和潜力的完全信息，后者从自利角度出发就可能虚报情况，从而增加征用信息的搜集难度，降低征用效率。二是在强制征用监督和制裁阶段，为了提升强制的硬约束作用，政府需要准确掌握民众参与动员或逃避义务的具体情况，但精确掌握这些情况需要付出巨大的交易成本，从而影响强制约束作用的发挥，甚至可能产生寻租和腐败等问题。

　　显然，基于整体主义方法论的强制措施，虽然在破除集体行动困境中表现出有效性，但并不是最经济的。相反，基于个体主义方法论的选择性激励，既没有绝对的信息需求，也不会因干预正常经济活动而造成利益矛盾和冲突，能够有效弥补强制措施的不足。第一，选择性激励强调激励对象的有选择性，对不同情况、不同对象进行区别对待，而非进行"一刀切"。因此，选择性激励就不需要在全局进行完全的信息搜集，只需掌握重点激励对象的局部信息就能进行有效决策。第二，选择性激励是基于参与者个体"成本—收益"理性结构的分散决策机制，因而在信息利用效率上具有很大优势。第三，选择性激励本身属于非对抗性约束，能够避免个体利益与集体利益之间的尖锐冲突，因而其执行过程阻力较小，实施的交易成本较低。为了形成经济有效的经济动员能力生成模式，除了必要的强制措施，还必须建立和完善相应的选择性激励制度。

2. 激励异质性个体的需要

　　由强制博弈模型的分析过程可知，强制作用的有效发挥基于国民偏好和收益的同质性。然而，在现实中经济动员的广大参与者并不完全是同质的，而是偏好多元、"成本—收益"结构多样化的。潜在"追随者"的异质性可以从偏好和收益两个维度来界定。一是偏好的多样性随处可见，并不像新古典经济学理论所假设的那样偏好是一致的。例如，既有极力追求个人私利的社会现象，也有热衷于公益事业和他人福利的个人行为；既有符合理性逻辑的精打细算，也有非理性下的冲动，如有些消费者大量购入自己根本不需要的东西。二是现实社会中潜在"追随者"的收入和资产情况也存在一定的差距。因此，我国经济动员能力生成必须面对潜在"追随者"在偏好和收益方面的差异特性。那么，完全依靠单一的强制措施来激励和约束不同类型的动员对象，其效果将会大打折扣，这就需要对他们进行有差别的激励。

3. 适应市场经济环境的需要

从人类社会激励制度的演变历史来看，选择性激励也是当前我国市场经济条件下实施经济动员，进行激励制度安排的必然选择。纵观整个人类经济发展史，共出现过强制激励、劝导激励、交换激励三种性质的激励力量及其对应的激励方式。然而，选择性激励既不是强制激励也不是劝导激励，而是包含了交换激励内容的市场化激励手段，其作用的发挥离不开成熟的市场环境，同时也是推动市场化纵深发展的重要条件。当前，我国正处在市场经济体制逐步深化的阶段，若要有效发挥大环境的支撑作用以生成经济动员能力，就必须建立和完善选择性激励相关制度。

二、选择性激励的基本内涵与逻辑

既然选择性激励对于经济动员能力生成来说如此重要，那么选择性激励到底是什么呢？为此，这里主要从选择性激励的内容、方式等方面来界定其基本内涵，并通过机制设计与激励相容理论来分析其基本逻辑。

1. 激励内容与激励方式

奥尔森在提出选择性激励的概念时，就注意到了对激励内容和激励方式的选择。例如，在激励内容上，既有经济激励，也有声望、尊敬和友谊等以社会心理为目标的社会激励。在激励方式上，既强调正面的奖励，也注重负面的惩罚。

（1）经济动员集体行动选择性激励的内容。首先，选择性激励内容的演化路径与经济学中理性人假设的发展历程遥相呼应。例如，在狭义经济人阶段，经济利益驱动是一切激励制度设计的逻辑起点，由此，货币激励成为"万能钥匙"。进入广义经济人阶段后，非经济激励的重要性逐渐凸显，基于声誉、公平、正义、身份、自尊、文化、信念等非经济激励手段逐渐出现在制度安排中，并发挥了很好的作用。总的来说，虽然在不同阶段关于经济人假设的理解存在较大差异，但这种差异仍然可以统一在一个框架内，即利益框架内。诺贝尔经济学奖获得者阿马蒂亚·森指出，人的行为都是在利益驱动下完成的，但关键的问题是利益并不是单一性质的，而是经济利益、政治利益与社会利益的综合体。正是这种利益的多样化产生了动机的多样化，进而带来激励内容的多样化。其次，选择性激励内容的划分也与两种规范的划分遥相呼应。行为经济学的基本理论认为，从某种意义上看，现实中的人同时生活在两个不同的世界里，其中一个世界由市场规范来主导，另一个世界则由社会规范来主导。在市场规范主导的世界里，充满了黑白分明、明码标价的市场性交易，物质利益构成经济行为的核心目标，货币成为最便捷的激励手段。而在社会规范主导的世界里，充满了以情感、风俗和社会道德等为基本心理基础的交易行为，交易过程往往是友好的、界限不分明的和不要求即时回报的，非货币因素成为主要的激励手段。同时，在作用范围上，市场规范能适用于任何陌生人之间，社会规范往往在熟人环境中才能发挥出较好的作用。在经济动员集体行动中，作为"领导者"的政府与作为"追随者"的国民之间构成了一种特殊的"陌生人关系"。一方面，在社会主义市场经济环境下，"领导者"与"追随者"之间存在正常的市场交易关系；另一方面，"领导者"与"追随者"之间存在基于共有认同的、有国家情感的熟人关系和社会规范关系。由此可见，对应的选择性激励兼有市场规范与社会规范的内容。

（2）经济动员集体行动选择性激励的方式。综合现有的理论和实践经验，可以从以下三个维度来把握选择性激励的基本方式。一是积极方式与消极方式的相互补充，对积极行为的奖励与对消极行为的处罚共同构建了"赏罚分明"的统一整体。然而，赏与罚在实施效果上存在较大差别，正如 Oliver（1980）在实验验证选择性激励的效能时发现，消极激励对促进合作具有显著的作用，但消极方式对破除集体行动困境并非万能，它只有在一定程度和范围内才能发挥其显著作用。行为经济学理论研究的最新进展为解释消极激励与积极激励效能之间的差异提供了更加基础性的依据。例如，行为经济学通过实验表明，人的偏好存在"损失厌恶"特征，即人们获得一个单位好处带来的满足感要小于失去一个单位好处的失落感。因此，在经济动员集体行动的选择性激励中，为了提升激励效率，需要充分发挥消极激励措施的制度效能。况且，作为经济动员组织者和激励制度实施者的"领导者"，本来就不是财富生产者，在积极激励方面不具有比较优势，而在依法实施消极激励方面有优势。二是私人产品与公共产品的搭配使用。选择性激励的主要载体是公共利益之外的私人利益或私人成本，因此在逻辑上，单独使用私人收益或成本就能实施激励。但在实践过程中，理论界的学者发现，有时将私人产品与公共产品绑定在一起实施激励能够得到更好的效果，这就是选择性激励的"联合产品模型"。三是激励指标选择与指标评价形式。首先，在对动员对象激励的过程中，可以采取两类指标体系：一类是基于动员对象付出或投入的指标体系，如劳动时间、努力程度和客观技能等；另一类是基于动员对象产出的指标体系，既包括产品数量、质量、技术革新、性能改进、新产品开发和专利等物理性指标，也包括经济效率提升、成本节约等经济性指标。其次，在给定相应的指标体系后，如何评价指标则是另一个重要的问题。无论是投入指标还是产出指标，在激励动员对象努力的过程中，既可以采用绝对值形式，也可以采用相对值形式。

2. 符合激励相容原理的内在逻辑

从集体行动的角度来看，强制措施仅仅是实现了将动员对象组织起来，但在不完全信息条件下，即便存在共容利益，也难以避免"追随者"的"磨洋工"行为。所以，选择性激励的目的就是使动员起来的"追随者"进行高效率的合作。

（1）激励相容的核心理念。在新古典经济学的完全理性、完全竞争和完全信息假设下，个人能够在既定条件下做出最优的决策和选择，那么，对应到"委托—代理"关系中，委托人便可制定出完全契约，并可轻易使代理人完全按照委托人的企图行动。然而，理性不完全、竞争不完全和信息不完全的客观现实，大大削弱了新古典经济学假设的合理性，严重影响了新古典经济学理论的有效性和可操作性。在真实世界中，为了使"委托—代理"机制经济有效地运行，委托人在制定契约时就不能再漠视代理人的利益。于是，就形成了制度经济学研究的新范畴——激励理论，即如何通过适当的制度安排使个体价值与集体价值这两个目标函数达成一致，从而实现对市场环境中理性经济人的有效激励。在此基础上，Vickrey（1961）和 Mirrlees（1971）进一步将其核心理念抽象为激励相容，即旨在解决的核心问题是个体利益与集体利益之间的矛盾或冲突，以实现共赢。

（2）选择性激励符合激励相容理念的逻辑依据。第一，基于解决共同的核心问题。由激励相容的内涵可知，"有效解决个人利益与集体利益之间的矛盾冲突，使每个人在为集体多做贡献的同时实现自己的利益诉求"是其核心问题。在这一点上，选择性激励与其完全一致，主要表现在以下两个方面：一是在经济动员集体行动中，选择性激励的目的是破除困境，而困境的核心是个体利益与集体利益之间的冲突。由此，选择性激励的基本思路就是通过"赏罚分明"的制度安排，在集体行动中将个体利益与集体利益进行统一。所以，选择性激励从核心理念上看就是一种激励相容的制度设计。二是选择性激励的内容满足激励相容的约束条件。例如，Oliver（1980）在分析选择性激励机制时指出，被用作选择性激励的私人产品必须同时满足五个条件，其中一个条件便是"物品控制者可以确定，其根据成员合作情况分配该物品获得的预期净收益高于不采取激励时的预期净收益"。显而易见，该条件本质上就是激励相容约束。第二，基于类似的实现形式。在激励相容制度安排中，为有效发挥激励效果，常常将正激励与负激励措施相结合。例如，在集体参与作战的军事行动中，为了调解士兵个体利益与军队整体利益之间的冲突，通常需要建立相容性的正负激励制度。在正激励措施上，包括战前、战争中的鼓动，战后形式多样的奖励与补偿，如与战争绩效紧密挂钩的英雄表彰、升迁晋级及抚慰战争遗孤等；在负激励措施上，打骂、体罚等是常见的形式。虽然军队作战中的激励相容手段只是一个极端的例子，但事实上，其中不少正负激励措施同样存在于经济动员活动中，并构成"赏罚分明"的选择性激励的重要内容。

3. 基于激励相容约束的表达形式

为便于实际应用，理论界逐步将激励相容模型化。目前，激励相容的成熟模型主要包括两个方面，即参与约束和激励相容约束。其中，参与约束（Participation Constraint）又称个人理性约束，是基本条件；激励相容约束（Incentive Compatibility）则是核心机制。在经济动员集体行动中，共容利益与强制均属于参与约束，解决的是"组织起来"的问题；选择性激励则属于激励相容约束，解决的是防止"组织起来"的"追随者""磨洋工"的问题。为了能更好地显示选择性激励的逻辑机理，这里基于不完全信息条件下激励相容的约束模型，构建经济动员集体行动中选择性激励的模型化表达形式。

（1）相关参数假设。在政权稳定条件下的经济动员集体行动中，假设作为"领导者"的合法政府是唯一的委托人，参与经济动员活动的"追随者"是其代理人。由于信息不完全，"领导者"无法全面观察和监督"追随者"的实际努力程度，于是，后者在经济动员工作中有可能选择努力作为（e=1），也有可能选择消极作为或者偷懒（e=0）。为便于研究，不考虑中间的连续过程，且努力情况只是"追随者"的私人信息。假设不同程度的努力作为会给"追随者"带来额外的负效用，数量上相当于取值为 c(e) 的货币损失，且满足 c(1)= φ>0，c(0)= 0，即偷懒不会有额外的个人损失。同时，"领导者"虽然无法直接观察"追随者"的努力程度，但假设可以直接观察到后者所贡献的经济动员公共产出，并根据产出水平来逆向评估其努力程度。客观来讲，经济动员公共产出并不完全取决于"追随者"的努力程度，还可能受其他偶然因素的影响。那么，这里就认为产出水平是努力程度的概率函数，且两者的相关关系如表 5-10 中的概率分布所示，即当"追随者"努力作为时，其贡献为高产出的概率是 p_H，为低产出的概率是 $1-p_H$；当"追随者"不努力作为时，其贡献为高产出的概率是 p_L，为低产出的概率是 $1-p_L$。其中，$1>p_H>p_L>0$，$s_H>s_L$。

表 5-10　经济动员不同公共产出的概率分布

公共产出水平（s）	努力程度（e）	
	e=1	e=0
高产出（s_H）	p_H	p_L
低产出（s_L）	$1-p_H$	$1-p_L$

显然，由表 5-10 的概率分布及各参数之间的相对关系可以得到：

$$[p_H s_H+(1-p_H)s_L]-[p_L s_H+(1-p_L)s_L]=(p_H-p_L)(s_H-s_L)>0 \quad (5-1)$$

式（5-1）表明，虽然努力不能完全避免低产出，偷懒也有可能带来高产出，但是在概率或期望值的意义上，努力能够使高产出出现的可能性增加。这就说明，通过观察贡献的产出水平来反推努力水平是可行的。为了对不同产出水平的"追随者"实施有差别的激励，令高产出(s_H)时激励支付额度为w_H，低产出(s_L)时激励支付额度为w_L，且支付额度可正可负，可为奖励也可为处罚。

（2）激励相容约束。理论分析部分表明，强制和选择性激励分别对应激励相容模型的参与约束和激励相容约束。例如，就共容利益下的强制而言，表5-8、表5-9所对应的参与约束分别满足式（5-2）、式（5-3），其中，$U(\cdot)$表示效用函数，且满足$U'(\cdot)>0$、$U''(\cdot)<0$。

$$U(r_i-c_i-e_i) \geqslant U(-e_i-p_i-k\cdot c_i/n) \tag{5-2}$$

$$U(b_i+r_i-c_i) \geqslant U(b_i-p_i-k\cdot c_i/n) \tag{5-3}$$

那么，在式（5-1）和式（5-2）基础上的选择性激励，在于进一步引导"追随者"根据自身偏好、禀赋及"领导者"的赏罚标准重新做出努力程度的选择。而激励相容约束则意味着，异质性"追随者"更倾向于付出努力，因为努力比偷懒更划算，于是公共产出增加的概率上升，导致的结果就是个体利益与集体利益同步增长，于是困境彻底破除。对于"追随者"个体来说，其决策的基础来自如式（5-4）所示的激励相容约束。

$$p_H \cdot U[w_H-c(1)]+(1-p_H)\cdot U[w_L-c(1)] \geqslant$$
$$p_L \cdot U[w_H-c(0)]+(1-p_L)\cdot U[w_L-c(0)] \tag{5-4}$$

三、经济动员能力生成的选择性激励模拟

为了论证选择性激励的积极作用，同样需要建立量化博弈分析模型。选择性激励在内容上既涉及经济激励因素，又涉及社会激励因素，并分别与两类规范相对应，因而可以构建广义理性约束模型。另外，行为经济学的最新理论成果表明，有时基于相对收益的激励比基于绝对收益的激励效果更好。显然，为了有效发挥选择性激励的效能，将

参与经济动员集体行动的异质性个体动员起来，必须同时突破两重"大关"，即个体理性约束的"第一关"和个体公平约束的"第二关"。为此，本节将压力、声誉、精神等社会激励因素折算到经济激励因素中，构建广义理性下的绝对激励博弈模型；同时，单独将公平作为衡量激励相对值的标尺，建立公平相容下的相对激励博弈模型。

1. 广义理性下的绝对激励博弈模型

为了建立广义理性约束模型，首先，假设信仰、声誉等非物质利益与物质利益一样，可以通过量化转化为广义的成本和收益，并以等价的货币表示，且"赏罚分明"均采用私人产品形式。其次，用 $-\phi$ 表示"追随者"努力作为时需要付出的额外成本，若偷懒则额外成本为 0；用 w_H 表示"追随者"努力作为时得到的奖励、$-w_L$ 表示偷懒时受到的处罚，w_H 与 w_L 的数值大小满足激励相容约束式（5-4）。最后，为保持逻辑的连续性，以共容利益条件与强制制度安排为基础，并假设"追随者"的参与水平已满足门槛值，即分别在表5-8、表5-9的基础上构建选择性激励博弈框架。

（1）对照组：无选择性激励博弈。类似于强制模拟分析，为了检验选择性激励的制度效果，首先需要设置对照组模型，即不实施任何赏罚措施的博弈过程。以某个典型"追随者" i 为代表，建立其在共容利益下且无任何激励措施时可能的博弈收益矩阵。一是当有足够多的国民因强制成为"追随者"，且应战应急成功，即满足表5-8的收益结构时，典型"追随者" i 选择偷懒时的收益为 $b_i+r_i-c_i$，选择努力作为时的收益为 $b_i+r_i-c_i-\phi$，于是其对应的博弈收益矩阵如表5-11所示。二是当有足够多的国民因强制成为"追随者"，但应战应急失败，即满足表5-9的收益结构时，典型"追随者" i 选择偷懒时的收益为 $r_i-c_i-e_i$，选择努力作为时的收益为 $r_i-c_i-e_i-\phi$，于是其对应的博弈收益矩阵如表5-12所示。

表 5-11　应战应急成功下的无选择性激励博弈收益矩阵

i 参与情况	i 之外的参与人数					
	k-1	k	k+1	···	n-2	n-1
i 偷懒时 (e=0)	$b_i+r_i-c_i$*	$b_i+r_i-c_i$	$b_i+r_i-c_i$	$b_i+r_i-c_i$	$b_i+r_i-c_i$	$b_i+r_i-c_i$
i 努力时 (e=1)	$b_i+r_i-c_i-\phi$	$b_i+r_i-c_i-\phi$	$b_i+r_i-c_i-\phi$	$b_i+r_i-c_i-\phi$	$b_i+r_i-c_i-\phi$	$b_i+r_i-c_i-\phi$

表 5-12　应战应急失败下的无选择性激励博弈收益矩阵

i 参与情况	i 之外的参与人数					
	k-1	k	k+1	···	n-2	n-1
i 偷懒时 (e=0)	$r_i-c_i-e_i$*	$r_i-c_i-e_i$	$r_i-c_i-e_i$	$r_i-c_i-e_i$	$r_i-c_i-e_i$	$r_i-c_i-e_i$
i 努力时 (e=1)	$r_i-c_i-e_i-\phi$	$r_i-c_i-e_i-\phi$	$r_i-c_i-e_i-\phi$	$r_i-c_i-e_i-\phi$	$r_i-c_i-e_i-\phi$	$r_i-c_i-e_i-\phi$

由表 5-11、表 5-12 的博弈模拟结果可知，由于收益关系满足 $b_i+r_i-c_i>b_i+r_i-c_i-\phi$ 与 $r_i-c_i-e_i>r_i-c_i-e_i-\phi$，因此典型"追随者"i 的占优策略为"偷懒"。同样，对于其他异质性个体来说，也存在类似的选择过程，那么，产生的集体行动结果是"追随者"集体"磨洋工"，造成经济动员集体行动经济效率的极大损失。由此，对照组的博弈模拟结果说明，缺乏选择性激励的经济动员能力生成是低效率的。

（2）实验组："赏罚分明"的选择性激励博弈。同时实施正负激励意味着，当典型"追随者"i 努力作为时虽然会付出数量为 ϕ 的额外成本，但会得到数量为 w_H 的奖励；当典型"追随者"i 偷懒时虽然不会付出任何额外成本，但会受到数量为 $-w_L$ 的处罚。那么，可以建立与控制组对应的博弈收益矩阵，分别如表 5-13、表 5-14 所示。

表5-13　应战应急成功下的选择性激励博弈收益矩阵

i 参与情况	i 之外的参与人数				
	k-1	k	k+1	···	n-1
i 偷懒时 （e=0）	$b_i+r_i-c_i-w_L$	$b_i+r_i-c_i-w_L$	$b_i+r_i-c_i-w_L$	$b_i+r_i-c_i-w_L$	$b_i+r_i-c_i-w_L$
i 努力时 （e=1）	$b_i+r_i-c_i-\phi+w_H^*$	$b_i+r_i-c_i-\phi+w_H$	$b_i+r_i-c_i-\phi+w_H$	$b_i+r_i-c_i-\phi+w_H$	$b_i+r_i-c_i-\phi+w_H$

表5-14　应战应急失败下的选择性激励博弈收益矩阵

i 参与情况	i 之外的参与人数				
	k-1	k	k+1	···	n-1
i 偷懒时 （e=0）	$r_i-c_i-e_i-w_L$	$r_i-c_i-e_i-w_L$	$r_i-c_i-e_i-w_L$	$r_i-c_i-e_i-w_L$	$r_i-c_i-e_i-w_L$
i 努力时 （e=1）	$r_i-c_i-e_i-\phi+w_H^*$	$r_i-c_i-e_i-\phi+w_H$	$r_i-c_i-e_i-\phi+w_H$	$r_i-c_i-e_i-\phi+w_H$	$r_i-c_i-e_i-\phi+w_H$

　　显然，在选择性激励博弈收益矩阵中，为了使典型"追随者"i始终选择努力作为，只需满足$w_H+w_L>\phi$，这意味着作为"领导者"的政府拥有较大的赏罚措施调整空间。事实上，考虑到"追随者"的"损失厌恶"特征，通过加强处罚会节约更多的奖励成本。总之，表5-13、表5-14的博弈模拟过程表明，实施适当的"赏罚分明"的选择性激励，能够避免"追随者"的集体"磨洋工"，即使经济有效的经济动员能力生成。

2. 公平相容下的相对激励博弈模型

　　在漫长的历史长河中，公平所发挥的作用并不逊于效率。目前，社会主义市场经济快速发展带来了两个深刻变化：一是就国民个体而言，在物质生活丰富的情况下更加关心公平问题；二是国民异质性特征的强化，使人与人之间的比较成为激励机制设计绕不过去的社会关系现实。那么，在选择性激励的制度安排时，除了考虑绝对激励的效能，还必须兼顾基于公平要素的相对激励的效果。

为了将公平相容约束纳入博弈过程，这里建立经济动员集体行动的"领导者—努力的追随者—二次搭便车者"博弈模型。其中，"领导者"指合法性政府；由于是在强制制度基础上的选择性激励模型，因此"努力的追随者"指参与动员后努力作为的"追随者"；"二次搭便车者"是指参与动员后偷懒的"追随者"，有别于"一次搭便车者"，即没有参与动员活动的潜在"追随者"。由于经济动员是合法性政府自觉发起和组织的集体行动，即对于"领导者"来说是刚性约束，这是与一般集体行动博弈过程的不同之处，因此其公平相容性就主要体现为"努力的追随者"和"二次搭便车者"之间的激励比较。这里以"努力的追随者"的代表 i 和"二次搭便车者"的代表 j 为分析对象，为了便于突出分析选择性激励，令二者在被强制阶段的"成本—收益"情况完全一样；因为二者偏好和禀赋的异质性，所以选择性激励阶段的"成本—收益"有所差别，令"努力的追随者"i 努力作为时付出的额外成本为 ϕ_i，获得的奖励为 w_{Hi}，"二次搭便车者"j 受到的处罚为 $-w_{Lj}$。以表 5-13、表 5-14 所示的绝对激励情形为基础，构建如表 5-15、表 5-16 所示的相对激励博弈收益矩阵。

表 5-15　应战应急成功下的选择性激励公平约束博弈收益矩阵

i、j 参与情况	i、j 之外的参与人数				
	k-2	k-1	k	...	n-2
i 努力时 ($e_i = 1$)	$b+r-c-\phi_i+w_{Hi}{}^*$	$b+r-c-\phi_i+w_{Hi}$	$b+r-c-\phi_i+w_{Hi}$	$b+r-c-\phi_i+w_{Hi}$	$b+r-c-\phi_i+w_{Hi}$
j 偷懒时 ($e_j = 0$)	$b+r-c-w_{Lj}$	$b+r-c-w_{Lj}$	$b+r-c-w_{Lj}$	$b+r-c-w_{Lj}$	$b+r-c-w_{Lj}$

表5-16 应战应急失败下的选择性激励公平约束博弈收益矩阵

i、j 参与情况	i、j 之外的参与人数				
	k-2	k-1	k	…	n-2
i 努力时 ($e_i = 1$)	$r-c-e-\phi_i+w_{Hi}^*$	$r-c-e-\phi_i+w_{Hi}$	$r-c-e-\phi_i+w_{Hi}$	$r-c-e-\phi_i+w_{Hi}$	$r-c-e-\phi_i+w_{Hi}$
j 偷懒时 ($e_j = 0$)	$r-c-e-w_{Lj}$	$r-c-e-w_{Lj}$	$r-c-e-w_{Lj}$	$r-c-e-w_{Lj}$	$r-c-e-w_{Lj}$

显然，在"领导者—努力的追随者—二次搭便车者"博弈模型中，由于"努力的追随者"i比"二次搭便车者"j的努力程度大，即 $e_i = 1 > e_j = 0$，那么，出于公平考虑，"努力的追随者"i的净收益也需要比"二次搭便车者"j的净收益多，只有这样才能对努力作为者产生足够的激励，避免陷入"二次搭便车"的困境。根据表5-15、表5-16中的数值关系，对于"追随者"代表i、j来说，公平相容需要满足式（5-5）。当然，对于其他异质性"追随者"来说，具体的赏罚标准应根据其自身偏好和禀赋而定。

$$\begin{cases} b+r-c-\phi_i+w_{Hi}>b+r-c-w_{Lj} \\ r-c-e-\phi_i+w_{Hi}>r-c-e-w_{Lj} \end{cases} \Rightarrow w_{Hi}+w_{Lj}>\phi_i \tag{5-5}$$

第三节 中观制度能力：行业动员

国民经济动员的直接对象是经济社会中各行各业背后的行为主体，其数量之庞大远远超过一般的集体行动规模，严格制约着经济动员集体行动能力的生成。在逻辑上，为了将规模庞大、结构复杂的"潜在"集团动员起来，除了从宏观角度采取强制性制度安排，并从微观角度优化异质性个体的选择性激励，还需要从中观层面加强组织结构优化设计。

一、基于小集团理论的行业动员逻辑

集体行动的经典理论认为，"潜在"集团规模巨大是造成集体行动困境的关键因素，由此，将大集团分解成小集团，建立"联邦式"结构是破除困境的可行办法，被称为集体行动的小集团理论。将大集团小集团化，既能提高参与者的个体激励预期值，也能有效降低将"潜在"集团动员起来的组织性交易成本。那么，就经济动员集体行动来说，将整个国民经济体系分解为不同的行业，也符合小集团理论的基本逻辑。

1. 小集团具有大的激励额度

奥尔森批判传统集体行动理论的一个重要依据就是，在大集团中，由于参与者所得收益微不足道，因而没有足够的动力参与该集体行动；相反，在小集团中，随着每个个体所得份额的增加，参与集体行动的动机便得到强化。

（1）奥尔森的经典模型。奥尔森基于理性经济人假设指出，任何"潜在"集团能够干成什么取决于该集团成员偏好干什么，而成员个人选择干什么又取决于其所采取行动的相对好处，即"成本—收益"情况。在通常情况下，集团提供的公共产品是其成员数量的非线性递增函数。一方面，随着人数的增加，集团规模的边际成本将越来越大；另一方面，个体所分得的公共收益不会随着人数的增加而增加，即集团规模的边际收益是递减的或不变的。因此，随着集团规模的增大，个体供给集体公共产品的相对好处将会减少，而"搭便车"的可能性增加，使集体行动实现的难度增大。奥尔森进一步比较分析了大集团和小集团在没有强制机制和选择性激励时的集体行动结果，得出的结论是，大集团基本不能实现集体行动，小集团可以实现集体行动。但是，随着集团规模的增大，小集团集体行动的效率水平将会越来越偏离帕累托最优水平。

（2）经济动员对象规模与激励额度。经典的小集团理论对于经济动员集体行动同样具有适用性，但后者在纯公共产品属性和门槛值等约束下，动员对象规模与困境之间的作用机理会有特殊表现。例如，在表5-4所示的博弈模型中，由于共容利益的作用，虽然没有强制和选择性激励等制度安排的约束和激励作用，但仍然在门槛值k处刚好实现集体行动。具体表现为：当个体i之外的参与人数刚好为k-1时，个体i参与动员的收益$b_i - c_i$大于不参与动员的收益$-e_i$，因而会选择参与；但是当个体i之外的参与人数超过k之后，因$b_i > b_i - c_i$，个体i又转向选择不参与。这就说明，对于经济动员这项特殊的集体行动来说，实现规模为k的小集团集体行动是比较容易的，但要实现规模大于k的大集团集体行动则很困难，除非付出额外成本通过适当的制度安排实施激励和约束。显然，当典型代表i在小集团（规模为k）与大集团（规模大于k）之间选择时，由于参与行动的收益均为$b_i - c_i$，因此这里以机会成本来衡量其激励额度。由博弈结果可知，小集团的激励额度为e_i，大集团的激励额度为$-b_i$，且满足$e_i \gg -b_i$。同样，就整个国民经济体系来说，其本身是一个无比巨大的"潜在"集团，动员对象的规模远大于门槛值k，但当以各行业为动员对象时，其规模就小得多，且与门槛值k接近的概率增大，其背后行为主体激励额度的期望值也就大大增加。

2. 小集团具备强的社会激励

根据广义理性经济人假设，参与集体行动的行为个体不但受可计算物质因素的激励，也深受以社会关系为基础的友谊、尊敬、声望等非物质因素的激励。然而，物质因素和非物质因素不仅表现形式各异，而且二者的作用范围、对发挥作用的外部条件要求差别巨大。例如，物质激励主要表现为市场环境下的一种标准化、通用化手段，既能在熟人社会中发挥作用，也能在陌生人社会中发挥不可取代的激励作用，且其作用边界一直在拓展；相对而言，非物质激励的作用范围要小得多，对条件的要求也高得多。对此，经典集体行动理论指出，社会激励与理性行为之间存在互动逻辑，但社会压力等社会激励手段往往只有在规模较小的熟人集团中才能够发挥较好的作用；相反，在大集团或者陌生人环境中，社会激励手段的作用就非常有限了。总的来说，非物质激励更适合小集团，在机理上主要表现在以下三个方面：一是在大规模的"潜在"集团中，每个成员对整个集体来说都显得微不足道，其行为产生的影响力也非常小，因此，集团内部的相互实施方式就不会有太大的实际意义，如某个成员对另一个表现出自私、反集团行为的成员施加压力或进行责怪等都将难以实现。即便有相互实施的压力作用，被实施者的行为改变对于集体来说也并不具有决定性作用。二是"潜在"集团的规模越大，成员之间的熟悉程度往往越低，甚至会存在大量的陌生人关系。熟悉是信任的社会基础，而信任则是促成沟通、监督、执行等活动的精神基础。因此，通过将"潜在"集团规模变小，便能强化成员之间的相互信任，进而降低集团内部相互实施的难度。三是随着集体行动规模的扩大，成员之间的友谊和情感将趋于弱化，道德、荣誉、声望等社会资本因素对个体约束和激励的能力也将被削弱。正如奥斯特罗姆（Ostrom，1990）在公共选择理论中所指出的，许多公共池塘资源问题本质上就是提供小范围集体物品的集体行动，但似乎公共池塘资源问题往往能够摆脱困境，其中一个重要原因就是共享规范等社会资本因素有效发挥了作用。由此可见，为了有效发挥社会激励因素在破除集体行动困境中的积极作用，非常有必要将大集团小集团化。

同样，对于作为经济动员对象的国民经济各行各业的行为主体来说，其在参与经济动员集体行动的全过程中，除了会受到正式的国家法定制度及市场规则的约束，还会受到各种非正式制度和社会资本因素的制约。因为逻辑和实践均表明，无论法制如何健全、第三方实施方式如何有效，在真实的社会经济生产生活中，自我实施和相互实施方式永远是不可或缺的。

3. 小集团对应少的交易成本

在理论上，通过强制措施或者选择性激励安排破除大集团的集体行动困境都行得通，但在实践中将会面临更多的现实问题，而经济效率问题尤为凸显。因为无论是强制措施还是选择性激励，本身都需要付出一定的成本，并且都属于交易成本的范畴。奥尔森（1965）曾悲观地指出，尽管选择性激励手段在理论上可以解决大集团的集体行动困境问题，但并不意味着就可以对组织大规模的集体行动抱有很高的期望，因为绝对不能忽略的是，在现实的社会中，实现激励性措施还需要面对大量的"摩擦"和阻力，而且大集团的阻力要远大于小集团。例如，"潜在"集团规模越大、成员越多，要严格做到"赏罚分明"也就越难。在此基础上，Sandler（1992）进一步指出，最佳组织规模是交易成本和交易收益共同作用的结果。其中，交易成本包括决策成本、相互依赖成本与执行成本；交易收益包括效率收益、信息沟通收益与规模经济收益。此外，李娟娟（2015）在研究供给国际公共产品的集体行动时，建立了反映成员数量与供给效果之间相关关系的交易成本数量分析模型。结果表明，与无"摩擦"、零交易成本的帕累托状态相比，客观存在的交易成本使公共产品的真实供给水平要低于帕累托最优水平，并且真实供给量与最优供给量的相对比值取决于真实世界中交易成本函数的具体形式。例如，当交易成本是集团规模的非线性递增函数时，公共产品的真实供给水平将随着集团规模的增大而迅速下降。事实上，组织集体行动的交易成本主要包括信息搜集成本、决策成本和执行成本三部分，且三者一般都是集体成员数量的非线性递增函数，而具体的函数形式则与生产加总技术等多种因素有关。

同样，对于经济动员集体行动来说，一方面，对整个国民经济背后的全体经济活动行为主体实施强制措施时，无论是制订全局性的动员计划、进行全民资源征用，还是实施全面经济管制，都将付出极大的交易成本；另一方面，经济动员能力在内容上涉及经济信息获取、传递和判断能力，经济动员计划能力和组织能力，经济动员控制和协调能力，经济动员决策应变能力等，而在这些子能力生成的过程中同样涉及巨大的交易成本。显然，巨大的交易成本将会从整体上制约实现经济动员集体行动。换个角度来说，行业动员是衔接"点动员"与"面动员"的重要纽带。如果将国民经济体系依据行业特性及行业之间的相互联系划分为不同的行业动员子系统，那么当在某个特定行业内部组织经济动员集体行动时，交易成本将大大降低，将行业动员起来也就容易得多。于是，当所有的行业动员集体行动都实现时，只要从宏观上进行适当的协调，则整个国民经济动员集体行动也就实现了。就我国经济社会发展现状和经济动员建设现实而言，在行业层面已经形成较好的基础，并在实践中积累了一定的经验，为从中观层面优化组织结构以破除经济动员集体行动困境提供了现实基础和依据。当然，基于行业组织层面推动经济动员能力提升也会面临一定的交易成本，为此，在实施过程中也需要制定和完善相应的制度保障措施。

二、依托行业协会的行业动员能力

国民经济系统作为一个统一整体，按照不同的标准可以划分为不同的组成部分，常见的有行业划分法、区域划分法和产业划分法等。其中，行业指按生产同类产品或具有相同工艺过程或提供同类劳动服务划分的经济活动类别，如饮食行业、机械行业、金融行业、服装行业、移动互联网行业等。在我国，主要采用国家标准《国民经济行业分类》中的基准活动分类。显然，在行业层面实施动员构成了整个国民经济动员的中观基础，是连接宏观经济动员与微观经济动员的桥梁与纽带。事实上，实施行业动员除了在逻辑上符合小集团理论的基本规律，有利于破除宏观困境，还具有以下两个明显优势。

一是相较于直接动员微观市场主体，从中观层面动员行业能够极大地提高动员能力生成的稳定性。在市场经济条件下，企业能够自由进入和退出市场，企业的出现、成长和消亡等并不固定，直接建立在微观市场主体基础上的经济动员能力也就没法保证稳定。相对而言，行业是同类众多微观市场主体的集合，其总体经济潜力在微观市场主体的动态发展中仍能保持相对稳定。例如，当有新的企业出现，或是原有企业壮大，或是少数企业退出时，只要该行业还存在，整个行业动员潜力所受的影响就不大，而行业的存在是与经济社会发展阶段相适应的，一般不会发生突变，这样就能保证行业动员能力生成的稳定性。

二是行业动员具有很好的集体行动平台，即行业协会。近年来，伴随着我国制度变迁和体制转轨，以及由此引发的社会组织架构重塑，客观上要求出现一个可以承担政府部分职能，能够与动员活动的责权利相结合，既非行政机构又非企业的可连接动员机构与被动员主体的桥梁性组织。在行业动员领域，行业协会正是该类型社会组织，是市场经济条件下以行业内具有经济关联性的多数企业为主体，在自愿基础上结合成的以增进和保护会员利益为目的的社会性组织，一般具有市场性、互益性、非政府性、会员性、行业性、非营利性等特征。另外，行业协会的运行是一种典型的集体行动，按照服务对象的范围分类，属于集团福利型集体行动，其集体行动能力的实现具有深刻的内在逻辑。

首先，行业协会是其成员为增进共同利益而自愿构建的协作性组织，因而可以看成代表行业成员的利益集团，那么，各行业的行业协会便是不同的利益集团。由此，从集团理论的角度来看，行业协会本质上符合自愿型"潜在"集团集体行动的基本特征。其次，先天的俱乐部特性使行业协会的运行是集团福利型集体行动。公共选择理论大师布坎南（Buchanan，1965）在其现代俱乐部理论中指出，经济社会中常见且组织模式有效的俱乐部具有典型的会员属性，能为其会员带来归属感和成就感等公共利益。该公共利益具有非竞争性和排他性，是一种介于纯私人产品与纯公共产品之间的联合型产品，既能将非成员排除在消费许可之外，又因非竞争性保值成员的效用，对俱乐部集体行动产生较好的激励。相比之下，行业协会也是俱乐部的一种。一方面，行业协会本身具有门槛性，通常情况下，只有付费加入协会的会员，才能享受到该组织所提供的行业信息、技术培训、合作渠道、向政府游说争取利益等排他性集团利益。当然，该集团利益的排他性并不是绝对的，在某些情况下也会存在溢出效应。例如，因行业协会会员集体努力实现的声誉和技术水平提升，也会使行业中的非会员主体获利。另一方面，行业协会提供的服务具有非竞争性，当行业协会的规模控制在合理区间时，某个会员对集团公共利益的享有不会减少其他会员的享有量。例如，行业协会的技术培训对于所有会员来说基本上是等值的。最后，行业协会也是降低组织运行交易成本的有效载体。

由此可见，在实施行业动员的过程中，只要对行业协会进行适当的引导和激励约束，便能发挥其衔接动员"领导者"与"追随者"的桥梁和纽带作用，支撑行业动员能力的生成。

三、行业动员能力生成的现实经验

随着我国国民经济动员实践的不断发展，行业动员积累了宝贵的经验。经典的"宁波模式"蕴含了行业动员集体行动的特性，为推动行业动员能力生成提供了很好的路径参考。

1. 动员中心：行业动员能力的载体

动员中心是我国国民经济动员领域的独创，指为了解决非常时期武器装备、技术、物资和劳动力资源的供需矛盾，依托与动员产业相关的行业部门，建立的具有平战转换能力的动员实施平台与载体。动员中心是一种将国民经济动员功能搭载于民用企事业单位现有生产能力的经济动员能力生成模式，也是一种节约投入成本、提高动员效率的有效途径。一般而言，根据其承担任务的不同可分为生产型动员中心、技术支持型动员中心和保障型动员中心；根据其在国民经济动员中的职能不同，又可分为生产型动员中心、维修型动员中心和物流型动员中心。各类动员中心遍布在与动员潜力高度相关的行业领域，例如，自 1998 年以来，我国已经在机械、兵器、航空、航天、船舶、化工、冶金、食品、电子等行业，逐步建立了百余个国民经济动员中心。同时，各省、自治区、直辖市和各大战区结合本地区的实际情况，有针对性地建设了一批国民经济动员中心。以湖南省为例，截至 2014 年初，已建成工程机械、小型船艇、血液制品、特种防护装备 4 个国家级经济动员中心，并筹建了涵盖食品、药品、电子、有色金属四类共12 个省级经济动员中心。另外，我国同步出台相关政策措施，建立了有效的工作机制，其中，以 2013 年国家经济动员办公室颁发的《国民经济动员中心管理暂行办法》为代表，对规范经济动员中心建设、提高经济动员中心运行和管理效率发挥了重要作用。总的来说，经过近20 年的建设发展，各行业经济动员中心已成为我国满足军事斗争和非战争军事行动对经济资源需求的重要途径，发挥了较好的经济功能、军事功能、转换功能和辐射功能，积累了"建、管、训、用"的有益实践经验，并作为"小核心"为行业动员能力生成提供了强有力的组织平台和现实载体，为动员相应行业整体起到了很好的示范和引领作用。

在一定意义上，行业协会与行业动员中心之间是一种"授权—合作"的关系。就现实而言，为了使行业动员中心能够健康发展，需要进行大量的理论创新和实践探索，如行业协会管理体制改革，研究依托行业协会的行业动员中心建设、制度安排和组织模式设计，从而发挥行业的规模经济优势，提高动员效率，实现有效的行业动员集体行动。

2. 行业动员实例："宁波模式"

自革命战争年代以来，为满足各类安全要求对经济资源的需求，我国进行了大量的经济动员实践活动，并且产生了符合各个阶段时代背景的经济动员能力生成样板。例如，随着社会主义市场经济的快速发展，行业动员逐渐成为我国国民经济动员领域的一支重要力量，并对其进行了有益的实践探索和演练检验。其中，"宁波模式"开全国行业动员之先河，彰显了行业动员小集团集体行动的基本规律，成了行业动员领域可复制、可推广、可借鉴的示范性样板。

（1）"宁波模式"发端于坚实的国民经济基础。一方面，宁波作为浙江省的经济中心，在全国副省级城市中综合经济实力排名非常靠前，其下辖区县也均名列全国百强县，汇聚了优势的人力、物力、财力和科技资源，奠定了雄厚的经济动员潜力基础。另一方面，宁波是世界第四大港口城市，既拥有高度发达的海陆运输条件和基础设施，也在民船改造等与经济动员高度相关的行业领域具有突出优势。对此，宁波市国民经济动员办公室充分发挥当地比较优势，基于被服、能源、食品、民船改造、电子通信等 12 个优势动员行业，统一规划国民经济动员准备工作，为"宁波模式"的国民经济动员建设打下了坚实的基础。

（2）"宁波模式"脱颖于依托行业的经济动员中心建设。宁波作为首批开放的 14 个沿海城市之一，经历了经济腾飞的过程。其间，当地行业协会也得到迅猛发展。为了鼓励和扶持行业协会发展，宁波市政府颁发了《宁波市促进行业协会发展规定》等一系列政策文件，使国民经济动员由面对单个企业的个体动员转向面对企业集群的行业动员成为可能。针对发展现状，宁波市国民经济动员办公室及时认识到该特点和规律，在工作思路上进行了战略性调整。一是进行了基于行业组建行业动员中心的有益尝试；二是突破小行业范围，通过整合相关行业，拓展了动员中心建设边界。

（3）"宁波模式"的主要经验。从行业动员的角度来看，"宁波模式"是非常有效的小集团集体行动实践，产生该结果的因素是多方面的，除了宏观层面的政府强制和微观层面的市场激励，很重要的一点就是发挥了行业动员中心和行业协会的积极作用，这是中观制度能力的集中体现。同时，作为"领导者"的经济动员办公室很巧妙地以行业管理主管部门或龙头（核心）企业为落实物资筹措任务的依托单位，依靠它们在同行业中的相对管理权威和牵头组织作用，带动其他"搭便车者"向"追随者"转变，从而最终实现将整个行业都动员起来。

▌▌▌第四节　本章小节

根据马克思主义基本原理，虽然制度安排没有新制度经济学派所认为的那样占据绝对统治性地位，但其在实践中的重要性不可否认。本章依托制度安排保障经济动员能力生成，其逻辑来自与共容利益的相互联系，以及集体行动的内在逻辑。首先，共容利益是促成国民参与经济动员、生成经济动员能力的基础条件，但如何将这种可能性变为现实，还必须依靠相应的制度安排。其次，在经济动员这种特殊的集体行动中，由于大范围内的个体异质性，完全实现个体利益与集体利益相一致的共容利益不太现实，而追求公共利益又是优先的，这时就需要特定的制度安排来破除利益冲突条件下集体行动的困境。再次，由共容利益驱动的一拥而上的集体行动只实现了集体行动，并没有经济效率的含义，因此，要激励参与者在集体行动中采取最优的行为，也需要相应的制度安排。最后，共容利益下的集体行动没有考虑时间变量，即经济动员集体行动的时间效率问题。事实上，提高国民经济动员潜力，加快平战转换的速度，也取决于制度因素。在一般的集体行动中，摆脱困境的制度安排形式非常多，如选择性激励、强制实施、替代性制度、组织结构优化等。考虑到经济动员活动本身的特有属性，本章从强制实施、选择性激励和行业组织动员三个方面探索走出困境的制度安排。为了重点分析制度安排的激励和约束作用，假设经济动员集体行动都是在权威政府的组织下进行的，即"领导者—追随者"模型中的"领导者"已是先验性的合法政府，因而分析对象主要是潜在"追随者"的行为选择。

第六章

历史解释：中国共产党领导的
经济动员能力生成实践

真正的理论在世界上只有一种，就是从客观实际抽象出来又在客观实际中得到了证明的理论。①

——《毛泽东选集(第三卷)》

本书从第二章到第五章，构建了集体行动视角下经济动员能力生成的理论体系，其核心是"领导者—追随者"理论分析框架。为了检验该理论框架的合理性，本章以中国共产党领导的经济动员能力生成实践为分析对象进行历史解释。由于在该历史中，中国共产党经历了从自愿型"领导者"到权威型"领导者"身份和地位的转变，而作为其组织对象的"追随者"则经历了同质性和异质性之间的多次转换，因此，该历史分析对象非常具有代表性，是全面分析"领导者"和"追随者"在经济动员能力生成过程中的作用的最好素材。同时，分析该历史经验，对优化发展我国未来经济动员能力具有直接指导性。

---

① 毛泽东.毛泽东选集（第三卷）[M].北京:人民出版社,2009.

⫿⫿ 第一节　经济动员能力生成实践的历史事实

　　自 1927 年 8 月 1 日建军起，中国共产党领导的武装革命正式与经济动员结下不解之缘。90 多年以来，中国共产党领导的经济动员经历了不同的发展阶段。对此，学术界有不同的划分方法。例如，陈德第（2003）将中华人民共和国成立后的经济动员工作划分为五个阶段，即战争时期的经济动员（1950—1953 年）、和平时期的经济动员（1954—1960 年）、战备时期的经济动员（1961—1978 年）、调整时期的经济动员或称和平时期的复员（1979—1993 年）、自国家国防动员委员会成立以来新时期的国民经济动员（1994 年至今）。朱庆林、李海军和谢翠华（2005）则基于国民经济动员建设所处的时代背景，将中华人民共和国成立后的经济动员工作划分为三个阶段，即 20 世纪 50 年代的经济动员、20 世纪 60—70 年代的经济动员、20 世纪 80 年代以来的经济动员。姜鲁鸣和王文华（2012）从中国近现代国防经济史的角度，将中国共产党领导的整个经济动员工作划分为四个阶段，即抗日根据地时期的经济动员、中华人民共和国成立初期的经济动员、20 世纪 60—70 年代的经济动员准备、改革开放后的经济动员准备。还有学者进行了更加细致的划分，如《中华人民共和国国民经济动员史》编写组（2014）将 1949—1978 年的动员工作划分为四个阶段：中华人民共和国成立之初的战争动员时期，动员现代化奠基时期，贯彻"积极防御，北顶南放"军事战略方针时期，立足"早打、大打"的大规模战备动员时期。

　　应该说，这些划分方式分别从不同视角阐述了对中国共产党领导的经济动员实践的独到理解，具有较好的学术参考价值。本书基于"领导者—追随者"理论框架，为了更好地分析经济动员主客体特性的变化，理解当时的制度和社会背景等因素对经济动员能力生成的影响，将中国共产党领导的经济动员划分为三个阶段：1927—1949 年的根据地时期，1949—1978 年的中华人民共和国成立后"前三十年"，1978 年至今的改革开放后的新时期。这样划分的依据来自"领导者"与"追随者"特征的变化，具体而言，从 1949 年开始，中国共产党这个"领导者"由自愿型"领导者"转变为权威型"领导者"，潜在"追随者"由高度异质转变为相对同质；从 1978 年开始，中国共产党这个权威型"领导者"不仅面临更加复杂的经济社会发展环境，其动员手段也由纯计划方式变得多样化，潜在"追随者"则由相对同质又逐步变为多元异质，而这些变化都会对经济动员能力的生成产生重要影响。

一、1927—1949 年的根据地时期：经济动员能力生成的 1.0 版本

1927—1936 年，中国共产党领导的武装革命还不稳定，其经济动员活动也不成规模，这里就不做具体分析。1936 年底，红军主力长征会师后建立了相对稳定的根据地和边区政府，加之"七七事变"后，中国进入全面抗日战争阶段，中国共产党领导的经济动员也随之进行调整，因此，该阶段重点分析 1937 年以后的根据地经济动员实践。同时，以 1949 年为该阶段的结束时间，因为在中华人民共和国成立之前，中国共产党一直是作为革命党存在的，在经济动员中担任自愿型"领导者"，其政策制度实施的效力也只局限在根据地内。另外，1946—1949 年为解放战争时期，解放区也可以理解成根据地的一种同质延伸。

1. "领导者—追随者"框架下的主客体特性

国民经济动员实践归根结底是人的实践，回顾其历史首先应从当时的人的特性开始，根据"领导者—追随者"理论分析框架与"有条

件合作者"基本假设，就是要从"领导者"和"追随者"的特征着手。从 1927 年 8 月 1 日建立武装到 1949 年中华人民共和国成立，中国共产党一直依托根据地领导相对独立的经济动员工作，为土地革命战争、抗日战争和解放战争提供了经济保障。一方面，就全国而言，中国共产党及其边区政府并非正式的权威型"领导者"；另一方面，由于中国还处于半殖民地半封建的社会状态，作为潜在"追随者"的广大民众，其社会状态和地位也没有发生根本性变化。

（1）有限权力的自愿型"领导者"。无论是在土地革命战争时期、抗日战争时期还是解放战争时期，与当时的国民党政府相比，中国共产党及其边区政府都没有建立严格科层式的中央统一的全国政权，名义上还处于国民政府的管辖下。因此，在局部范围内，中国共产党虽然担任根据地经济动员工作的"领导者"，但其行政权力非常有限，尤其在强制实施方面受到较大约束，因而主要靠号召力和与民众的共容利益来发动和组织潜在"追随者"。

（2）高度异质化的潜在"追随者"。根据信息经济学和机制设计的基本理论，潜在"追随者"的异质性程度决定了集体行动激励措施的具体安排。中华人民共和国成立前的社会高度分化为不同阶级，不同社会阶级和群体在社会地位、经济地位、政治地位上差异巨大，从而表现出异质性的偏好和"成本—收益"结构。对此，毛泽东同志在 1925 年写的《中国社会各阶级的分析》中进行了深刻论述。在该报告中，毛泽东同志运用马克思历史唯物主义方法将全体国民划分为五个阶级：一是地主阶级和买办阶级，二是中产阶级，三是小资产阶级，四是半无产阶级，五是无产阶级。显然，该阶段中国国民经济动员的直接对象为高度异质化的社会各阶级，且各阶级内部也是具有异质性的各类社会群体。各阶级的经济地位既决定了他们的革命态度，也决定了他们在经济动员集体行动中的参与意愿和行为倾向，从而影响经济动员能力的生成。例如，在根据地的经济动员中，小资产阶级、半无产阶级和无产阶级构成了集体行动的主要"追随者"。

2. 根据地时期的经济动员能力

在 1927—1949 年的根据地时期，中国共产党领导了大量的经济动员实践。为了有针对性地呈现其经济动员能力，这里主要分析抗日战争时期和解放战争时期"三大战役"中的经济动员实践。由于经典定义中的经济动员能力及其子能力均难以量化衡量，因此，这里以集体行动能力来衡量经济动员能力的水平，即最终参与到经济动员集体行动的数量规模。

（1）抗日根据地的经济动员能力。抗战的 14 年里，根据地的经济动员工作始终面临严峻的困难与挑战。首先，根据地的经济条件和经济动员基础本身就很差。例如，大多数根据地是处于数省交界的穷乡僻壤，地瘠民贫。其次，国民党政府始终没有放松对根据地的经济封锁，进一步加大了根据地的经济与财政困难。最后，日军实施"以战养战"政策，不断对根据地进行扫荡、蚕食或清乡，实行野蛮的"三光政策"和"囚笼政策"，极力破坏根据地的经济建设条件和基础。为了满足抗战对经济资源的需求，在经济动员潜力薄弱的形势下，生成和提升经济动员能力就变得非常必要。对此，中国共产党这个自愿型"领导者"依托现有条件，采取了有针对性的经济动员能力生成措施。

一是始终将经济动员能力生成的根深扎于民众之中。中国共产党在经济动员上的立场与国民党政府完全不同，也与历史上的任何统治阶级不一样，而是采取了相信人民群众、依靠人民群众、放手发动人民群众的方式，最大限度地调动了广大人民群众的抗日积极性和经济动员参与热情。二是不断加强根据地经济动员组织领导机构建设。为了更好地发挥自愿型"领导者"的组织职能，各抗日根据地相继成立了"战地动员委员会""武装会"等动员性组织，并在边区政府、分区专员公署、县政府分别组织成立"动员委员会"，负责人力、物力、财力等各方面的动员工作，从而将处于分散状态的经济社会资源充分利用和组织起来。三是持续完善经济动员相关管理制度。为强化经济动员能力生成的制度化和正规化，各根据地相继制定出台了一系列具有较强针对性的经济动员法规。例如，陕甘宁边区根据地 1938 年颁发了《陕甘宁边区党委、陕甘宁边区政府关于征收救国公粮的决定》，以规范粮食动员；1941 年颁发了《陕甘宁边区战时各级动员委员会组织规程》、规范民力及畜力动员的《陕甘宁边区战时动员壮丁牲口条例施行细则》、规范物资动员的《陕甘宁边区战时动员物资办法》；1948 年颁发了《关于动员随军常备担架问题》，以规范担架运输动员。四是因地制宜地建立和落实经济动员实施机制。例如，在根据地范围内实施严格的粮食管制。为有效保证部队、政府和人民群众的粮食供应，边区政府规定，边区所有粮食不论是原料还是制成品，严禁私运出境。又如，实施战时物资统制。为缓解物资供应紧张的状况，陕甘宁边区政府把进口货物分为允许、特许、禁止三种类型。其中，允许进口货物包括轻工业原料、印刷器材、食品等 6 大类 71 个品种；特许进口货物包括五金器材、军工器材等 7 大类 50 多个品种；禁止进口货物主要是奢侈品或边区可生产产品，包括 10 大类 60 多个品种。①

在抗日根据地"领导者"的有效组织和"追随者"的积极参与下，该阶段中国共产党领导的经济动员能力生成实践取得了显著成效。例如，在农业和交通运输动员集体行动中，广大民众实现了极高的参与度。其中，仅陕甘宁边区每年就动员了 5 万石（每石 300 斤）粮食、十几万双布鞋支援军队；边区政府筹措了军队所用黑豆的 80%、小米的 20%；1939—1940 年，冀中人民政府动员 62 万人次、马车 4940 多辆，为八路军运送粮食 1900 万斤。根据地广大民众积极参与边区道路修建，仅 1941 年就完成了定庆、庆临等地 1000 公里大车路的交通建设。1942—1944 年，又建设了以延安为中心的交通运输网络，公路里程由 1937 年的 221 公里发展到 1943 年的 1680 公里。在运力条件极其

---

① 姜鲁鸣，王文华. 中国近现代国防经济史（1840—2009）[M]. 北京:中国财政经济出版社，2012：312-314.

有限的情况下，由于民众的大力支持，仅1944年上半年就完成了54272头牲口的运力动员。此外，还在扩大贸易、加强税收、增加财政收入和争取国际援助方面取得了较好的经济动员效果。①

（2）"三大战役"中的经济动员能力。与全面抗战阶段相比，解放战争对经济动员能力生成的要求出现了新的变化，首先，更快的战争节奏要求更快的动员转化速度；其次，更大规模的战争经济需求要求根据地和解放区更高水平的集体行动民众参与度。考虑到解放战争时期经济动员实践非常多，这里重点以"三大战役"中的经济动员能力情况为分析对象。

一是在辽沈战役中，作为自愿型"领导者"执行员的东北行政委员会，通过有效动员获得了民众的大量经济资源支持。例如，筹集到军粮7000万斤；动员支前民工160多万人，其中包括9.6万随军支前民工；动员1.38万副担架、3.67万辆大车及19.56万节火车车皮；战争全程动员当地民工21.4万人次抢修公路4370公里，架设桥梁383座，并动员铁路职工修复机车850辆，修复铁路5700余公里。二是在淮海战役中，在中国共产党"一切为了前线，一切为了胜利"的动员号令下，根据地及解放区的广大民众积极参与经济动员集体行动，经济动员能力达到空前水平。例如，在有限的时间内共筹集到军粮5.7亿多斤；动员了数量规模史无前例的支前民工，出动战勤的民工数目高达225万人，最终民工与指战员数量比高达4:1；动员了3000辆大车、41万辆小车、6000多头牲畜、4.2万副挑子、7.4万副担架和1.4万艘船只；仅在战争准备阶段的1948年10月，华东局就组织群众赶制了5万双军鞋和全部冬装，为第一阶段战争准备了血衣被4万套、俘虏被装近10万套、裹尸布18万尺。正如陈毅元帅后来所总结的，"淮海战争的胜利，是人民群众用小车推出来的"。三是在平津战役中。首先，在战役发起之前，华北地方政府便动员筹集到粮食6亿多

---

① 姜鲁鸣，王文华．中国近现代国防经济史（1840—2009）［M］．北京：中国财政经济出版社，2012：312-314.

斤、柴草 8 亿多斤。其次，在战役过程中，仅冀中地区就向前线调运粮食 1.2 亿斤、食用油 231 万斤、食盐 112 万斤、蔬菜 1767 万斤、咸菜 20 万斤、干粉条 33 万斤、肉类 220 万斤、饲草 3168 万斤、柴火6100 万斤。另外，还动员了 154 万民工、2 万辆小车、38 万辆大车、100 多万匹马匹、1800 多艘船只和 2 万多副担架，并动员民工修理桥梁 372 座，修理道路 6898 公里。①

总的来说，在人民群众的积极参与下，中国共产党在极短的时间内便动员了大量的人力、物力和财力，为三大战役的胜利提供了充足的经济资源保障，充分体现了该阶段中国共产党强大的经济动员能力。

二、1949—1978 年的中华人民共和国成立后 "前三十年"：经济动员能力生成的 2.0 版本

1949 年中华人民共和国的成立，既标志着中国社会状态的根本性改变，也同步催生经济动员集体行动实践发生深刻变化。例如，"领导者"和"追随者"特性的改变就深刻影响着经济动员能力的生成。同时，1978 年前后国家经济体制的变化也对经济动员能力生成产生了巨大的影响。

1. "领导者—追随者"框架下的主客体特性

（1）全能型政治的权威型"领导者"。中华人民共和国成立后，中国共产党上升为执政党，并建立了统一的中央政权和科层式政府机构，在经济动员集体行动中履行权威型"领导者"职责，其组织和领导能力大大加强，主要表现在三个方面。首先，中国共产党成为全国范围内一元化的合法组织主体，其在经济动员中的强制能力得到空前强化。其次，计划经济时代的中国共产党表现出全能主义特性，例如，

---

① 张敬媛，林文. 做好后勤供应人民支援前线——纪念辽沈战役胜利 50 周年 [J]. 兰台世界，1998（12）：32-33.

虽然中华人民共和国在政治体制上建立了党政两条线，但每级政府都是在对应党委的领导下实施国民经济建设的管理职能。最后，中国共产党也是在各领域实现了全面渗透的组织主体。例如，在纵向维度，建立了从中央到基层贯穿各级的党组织；在横向维度，党的基层组织渗透到各个领域，并发挥了核心组织和领导作用。又如，在城市，在各单位内部建立了领导工人集体行动的基层党组织；在农村，普遍建立了发动广大农民群众的村内党组织。

（2）相对同质的潜在"追随者"。中华人民共和国成立后，中国共产党通过强制性制度变迁的方式，逐步消除了社会阶级差别，广大国民趋于同质。首先，彻底推翻旧政权，建立新政权，使大多数底层民众获得了平等的政治权利。其次，废除封建土地所有制，为农民获得经济利益创造了均等的基础条件。再次，强制没收官僚资本归人民的国家所有，并以此为基础建立全民所有的国营经济。最后，对资本主义工商业进行改造，消除阶级差异，并引导个体农业、手工业走合作社道路。通过这些强制措施，1956年底，基本完成了对生产资料的社会主义改造，初步建立了公有制占绝对优势的社会主义经济制度。显然，与中华人民共和国成立之前的阶级社会相比，国民之间经济地位的差异性大大降低，于是，他们对经济动员的态度更加趋于一致。

2. 局部战争中的经济动员能力

在中华人民共和国成立后"前三十年"中，经济动员能力主要体现在平时的动员准备和历次局部战争中。例如，动员准备最突出的代表是"三线建设"，局部战争主要有抗美援朝、中印边境自卫反击战、抗美援越战争、珍宝岛自卫反击战、西沙群岛自卫反击战、对越自卫反击战等。考虑到研究对象的典型性，这里仅分析抗美援朝中的经济动员能力情况。中华人民共和国成立初期，国家经济凋敝、百废待兴，正准备集中力量恢复各项建设，然而，突如其来的抗美援朝战争打乱了这一节奏。面对以美军为首的"联合国军"及其雄厚的经济实力，为了打赢战争、保家卫国，作为"领导者"的中国共产党发动全国人民实施了应急性质的国民经济动员。

一是及时构建战时经济动员的组织领导体制。整个抗美援朝战争的经济动员分为战前和后续两个阶段。首先，自1950年7月7日周恩来同志主持召开国防会议，至10月19日中国人民志愿军跨过鸭绿江入朝参战，为战前动员阶段，在此期间，以东北地区为主初步建立了地区性国民经济动员领导机构。例如，成立了组织动员军工企业开展战时生产的中央兵工委员会等，为东北边防军组建和战备训练提供了各类经济动员保障。与此同时，有效引导并组建了部分社会性动员组织、如中国人民保卫世界和平委员会、中国人民保卫世界和平反对美国侵略委员会、中国人民反对美国侵略台湾朝鲜运动委员会等。其次，在抗美援朝战争打响后，中国政府调整完善了经济动员组织领导体制。为了适应保障战争的需要，以便更有效地将人民群众的经济资源组织起来，进一步建立了由中共中央统一领导的、军地协调合作的经济动员组织体制，强化了中国共产党这个"领导者"总揽全局、协调各方的职责，为生成经济动员能力提供了强有力的组织保障。

二是强化经济动员能力生成的制度建设。为了保证战时经济动员能力生成稳定有序，以中国共产党为领导核心的中央政府根据战时具体情况，适时颁发了一系列法规条例、规章制度和行政命令。例如，为使铁路交通运输动员走上法治轨道，早在参战前的1950年7月25日，中央人民政府人民革命军事委员会便试行了《铁路军运暂行条例》。1951年1月，我国颁发了《中央人民政府人民革命军事委员会军事运输机关临时条例》（以下简称《条例》），并依据《条例》相关精神，陆续颁发了《中国人民解放军铁路运输规章》《铁路军事运输计划规则》《铁路军运调度工作暂行办法》《铁路军事运输付费办法》等规章，为实施有效的铁路军事运输动员提供了法制依据。同期，在经济动员的其他领域也颁布了相关法规制度，如《动员组织民工、担架暂行办法》《东北区战勤动员暂行办法》等。此外，为了最大限度地利用和统制全社会经济资源，中国人民政府还有效管理、征购、征用和代管了外资企业。

在"领导者"和"追随者"的有效互动与合作下，抗美援朝战争经济动员能力生成卓有成效。例如，在1951年6月1日开始的捐献飞机大炮活动中，全国一共捐献飞机3700架以上。在工业领域，各兵工厂积极响应动员号令，均按时完成军工生产任务。在人力动员方面，到战争结束为止，共动员民工13万人，其中6万人到达朝鲜，动员担架2.3万副。成千上万的铁路职工、汽车司机和民工纷纷自愿奔赴朝鲜，承担战地各种运输与勤务工作。在农业动员上也取得了很好的成绩，如1952年粮食产量已超过战前产量的16.9%，棉花产量超过战前最高产量的50%以上，其他各种农作物产量都超过历史最高水平。①总体来看，在整个经济动员过程中，全国人民基本都参与了进来，实现了大规模大范围的集体行动，有力地保障了战争需求。正如毛泽东同志于1953年9月12日所指出的："抗美援朝的胜利是靠什么得来的呢？刚才各位先生说，是由于领导的正确。领导是一个因素，没有正确的领导，事情是做不好的。但主要是因为我们的战争是人民战争，全国人民支援，中朝两国人民并肩战斗。""我们在抗美援朝中得到了经验，只要发动群众，依靠人民，我们是有办法来对付他们的。"②

三、1978 年至今的改革开放后的新时期：经济动员能力生成的 3.0 版本

1978年至今为经济动员能力生成的第三个时期，即改革开放后的新时期。1978年召开的党的十一届三中全会开启了中国改革开放的新纪元，从此，中国国民经济动员能力生成的外部经济环境不断得到动

---

① 《中华人民共和国国民经济动员史》编写组. 中华人民共和国国民经济动员史：1949—1978 [M]. 北京：军事科学出版社，2014：36-137.

② 毛泽东. 毛泽东军事文集：第六卷 [M]. 北京：军事科学出版社，1993：372-375.

态调整，并同步驱动经济动员能力生成实践表现出新的特点和规律。

1. "领导者—追随者"框架下的主客体特性

（1）面临挑战的权威型"领导者"。改革开放在给国民经济发展带来活力的同时，也给经济动员集体行动的"领导者"带来了极大的冲击。改革开放 40 多年来，社会主义市场经济体制逐步建立。为有效发挥市场主体的积极作用，中国共产党不断加强自身建设，政府治理能力趋于现代化，但市场机制所带来的严峻挑战始终存在。首先，在市场规范下，经济动员目标的政治性、公共性与潜在"追随者"利益多元性之间的矛盾日渐凸显，要求"领导者"更加注重构建集体行动的共容利益。其次，"领导者"的强制效力和计划效能受到极大约束。例如，在企业属于国家和集体的计划经济时代，"领导者"只需使用强制手段就能将企业经济活动背后的主体动员起来。然而，面对市场条件下具有高度自主性的私人企业，"领导者"的宏观调控手段只能由过去的直接调控向间接调控转变，其行政性强制手段也只有配合法律手段和经济手段才能发挥作用。又如，在垂直管理的计划体制时代，"领导者"的信息虽然不是完全的，但其依然具有很强的信息搜集和处理能力。可是，市场条件下的信息更加分散，从而增加了"领导者"组织实施集体行动的信息成本和难度。最后，在市场对资源配置起决定性作用的环境中，"领导者"组织经济动员集体行动的模式也必然会由强制性模式向诱致性模式过渡。

（2）理性异质的"追随者"。市场既是一种规则，也是一种理念，同时还是一种文化，从而会重新塑造市场中从事经济活动的人。事实深刻表明，自改革开放以来，作为潜在"追随者"的民众发生了很大变化。例如，社会上经常会出现这样的声音："现在的人比以前更现实了，现在人与人之间的差别更明显了。"那么，从经济动员集体行动客体的角度来说，就是"追随者"在市场条件下表现出更强的理性，"追随者"的利益诉求由一元化趋向多元化，"追随者"由计划经济时代的同质性个体演变为异质性个体。例如，李汉卿（2015）在研究中国共产党的农村政治动员模式时，以广东省汕尾市陆丰市乌坎村为典型，根据农民所掌握的社会资源及其社会地位差异，将其划分为五个异质性的阶层，即"官、绅、商、侨、民"；从村民的职业角度来看，又可以划分为九个不同的阶层，即农业劳动者、农民工、民企雇工、农村知识分子、个体户、民企业主、农业经营大户、乡镇企业管理者和乡村干部，并已形成不同的利益群体和多元化的思想群体。

2. 和平与发展背景下的经济动员能力

改革开放的 40 多年，既是我国经济体制市场化的阶段，也是国际环境总体处于和平与发展的时期。其间，世界范围内大规模战争实践较少，我国没有经历较大规模以上的战争，也就没有应战性的国民经济动员实践。那么，我国的经济动员能力主要体现在平时建设、动员演练和应急功能拓展中。其中，代表性的动员演练实践有"99 利民"工业生产经济动员演练、"胜利 208"军品生产动员演练等，应急功能拓展则主要实践于保障应对自然灾害。考虑到实践的典型性，这里仅分析汶川大地震中的经济动员能力。

"5·12"汶川地震发生后，国务院立即成立抗震救灾指挥部组织开展救援工作，并设立了涉及 47 个国家机关的抢险救灾组、群众生活组、地震监测组、卫生防疫组、宣传组、生产恢复组、基础设施保障和灾后重建组、水利组、社会治安组九个救灾部门。为了动员广大社会经济资源，保障抗震救灾工作，除了发挥作为"领导者"延伸的国家减灾委、国家发展改革委、民政部、交通部门、通信电力部门、地方政府、军队和武警等主体的积极作用，还有效将作为潜在"追随者"的各种社会力量组织起来。一是发挥了社会个体力量的紧急救援作用。例如，一些出租车司机、在校学生和社会青年作为志愿者主动投身到抗震救灾中。正如《亚洲周刊》所报道的，在仅仅 6 天时间内，登记的志愿者数目就达 106 万之多，成为世界史上自下而上最大规模和最快速的动员奇迹。① 二是有效发挥了非政府组织的紧急救援作用。相关调查显示，我国几乎所有类型的非政府组织都参与到了这场声势浩大的抗震救灾活动中，并为灾区募集了 100 多亿元善款。其中，既有各行业协会、公募基金会等带官方色彩的组织机构，也有各种私募基金会和注册民间组织，还有大量的民间公益组织和未经登记注册的公益组织。

在"领导者"的有力组织和"追随者"的积极参与下，全社会的各种力量都参与进来，为及时抢救灾区人民的生命、财产和进行灾后恢复重建提供了有效的经济保障，体现了社会主义市场经济条件下强大的经济动员能力。该能力从几个方面的数据便可看出，例如，截至 2008 年 6 月 13 日 12 时，动员国内外社会各界共捐赠了455.02 亿元救灾款；经动员并调运至灾区的救灾物资中，共有1400.95 万件衣物、477.20 万床被子、116.97 万顶帐篷、97.83 万吨燃油、208.99 万吨煤炭；共救治伤病员 1478856 人次，其中，住院治疗累计 95572 人，已出院 77962 人；修复水厂 6035 个，修复率达71.62%；修复供水管道 40241.4 千米，修复率达 84.47%；修通受损公路 46129 千米，修复率达 97.50%；恢复供电乡镇 89 个，恢复率达89%。此外，所动员的社会经济力量在推动灾后重建工作中也发挥了重要作用。例如，截至 2010 年 9 月底，所确定的 3860 个对口支援项目已全部开工，建成 3430 个，建成率达 88.9%；完成投资 692.9 亿元，完成率达 90%。②

---

① 李永峰.亚洲周刊：2008 风云人物：四川地震百万志愿者［EB/OL］.中国新闻网，2008-12-12.

② 新华社.截至 13 日 12 时四川汶川地震已经造成 69163 遇难［EB/OL］.中国政府网，2008-06-13；历程：大事记［N/OL］.四川日报，2011-05-12.

第二节　经济动员能力生成的经验分析

从革命战争年代到社会主义市场经济建设新时期，中国共产党领导的经济动员实践一次又一次创造了集体行动领域的奇迹，生成了强大的经济动员能力，为满足国家安全对经济资源的需求提供了有力支撑。无论是从逻辑上看还是从事实上看，其成功的取得并非偶然，而是包含了深刻的历史必然性。具体来说，其成功经验主要体现在以下三个方面。

一、经验一：拥有先天的共容利益基因

共容利益是释放经济动员能力的基本前提，或者说是因提供"身份"而避免动员对象脱离集体行动的基本条件，中国共产党这个"领导者"先天就与潜在"追随者"利益共容，这也是该"领导者"区别于其他任何"领导者"的关键所在。而且，不管在革命战争年代还是在社会主义市场经济建设新时期，中国共产党这个"领导者"与潜在"追随者"之间始终保持着高度的共容利益关系。

1. 信仰人民的精神基础

劳动人民才是历史的真正创造者。这是马克思主义唯物史观所揭示的基本规律，是中国共产党始终坚持的世界观和方法论，也是其进行共容性经济动员实践的精神与逻辑基础。

（1）"依靠人民"的唯物史观。唯物史观深刻揭示出，人民群众是历史的创造者，是推动历史发展和社会进步的根本力量。同样，在经济动员集体行动这项社会实践中，人民群众也是唯一可以依靠的力量。基于这种认识，作为"领导者"的中国共产党在实施经济动员的

全部历史中，非常注重发挥劳动人民的主体地位和创造能力，并始终将广大人民群众的利益放在首要位置，从而自觉地承担起维持经济动员集体行动共容利益的领导职责。

（2）"为了人民"的劳动价值论。劳动价值论是马克思主义政治经济学的基石，也是中国共产党及其政府执政理念的重要组成部分。马克思主义劳动价值论是在批判和继承古典政治经济学劳动价值论的基础上发展起来的全新科学体系，其核心观点包括两个方面：一是在生产方面，劳动人民是财富创造的唯一力量源泉；二是在分配方面，财富创造的成果应该由劳动人民共享。在马克思主义劳动价值论的指导下，作为"领导者"的中国共产党在组织经济动员集体行动的全部历史中，始终坚持广大劳动人民的主体地位。例如，中国历史上曾涌现过无数革命者和革命集团，他们都在一定程度上对人民群众进行过组织和动员，但他们都有一个共同的态度，即只将劳动人民作为他们实施革命的工具。然而，中国共产党的出现彻底改变了这种态度，人民群众不再是工具，而是主体。那么，从这种新的态度出发，人民群众的利益便是一切活动的目的。于是，具有共容利益的经济动员集体行动便油然而生，并展现出惊人的经济动员能力。

2. 党领导的共容性实践

在信仰人民的共容理念指引下，中国共产党在各个历史阶段采取了不同的措施，在实践上保证并实现了"领导者"与"追随者"之间的共容利益。在 1840 年以来的中国近代历史中，民族存亡以及与此关联的个体生存与发展，已成为每个中国人最核心的利益和需求，尤其是对于小资产阶级、半无产阶级和无产阶级等主要潜在"追随者"来说，这种利益和需求更为迫切。为了彻底改变中国半殖民地半封建的社会状态，中国共产党诞生了，并且自诞生之日起就主动担负起救亡图存的历史重任，自觉将组织利益与民族利益、人民利益紧紧绑在一起，"一荣俱荣，一损俱损"，从而为组织民众、进行最广泛的经济动员提供了基本前提。

首先，在整个抗日战争时期，面对深受战争之苦的广大根据地人民群众，"领导者"深刻认识到了经济动员能力生成的前提条件，即不能为了动员而动员，只有给人民群众带来实实在在的利益，才能赢得广大人民群众的支持和信任，才有可能将这些潜在"追随者"组织起来。为此，中国共产党在根据地实施了一系列改善民生、保证民众利益的有效措施。一方面，在 1937 年进入全面抗战阶段后，民族矛盾上升为首要矛盾，为了团结和组织最广大的民众，形成最广泛的民族统一战线，中国共产党进行了一系列经济政策的调整与转变，最大限度地形成各阶级、各阶层的利益整合与认同，建立了更广范围内的共容利益；另一方面，通过立法切实保证和维护"追随者"的利益，防止过度动员。例如，1941 年颁布的《陕甘宁边区战时动员物资办法》明确规定，实施物资动员时必须保证"应征人所能供给，而不致妨害其基本生活者"；征用生产工具时"均须在不妨害人民自身使用下借用，或给以相当价值购用"。同年颁布的《陕甘宁边区民政厅关于动员工作指示信》则规定，要坚持"统一动员，合理动员"，"不应动员者，即不能动员，军队也不得强制"，并且严格取缔"转嫁负担于人民的不合理动员"。

其次，中华人民共和国成立后，中国共产党始终坚持人民的主体地位和为人民服务的宗旨，不断加强党的自身建设和治理能力建设，为进一步维持和发展共容利益夯实了制度基础。例如，在中华人民共和国成立"前三十年"中，通过社会主义生产资料公有制改造，使得广大人民群众真正成了国家的主人、财富的创造者和共有者；在改革开放后，不断强化对人民合法产权的保护，激发了人民群众的创造精神，并将发展成果为了人民的"共享发展"理念全面贯彻到国民经济建设和社会发展中。

二、经验二：开展了党坚强领导下的二阶集体行动

党的坚强领导是中国取得一切成就的根本保证，也是历史上经济动员能力有效生成的重要经验。但是，关于"领导者"的这一作用，在传统集体行动理论中往往被忽略了。事实上，"领导者"的作用根源于两个方面的逻辑：一是经济动员集体行动本身的二阶特性，需要"领导者"自身先行动起来；二是"领导者"的示范行为或模范带头作用能起到很好的信念管理效果，有助于将约占半数的有条件合作者组织起来。

1. "领导者—追随者"模型的二阶特性

在经典集体行动理论中，学者的关注点主要集中在一阶问题上。事实上，大多数集体行动的复杂性要超过一阶，呈现出二阶、三阶甚至多阶特性，因此，要破除这些集体行动的困境也就更加困难。为了给后续分析经济动员的二阶属性做准备，这里仅剖析二阶集体行动，并以"领导者—追随者"模型为基本工具。

（1）"领导者—追随者"博弈属于典型的二阶集体行动。根据二阶集体行动的基本定义，其一阶性指为完成集体行动的直接目标而发起的行动，对"领导者—追随者"博弈而言，就是"领导者"将"追随者"组织起来的行动；其二阶性则指为破除一阶合作困境，完成一阶集体行动目标而进行的附加集体行动，对应到"领导者—追随者"博弈，就是"领导者"自身如何先行动起来，以及"领导者"构建共容利益，实施强制和选择性激励等制度安排的行动等。

（2）二阶特性更需要"领导者"自觉发挥坚强的领导作用。首先，根据二阶集体行动的内在逻辑，只有同时破除各阶次的困境，该集体行动才能最终实现。其中，第二阶行动又是第一阶行动的基础和前提，即只有实现了第二阶的集体行动，第一阶的集体行动才有可能

实现。将该逻辑对应到"领导者—追随者"博弈中，就意味着只有潜在"领导者"自觉行动起来担任现实"领导者"，并进行有效的制度安排，才有可能将潜在"追随者"变成现实"追随者"。其次，就"领导者"本身而言，如果其仅仅是单一行为主体，那么整个集体行动的实现就简单得多。但现实中的"领导者"往往是由多人组成的集团，此时，整个集体行动的实现就变得复杂和困难。相反，若事先就存在一个坚强的"领导者"，那么整个集体行动的实现就容易得多。最后，如果事先没有指定的"领导者"或者唯一合法的"领导者"，而是存在多个潜在"领导者"集团之间的竞争，此时，当某个潜在"领导者"集团表现出坚强的领导倾向时，占半数的有条件合作型潜在"追随者"就会因前者的态度而倾向于成为"追随者"。由此可见，在"领导者—追随者"博弈结构中，"领导者"的坚强领导发挥了关键作用。

2. 党领导的二阶特性与优势

中国共产党是以自愿型"领导者"的身份登上历史舞台的，而从民主革命阶段到社会主义建设时期，中国共产党由自愿型"领导者"转变为权威型"领导者"。根据"领导者—追随者"模型假设，经济动员本身也属于典型的二阶集体行动，其中，以党组织为核心的各级政府担任"领导者"角色，广大人民群众担任"追随者"角色，这便构成了党领导下的经济动员二阶集体行动的基本逻辑。并且，在该二阶集体行动中，由于中国共产党自身在组织、领导方面的内在优势，有助于破除整个集体行动的困境，促进经济动员能力的生成。

（1）党领导的二阶集体行动特性。首先，根据二阶集体行动的基本内涵，经济动员的"领导者"将"追随者"组织起来属于一阶行动；由于以党组织为核心的各级政府这个"领导者"本身也是一个集体，"领导者"自身行动起来就属于二阶行动。其中，经济动员一阶行动需要破除的困境是"领导者"与广大人民群众一致的问题，二阶行动需要破除的困境是"领导者"自身一致的问题。显然，两个阶段的集体行动在实现机制方面存在较大差异。例如，一阶行动具有明显的强制性，二阶行动则是自觉和自愿的。其次，中国共产党这个"领导者"在历史上面临两个方面的挑战。一是面临与其他"领导者"竞争的挑战。在革命战争年代，中国共产党虽然在根据地拥有较好的群众基础，但其合法性问题一直没有解决，时刻面临国民党政府的压力，从而使其"领导者"职能的发挥受到极大约束。二是面临自身组织内部协调一致的挑战。中国共产党作为一个集体性的"领导者"，无论是在哪个历史阶段，都需要统一意志、采取一致的行动，从而发挥好组织领导职能。例如，确定经济动员目标、有效做出经济动员决策、实施经济动员规划计划、颁布经济动员相关政策制度、落实强制和选择性激励等相关措施等，都需要"领导者"集体内部实现统一的集体行动。但是，在这个协调一致的过程中，又同时需要克服两大困难。一方面，中国共产党这个"领导者"的规模不断发展壮大。例如，中共一大时仅有58人，截至2018年底已有9059.4万人。显然，要使如此庞大的"领导者"集体采取一致的行动，其难度非同小可。另一方面，该"领导者"组织是一个高度政治化的科层治理体系，其内部集体行动主要依靠榜样示范、内部强制、相互监督和意识形态等实现，物质激励手段难以发挥作用，因而这种完全自觉自愿的集体行动难度很大。

（2）"领导者"的特有优势。虽然二阶集体行动本身面临巨大困境，但自1927年以来的实践充分说明，中国共产党的坚强领导克服了这些困难，并生成了强大的经济动员能力，这源自该"领导者"自身的独特优势，即中国共产党是一个具有完全历史自觉性的组织和领导集体。建党之初，中国社会有200多个社会团体组织，中国共产党并不是执政党，只是其中一个非常边缘化的组织，但其主动站出来组织和领导了根据地广大民众的经济动员，体现了高度自觉的历史使命感和理想信念追求。根据"有条件合作者"及"领导者—追随者"模型的基本假设，"领导者"的自觉性具有很好的示范作用，能够将约占民众半数的有条件合作者变成现实的"追随者"，即"追随者"的参与水平与"领导者"的积极行为正相关。同时，这种自觉性还能够挤出其他"领导者"的作用。由于中国共产党这个自愿型"领导者"在长期革命战争中的坚强领导，不但生成了有效的经济动员能力，而且赢得了广泛的民心，最终还将国民党政府这个权威型"领导者"淘汰出局。

三、经验三：实施了有效的制度安排

中国共产党领导经济动员集体行动的历史是一部制度建设史。通过适当的制度安排，中国共产党将约占民众 1/5 的"搭便车者"变成了现实"追随者"，有效破除了集体行动的困境。同时，通过不断完善制度建设，经济动员能力的生成逐渐走向现代化、正规化。

1. 强制制度建设

从革命战争年代到社会主义建设新时期，中国共产党实施的经济动员强制制度安排主要表现在两个方面：一是经济动员领导体制构建，二是经济动员法治建设。

（1）不断强化优化经济动员的组织领导体制。古今中外，凡动员之道，皆在于基层；基层响应，则动员能力生成。中国共产党的经济动员之道完全遵循此规律，并逐步建立了一套严密和全面渗透的组织体系，保证了党和民众之间的密切联系，为破除二阶行动困境奠定了组织基础，这是其竞争者国民党政府，乃至世界上任何其他政党所无法比拟的。一是在建党初期，中国共产党便注意到了将党组织建设延伸到底层民众中的重要性。例如，在革命战争年代，经济动员还处于农业动员属性阶段，中国共产党便通过建立严密的组织体系将经济动员能力深深扎根于广大根据地农村，从而强化了党组织领导经济动员的体制根基。二是在 1949 年中华人民共和国成立后，中国共产党成为执政党，取得了全国经济动员权威型"领导者"的合法地位，党组织的现代化建设进一步加强。例如，在我国步入工业社会后，各级党组织的建设进一步延伸到了各工业行业部门内部，为实施工业时代的经济动员构建了有力的组织基础。又如，在市场经济不断发展的新阶段，经济动员的组织体制又进行了一次重大重构，初步形成了与市场经济体制相适应、与军事斗争准备要求相衔接的经济动员组织体系，为实施强制制度安排提供了坚强的组织保障。

（2）不断强化经济动员的法治建设。通过法治手段实施强制性经济动员，是党领导经济动员工作的重要经验，也是党领导经济动员工作逐步走上正规化的标志。一是在革命战争时期，中国共产党虽然还没有取得合法"领导者"地位，但为了有效规范和约束根据地的经济动员工作，已经开始探索经济动员的法治之路。例如，在陕甘宁边区颁发了一系列具有强制作用的法规，如《陕甘宁边区党委、陕甘宁边区政府关于征收救国公粮的决定》《陕甘宁边区战时动员壮丁牲口条例施行细则》《关于动员随军常备担架问题》等，并采取相应措施对法规的执行情况进行监督，取得了较好的法治约束和激励效果。二是在社会主义建设时期，经济动员法治建设不断推进，尤其自 20 世纪 80 年代以来，经济动员法治建设进入新的阶段。一方面，国民经济动员相关规划计划编制工作常态化、正规化、制度化，并成为和平时期国家和地方各级经济动员办公室的经常性工作；另一方面，国民经济动员法规逐步走向体系化。例如，在 1995 年和 2003 年分别出台的《国防交通条例》和《民用运力国防动员条例》的基础上，动员领域的母法《国防动员法》于 2010 年正式颁发。目前，《国民经济动员法》等法律草案正在起草和处于立法程序之中；《国民经济动员潜力调查暂行办法》《船舶工业动员条例》《国民经济动员办公室工作规定》《国民经济动员项目管理》《征用法》等一批专项法律法规制度也正在拟制中；各级地方政府以国家法律为依据，结合本地实际也出台了一些地方性经济动员法规。

2. 选择性激励制度建设

相比强制制度安排，选择性激励的内容和形式要丰富得多。例如，在内容上，既有法制框架内的制度规范，也有灵活多变的具体工作方法；在形式上，既有同一时期内对不同客体的"赏罚分明"处理，也有跨期内对同一客体的不同待遇安排；在实施手段上，革命战争年代以生产竞赛等具体载体为主，社会主义建设时期则以法治工具为主。

（1）形式多样的竞赛活动。在革命战争年代，中国共产党的法治激励效力受到极大约束，在经济动员中为了得到广大根据地人民的支持和响应，党组织开展了各式各样的生产竞赛和评比活动，通过积极激励的方式有效激发了民众参与集体行动的积极性和革命热情，取得了显著的经济动员效果。例如，在大生产运动中，陕甘宁边区政府为了克服经济困难，作为"领导者"的机关干部带头从事经济生产劳动，尤其是以周恩来同志带头纺线为代表的一幕幕画面，为动员根据地民众起到了非常好的示范和榜样作用。

（2）革命战争经济动员的最终目的构成了选择性激励。在革命战争时期，"追随者"的自身差异导致他们从革命中获得的收益差别很大，而这种差异本身就是一种选择性激励。例如，工人阶级和广大农民之所以成为参与经济动员集体行动的主力军，其背后的一个深层次原因便是这种差异性的激励，即中国共产党领导的经济动员最终能够保证工人阶级获得"牛马翻身做人"的巨大收益，并让农民分到田地。相反，如果他们不参与或者革命没有成功，就只能继续被压迫，机会成本巨大。更进一步来说，虽然二者参与前后的收益反差巨大，但参加革命毕竟存在风险，甚至是失败的巨大风险。尤其对于"追随者"个体来说，由于不能掌控革命战争全局，因而其参与经济动员集体行动就类似于买彩票的行为。然而，历史事实已表明，底层的工人和农民都倾向于选择冒险，这可以通过行为经济学的"人生态度"理论来解释。该理论认为，人在面临不同的收益概率时会表现出四种典型态度：一是当面对大概率的盈利时，如在 60% 的概率获得 1000 元和 100% 的概率获得 500 元之间，大部分人选择回避风险；二是当面对小概率的损失时，如在 1% 的概率损失 10000 元和花 200 元买保险之间，大部分人选择回避风险；三是当面对小概率的盈利时，如在花 2 元以 0.001% 的概率赢 10000 元和什么也不干之间，大部分人选择追逐风险；四是当面对大概率的损失时，如在 90% 的概率损失 100 元且 10% 的概率回本，和 100% 的概率损失 80 元之间，大部分人选择追逐风险。显然，工人阶级和农民在面对经济动员集体行动时，就处于第三种情形。一方面，如果不参与经济动员集体行动，就无法改变被压迫的社会经济地位，相当于面临固定的较大损失；另一方面，如果参与经济动员集体行动，则可能由较小的概率改变命运，并获得较大的收益。由此，二者便具有追逐风险的偏好。相对而言，半无产阶级等可能选择第二种"人生态度"的回避风险偏好，对地主和小资产阶级等则需要通过强制手段，才有可能约束其选择第四种"人生态度"的追逐风险偏好。

（3）通过法规强化选择性激励效力。从抗日根据地时期开始，"领导者"为了实施有效的选择性激励，逐步将激励措施纳入相关法规。例如，进入全面抗战时期，伴随着主要矛盾的变化，为了团结不同经济地位的广大民众，以建立最广泛的民族统一战线，对地主实施了不同于苏维埃时期和解放战争时期的选择性激励。具体来说，在后两个时期，对地主的措施是没收其土地和财产分给农民，而在全面抗战时期则是主张废除苛捐杂税，推行合理的税收制度，即要求地主减租减息。为了保证该政策的有效执行，根据地"领导者"相继颁布了一系列法规和办法。

▐▐▐ 第三节　经济动员能力生成实践存在的问题与挑战

实践效果表明，无论是在条件极其艰苦的抗日战争时期、解放战争时期，还是在中华人民共和国成立后的局部战争、应对紧急事件及平时建设中，中国共产党领导下的经济动员集体行动均表现出了强大的经济动员能力，为满足战争以及国家安全对经济资源的需要提供了有力的支撑。但是，受主客观方面原因及特定历史条件限制，在经济动员能力生成过程中也出现了许多问题。同时，过去有效的生成模式也面临时代发展的巨大挑战。

一、盲目性与低效性并存的突出问题

在过去大量的经济动员实践中，虽然生成了强大的经济动员能力，将广泛的社会经济资源组织了起来，但从整体效果来看也存在一些突出问题，如在动员过程中一哄而上的盲目性、在动员效果上不计成本的低效性等。

1. 一哄而上的盲目性

（1）在很长一段时间里，经济动员能力生成属于仓促应战，缺乏计划性和有序性。在革命战争年代，中国共产党领导经济动员本来就基础差、根基不稳固，加之艰苦的实践条件、紧迫的应战任务，导致经济动员能力都是在应战的紧急需求下倒逼生成的，因而表现出典型的应急特征。在中华人民共和国成立后的一段时间内，该问题仍然存在。1952年，中央军委兵工委员会提出要编制兵工生产动员计划，这成为我国经济动员能力生成有序化的开端。随后，在对苏联国民经济

动员计划编制情况进行考察的基础上，国家计委结合第二个"五年计划"的编制工作，首次拟制了和平时期的国民经济动员预案。为了规范经济动员计划工作，1956年颁布了《编制国防工业战时动员计划暂行办法》与《工厂动员科典型工作条例》。从此，我国国民经济动员能力生成正式进入有序化、正规化轨道。

（2）在过去很长一段时间里，我国经济动员能力的生成主要靠规模，而质量的贡献不大。例如，在革命战争年代，中国共产党领导下的经济动员的"追随者"主要由社会底层的工人和农民组成，虽然人数较多，但经济基础能力弱，因而产生的能力比较有限。又如，在中华人民共和国成立后"前三十年"中，由于处于社会运动高涨的大环境，虽然经济动员能够实现"一呼百应"，但"追随者"的行动呈现出较大的盲目性和跟风倾向，并带有明显的平均主义色彩。因此，广大民众虽然无差别地参与到了经济动员集体行动中，但其创造性被埋没了。

2. 不计成本的低效性

（1）较高的交易成本和机会成本。经济动员能力生成的过程伴随各种成本的产生，其中，最典型的就是交易成本，包括"领导者"的组织成本、强制成本、选择性激励成本等。例如，在革命战争年代，由于中国共产党这个"领导者"的合法性问题没有解决，因而在"领导者"与"追随者"之间就缺乏广泛的社会信任基础。为了获取后者的广泛支持，"领导者"不得不采取宣传等建立信任机制的措施，但建立信任机制本身需要付出大量的交易成本。又如，在中华人民共和国成立后"前三十年"中，由于"领导者"习惯并擅长运用计划手段，因而在组织经济动员时也倾向于采取强制手段，而强制往往意味着较高的交易成本。同时，强制也会带来"追随者"部分利益的牺牲，因而具有较高的机会成本。

（2）存在供需平衡对接的矛盾。从"需求—供给"平衡的角度来看，经济动员能力并不是越大越好，只有与经济动员潜力相互作用的结果刚好满足需求时，才是最优的。在历史上，中国共产党的经济动员能力经历了不断成长和强化的过程。其中，在全面抗战时期，由于根据地经济基础和经济动员潜力薄弱，因而对经济动员能力的需求较大，于是，该时期的主要问题是供不应求。解放战争时期，根据地及解放区的经济基础和经济动员潜力得到了壮大，加之"领导者"的号召力、组织力也得到了进一步的强化，导致该阶段甚至出现了供过于求的现象。例如，在淮海战役中通过空前的经济动员能力实现了空前的经济资源供给，但在战后存在大量资源剩余，造成了一定程度的浪费。

二、外在要求与内生模式的双重挑战

国家安全、经济发展和科技条件的快速演变，不断对经济动员能力生成构成冲击和挑战。一方面，高技术条件下国家安全对经济资源保障的需求，要求经济动员能力生成快速、精确、可控；另一方面，经济体制和政府职能改革，要求经济动员能力生成快速从强制性模式向诱致性模式转变。

1. 外在要求的挑战

（1）经济动员对象的转向。不同的战争形态对经济动员"追随者"的要求差异巨大。例如，在冷兵器时代，由于生产力水平较低，经济动员的领域非常狭窄，主要局限于农业、手工业和畜牧业等，所以"追随者"主要是从事自然经济生产的人。在热兵器时代，由于化学能对传统生物能的取代，畜力等被淘汰出局，因此与热能释放和热兵器生产相关的劳动者成为主要的"追随者"。在机械化时代，工业动员得到发展，与电力、交通运输、机器制造、化石能源、汽车、飞机及化工等工业生产高度相关的技能型产业工人成为主要的"追随者"。在信息时代，工业化出现革命性大发展，以信息工业为核心的知识密集型产业成为支撑和革新现代经济动员的基础，于是与高、新、精、尖装备生产相关的智能型劳动者成为主要的"追随者"。然而，中国共产党领导下的经济动员与最新的要求还有较大差距。例如，在革命战争年代，经济动员的领域主要是农业、手工业和畜牧业等农业时代的经济基础，"追随者"主要是从事枪支弹药、船只马匹、粮秣等简单劳动生产的人，其本质上是一种农业动员。中华人民共和国成立后，随着工业的发展，经济动员演变为基础较为薄弱的工业动员。显然，我国目前尚缺乏高技术条件下经济动员能力生成的实践经验，如果不及时补上这一课，将难以满足战争及国家安全的要求。

（2）经济动员能力标准的转向。不同的战争形态对应不同的经济动员能力标准，不同时代的国家安全内涵对应不同的经济动员能力诉求。例如，就应战而言，在可以预见的当前和未来，我国经济动员服务的对象是高技术条件下的局部战争。首先，高技术条件下的局部战争具有突然性，所以如何提升我国经济动员能力生成的时效性，是需要面对的难题。其次，高技术条件下的局部战争要求精确保障，所以如何精确控制我国经济动员能力的生成，在应战过程中做到收放自如，也是需要面对的难题。又如，就拓展应急功能而言，如何将经济动员能力与社会应急管理能力有效整合，以有效应对自然灾害和紧急事件，也是需要解决的基础性难题。再如，就拓展服务经济建设功能而言，如何把握经济动员能力的国防功能和经济功能的边界，不至于对核心功能造成较大冲击，也是亟待解决的难题。

2. 内生模式的挑战

从供给的角度来看，经济动员能力是一种将潜力转化为实力的公共产品。由前面理论部分关于经济动员能力生成的逻辑可知，供给该公共产品的模式与特定的社会制度相对应。然而，社会制度存在变迁的问题，正如林毅夫（Lin，1989）所区分的，有强制性制度变迁和诱致性制度变迁。同样，供给经济动员能力的模式，既有强制性动员也有诱致性动员。例如，在根据地时期，实施的是一种诱致性动员与强制性动员相结合的供给模式。由于当时中国共产党这个"领导者"的强制能力非常有限，强制性动员只能居于次要地位，而从大多数底层民众的根本利益出发，通过激励方式实施的诱致性动员占据主导地位。又如，在中华人民共和国成立后"前三十年"，中国共产党这个"领导者"的社会信任基础和强制能力得到空前加强，于是，强制性动员绝对主导了经济动员能力供给模式。再如，在改革开放后的新时期，伴随着市场经济的深入发展，民众的利益诉求得到了新一轮的重塑，倒逼经济动员能力供给模式由完全的强制性动员向综合型模式过渡。但是，就目前的实践水平而言，由于经济手段和法制手段还不够完善，其严重制约了诱致性动员功能的发挥。

第四节 本章小结

中国共产党领导的经济动员实践是人类集体行动史上浓墨重彩的一笔，其在极其艰苦的条件和特殊的形势下，形成了"一呼百应"的强大动员能力，并如山洪暴发一般摧枯拉朽、势不可当地重塑了中国近代以来的历史进程。回顾这段历史可以发现，该经济动员能力的生成并非偶然，而是具有深刻的内在逻辑。抽象来说，就是符合"领导者—追随者"的集体行动博弈模型。具体来说，一是缘于中国共产党这个"领导者"绝对坚强的领导，二是缘于"领导者"与"追随者"之间实现了利益共容，三是缘于"领导者"采取了有效的激励性和约束性制度安排。

第七章

路径分析：打造新时代经济动员
能力生成的4.0版本

中国共产党人和中国人民完全有信心为人类对更好社会制度的探索提供中国方案。①

——《习近平：在庆祝中国共产党成立95周年大会上的讲话》

在中国这样的大国，要把几亿人口的思想和力量统一起来建设社会主义，没有一个由具有高度觉悟性、纪律性和自我牺牲精神的党员组成的能够真正代表和团结人民群众的党，没有这样一个党的统一领导，是不可设想的，那就只会四分五裂，一事无成。②

——《邓小平文选(第二卷)》

第一节　根基：筑牢"领导者"的治理基础

一、加强"领导者"的自身建设

打铁还需自身硬。"领导者"的治理能力本质上是一种动员能力，

① 习近平. 在庆祝中国共产党成立95周年大会上的讲话 [J]. 学习，2016 (43)：3-26.
② 邓小平. 邓小平文选：第二卷 [M]. 北京：人民出版社，1994：341-342.

夯实"领导者"的治理根基首先要从加强自身建设开始，这既是历史实践的基本经验，也符合有条件合作的基本原理与规律。中国共产党领导经济动员工作90多年来，内外部条件均已发生深刻变化，迫切要求"领导者"瞄准新的目标练好"内功"。

1. 源于信念管理的有条件合作逻辑

实践经验表明，从革命战争年代到社会主义建设时期，中国共产党这个"领导者"通过不断加强自身建设形成的正面形象，在经济动员能力生成过程中发挥了很好的信念管理作用，从而实现了将广大潜在"追随者"动员起来。然而，这种历史现象的产生并非机缘巧合，而是具有深刻的有条件合作逻辑，即来自"领导者"的信念管理支撑了有条件合作的经济动员。虽然经济动员具有突出的强制特性，但该集体行动的实现在很大程度上遵循有条件合作的规律，因为无论是"领导者"集体还是"追随者"大众，均有很大比例的有条件合作者。而有条件合作的本质是相机博弈，即行为人的选择取决于他人的选择，或者取决于预期到他人会做出某种选择的信念。因而，对预期的信念便左右行为人的选择。并且，"追随者"参与合作的水平与"领导者"的信念管理正相关。对此，经济学与心理学交叉领域的大量实验研究提供了很好的证据。例如，加西特和雷纳在2005年设计了"领导者—追随者"模式的捐赠博弈实验，共进行10轮4人一组的捐赠博弈。通过梳理"领导者"和"追随者"在各阶段的实际捐赠水平，他们得到三点基本结论：第一，"领导者"的捐赠水平是"追随者"信念的主要和直接来源；第二，"追随者"的实际捐赠水平与其信念显著正相关；第三，一开始就能树立模范带头作用的大胆"领导者"，将会对"追随者"的信念水平产生重要的积极影响。① 此外，也可以从士气管理的角度来理解该逻辑。例如，Bewley（1999）等的大量研究表明，包

① 弗雷，斯塔特勒. 经济学和心理学：一个有前景的新兴跨学科领域［M］. 单爽爽，张之峰，王淑玲，等译. 北京：中国人民大学出版社，2014.

含忠诚度、主动性、工作热情和创造力等的"工作士气"，是影响生产力的关键因素，且在集体或组织内部，每个人都会根据其同伴的"工作士气"来相机调整自己的"工作士气"。当"领导者"内部出现与士气相悖的行为时，不但会降低整个"领导者"组织内部的士气，影响其组织职能的发挥，还会削弱潜在"追随者"的参与积极性，最终影响经济动员能力的生成。由此可见，加强"领导者"的自身建设是适应信念管理的需要，也是夯实其治理根基的初始途径。

2. "领导者"面临的自组织挑战

（1）"领导者"集体规模结构变化对自组织的影响。1921年中国共产党刚成立时只有58人，且成分简单，各参与者都具有高度的自觉性，使"领导者"集体本身的自组织比较容易实现。之后，"领导者"集体迅速由小集团发展为大集团，甚至成为超级集团。例如，到1927年大革命失败前，中国共产党"领导者"集体已有近5.8万人。截至2018年12月31日，中国共产党党员总数已达9059.4万人。同时，该"领导者"集体的成员构成异质多样，并以461.0万个基层组织的形式延伸到全社会的各阶层、各领域中。其中，机关、事业单位、农村、社区党组织覆盖率均超过95%，公有制企业覆盖率为90.9%。在党员队伍中，经营管理人员为980.0万名，占10.8%；专业技术人员为1400.7万名，占15.5%。在2018年发展的205.5万名党员中，来自生产、工作第一线的占52.6%。[①] 显然，面对规模如此巨大、结构成分多样的"领导者"集体，要想实现经济有效的自组织，其难度远远超出想象。

（2）"领导者"内部的行为失范对信念管理的影响。中国共产党这个"领导者"集体在历史上是以民族的先进代表和先锋队的身份出

---

① 孙应帅．史诗般的辉煌巨变——90年来中国共产党党员数量与结构的变化与发展 [N]．光明日报，2011-07-05；盛若蔚．中国共产党党员总数超9000万 [N]．人民日报，2019-07-01．

现的，并一直扮演着模范者的积极角色。但是，在"领导者"集体队伍不断壮大的过程中，尤其是在取得执政地位之后，少数党员出现了严重的行为失范，这虽然属于个人行为，但在民众意识中则是中国共产党合法性和声誉的组成部分，因而会削弱"领导者"的信念管理水平，侵蚀"领导者"与"追随者"之间的信任基础，成为"领导者"面临的严峻自组织危机与挑战。

3. 加强自身建设的措施

（1）复兴赏罚分明的"领导者"内部功勋制。由集体行动的逻辑分析可知，强制和赏罚分明的选择性激励等制度安排，有助于"领导者"对"追随者"进行组织和约束。事实上，为了实施有效的"领导者"自组织集体行动，同样需要在"领导者"集体内部进行赏罚分明的制度安排。例如，党的十八大以来，我国进行的空前规模和极大力度的反腐工作，就是典型的处罚性措施。2016 年国家统计局问卷调查数据显示，民众对反腐工作成效的满意度达到 92.9%，该指标相比 2012 年增长了 17.9%。这也表明，处罚性质的反腐措施在约束"领导者"成员的同时，也能够提升"追随者"的士气和信念。但是，必须看到反腐的高成本：一是开展有效的反腐工作需要较高的交易成本；二是反腐意味着增加相关的声誉成本，因为曝光腐败行为必然会在一定程度上冲击"领导者"的声誉。总之，如果能够构建让人"不会腐""不愿腐"的制度，就能避免产生反腐的相关成本。显然，基于荣誉感内核的功勋制度是可取的，正如管仲曾说的，"礼义廉耻，国之四维，四维不张，国乃灭亡"①。就当前的中国而言，市场经济的发展带来了一系列社会矛盾，人们对荣誉等社会资本的需求越来越迫切，为此，可以在"领导者"内部复兴中华人民共和国成立初期曾实施的功勋制度，进而复兴荣誉感，从源头上激励和约束"领导者"成员。

---

① 管仲. 管子［M］. 哈尔滨:北方文艺出版社，2013.

（2）加强"领导者"与人民群众的血肉联系。通过党的基层组织建设，将经济动员能力生成的根深深扎在广大民众之中。显然，从加强基层党组织建设出发具有两大优势：一是通过强化党的基层组织与民众的血肉联系，能够有效夯实经济动员能力生成的根基；二是从局部入手符合小集团集体行动的基本原理，从而避免大集团集体行动的困境。

二、提升"领导者"的办事能力

"领导者"能否办好事是夯实动员根基的另一个重要方面。从国民经济动员的公共利益出发，在科层体系内将"追随者"组织起来，这是"领导者"需要办的"大事"，且办"大事"的条件是正式制度建设；同时，就"追随者"个体而言，往往首先从自身利益出发，最关心的是鸡毛蒜皮的"小事"。而"大事"与"小事"有时甚至会存在冲突，但是，"小事"办不成，"大事"也就很难办得到。因此，必须同时创造"领导者"办成"大事"与"小事"的条件。

1. 完善办"大事"的法治保障

著名战争后勤学者索普预言："现代战争已经丧失神秘性和骑士精神，而与商业性及工业化发生了密切联系，并因之而使商业性方法适用于战争。"① 显然，从发生在现代战争中的经济动员实践来看，该预言是非常准确的。但是，要真正生成经济动员能力并使商业性方法最大限度地服务于战争和国家安全，必须完善相关的正式制度，这也是在科层体系内"领导者"办"大事"能力的体现，而正式制度的核心是法治。

（1）经济动员能力生成 4.0 版本的法治需求。2014 年 10 月，党

---

① 索普. 理论后勤学［M］. 张焱，译. 北京:解放军出版社，2005.

的十八届四中全会正式提出全面推进依法治国，并且通过了《中共中央关于全面推进依法治国若干重大问题的决定》，对全面推进依法治国作出战略部署。2017年8月1日，习近平在庆祝建军90周年大会上提出："推进强军事业，必须坚持政治建军、改革强军、科技兴军、依法治军，全面提高国防和军队现代化水平。"可见，无论是当前还是未来，法治都已成为治国治军的基本手段，这也就在客观上要求打造经济动员能力生成升级版必须走法治之道。同时，社会主义市场经济体制的不断完善，必然同步驱动诱致性动员模式的发展，诱致性动员虽然是以利益机制为基础的，但其实现过程需要法治环境作为可靠保障。此外，经济动员"领导者"属于科层体系，而科层组织运行的比较优势是以法治为基础的强制，因此，法治保障能力就成为科层体系办"大事"的基础条件。

（2）经济动员法治保障的历史与现状。在革命战争时期，虽然中国共产党这个"领导者"还没有取得全国政权，但已具备法治意识，并进行了一系列带有法治性质的实践探索。例如，在抗日根据地时期，为了人民战争经济动员的规范实施，从1938年开始，相继在陕甘宁边区、晋察冀边区、淮北苏皖边区等根据地颁发了一系列约束和激励抗战经济动员的条例、办法和决定，既为各根据地开展土地改革和减租减息运动提供了基本依据，也为防止可能出现的过度动员和切实维护群众利益提供了制度保障。中华人民共和国成立后，中国共产党这个"领导者"逐步构建了效力更高、实施对象更广的经济动员法治保障体系，为"领导者"办成"大事"发挥了重要的支撑作用，为社会主义建设时期经济动员能力生成提供了条件保证。然而，以信息技术为核心的科技革命使原有的法治保障体系面临巨大的困境。例如，信息技术既使传统的产权界定和保护发生深刻变化，也使经济动员对象的重点发生转移。面对这些快速出现的新变化，我国现有的经济动员法治体系还很不适应，相关的矛盾和问题也逐渐凸显，尤其在科技动员领域，由于法治基础薄弱，存在的问题更为突出。例如，在《国防法》和《民兵工作条例》中，虽然也有科技动员方面的相关规定，但缺乏明确、具体的权责划分和实施细则，在执行过程中难以操作，大大影响了国防科技法规的效力。

（3）适应经济动员能力生成 4.0 版本的法治举措。第一，从坚持体现人民主体地位的立法原则出发，着眼于国防动员法律体系建设，完善经济动员领域的法规系统。到目前为止，有关国防动员的法律法规已出台不少，并涉及多个不同领域，但在经济动员领域还没有颁发综合性的《国民经济动员法》，缺乏对该领域实施动员的系统性指导，部分规定只散见于相关领域的法规文件中。例如，2003 年发布、2011 年修订的《民用运力国防动员条例》，2009 年由国务院与中央军委联合颁发的《高新技术装备专业保障队伍参战支前工作规定》《交通运输、邮电通信基本建设贯彻国防要求规定》《铁路基本建设贯彻国防要求技术规程》《关于军民合用机场使用管理的若干暂行规定》等均涉及经济动员。但是，由于这些法规在制定时均是从各自的领域出发，因而在一定程度上存在矛盾和冲突。为此，需要理顺相关领域法规之间的关系，修改、废止过时的条款，及时补充与时代要求紧密相关的内容，并加快推进《国民经济动员法》等的立法进程。例如，构建母法层、通用层和基础层上下贯通，国民经济动员、国防交通、人民防空、人民武装动员、国防教育等领域横向无缝衔接的国防动员法规体系。同时，在整个立法过程中需要重点处理好两种关系：一是军地关系，为军地沟通协调机制提供法律保障；二是个人利益与集体利益关系，通过立法协调利益冲突，破除集体行动困境，如科学化、细化补偿立法等。第二，强化国民经济动员执法监督。"天下之事，不难于立法，而难于法之必行。"[①] 因此，只有同时加强法规执行监督，才能真正将好的法规条款落到实处。一是重视对国民经济动员相关法规的宣传教育，让广大"追随者"懂法并树立法的意识；二是充分发挥地方人大

---

① 习近平. 坚持走中国特色社会主义法治道路　更好推进中国特色社会主义法治体系建设 [J]. 求是，2022（4）：4-8.

的执法监督作用，并协调军地相关部门组成联合工作组，定期对各级部门和领导贯彻落实国民经济动员法规的情况进行检查考评。

2. 重构办"小事"的扁平组织

人是社会性动物。一方面，作为潜在"追随者"的广大民众除了生活在"领导者"的科层体系下，还生活在各类社会性扁平组织中；另一方面，广大民众除了关心经济动员所带来的公共利益，更关心自己那"一亩三分地"上的个体利益。然而，科层体系与扁平组织各有分工，前者只负责办"大事"，办不了"小事"，后者才能办"小事"。

（1）办"小事"的逻辑与矛盾。"平民的善意是一切军事权力的基础。"[①] 在历史上，中国共产党之所以能够得到广大民众的支持，就在于其一开始就专为老百姓办"小事"，如"缸满院净""打土豪，分田地""为家家户户排忧解难"等就是民心的基础，也是党和人民群众血肉联系的根源。在革命战争年代，中国共产党这个"领导者"是一个扁平组织，在取得全国政权后，也开始建立科层体系。执政多年来，该科层体系不断强化，原有的扁平组织持续弱化。例如，"行政社区"在很多地方虽然建立了，但现有的"行政社区"等科层体系不能办成"小事"。一是因为大多数"小事"都是跨部门的，所以分门别类的科层体系没法办；二是因为以基于规模经济的科层体系去办琐碎的"小事"，成本太高，所以科层体系不愿办。显然，为了夯实"领导者"的治理根基，就必须解决该突出矛盾。由于问题在逻辑上源于扁平组织与科层体系之间的差异，因此药方需从扁平组织处开。

（2）办"小事"的扁平组织重构。经济动员能力取决于社会的凝聚力和向心力。强力为民的执政党和政府，繁荣、爱国的各类社会组织，以及自强、互助的人民群众，共同构成一个国家经济动员能力的基础。

---

① 富勒. 亚历山大的将道［M］. 李磊，琚宏，译. 南宁：广西人民出版社，2006：206.

一是充分发挥社会性组织积极的动员作用，实现小集团范围内有效的集体行动。首先在微观层面，针对"自然社区组织"没落的现实，需要重建自然社区自治。例如，明确通过解决"小事"为办成经济动员能力生成"大事"筑牢民心基础的基本路线，在自然社区范围内重新将人民组织起来。同时，积极争取民间各类社会组织的帮助，建立新的自然社区统一战线，实现最广泛的自然社区自治。其次在中观层面，除了发挥理论分析部分强调的行业协会的积极作用，还需要充分发挥各类非政府组织（NGO）的经济动员功能。关于 NGO 的作用，在国内外已有大量的实践检验。例如，在国外，各类具备专业性强、草根性明显、组织结构精干、对外联系广等特点的 NGO 被纳入政府应急管理体系和动员体系，并在灾害应急行动中发挥了很好的支援保障作用。那么，为了能更好地引导和激励 NGO，我国应借鉴国外的相关经验，建立起我国的非政府组织动员体系，把非政府组织动员纳入国家有关应急法律法规，加大对专业性非政府组织的扶持力度，加强对国外非政府组织的引导与管理，充分利用和引导异军突起的多元化社会力量，为经济动员能力生成提供群众基础。

二是发挥社会资本的激励和约束作用。"畜之以道，则民和；养之以德，则民合。和合故能谐，谐故能辑，谐辑以悉，莫之能伤。"[①]扁平组织的运行离不开社会资本的润滑作用，相比法治，声誉、文化、道德、习俗、情感、公平等社会资本的作用更基础，既是对法治的补充，也决定了法治所能发挥作用的极限，所以办"小事"决不能忽略社会资本的作用。例如，近代以来中国共产党领导的革命运动之所以能够拥有巨大的动员力和号召力，其中一个关键因素就在于以爱国主义为核心的民族文化。又如，中华人民共和国成立后的"前三十年"中，"领导者"组织的各种社会运动之所以能够"一呼百应"，其中的关键因素就在于当时社会的普遍相对公平。对于"领导者"而言，虽

① 管仲. 管子［M］. 哈尔滨:北方文艺出版社, 2013.

然不能通过科层体系和强制手段直接创造社会资本，但可以通过舆论宣传、价值塑造和制度规范等方式，逐步引导社会产生有利于将人民组织起来的社会资本。

▋▋▋第二节　战略：深化国民经济动员一体化发展

中国近代著名军事理论家蒋百里先生在《国防论》中对军民结合有过生动的论述，创造性地将军民结合的思想描述为"生活条件与战斗条件一致"，并认为实现这种一致性主要有两条途径：一是借助天然的工具，如蒙古人的马和欧洲人的船；二是借助人为的制度，包括中国 3000 年前实施的井田制和西方世界近代兴起的国家动员制度。[①]显然，第二条途径所揭示的正是国民经济动员与军民结合之间的内在逻辑。同步要求国民经济动员走军民结合发展之路，这既是打造经济动员能力生成升级版的现实背景，也是实现升级版的现实道路。

一、溢出效应：一体化的共容利益机制

深化国民经济动员军民结合发展，升级经济动员能力生成模式的逻辑基础来自共容利益。因为经济动员本身的溢出效应是维持共容利益的重要机制，而军民结合发展的过程又是利益共容共享的过程。例如，军民双方"共用"基础设施、"共研"关键技术及标准、"共鉴"建设经验、"共育"人才和"共享"成果等。由此，国民经济动员军民结合深度发展通过深化军地之间、平战之间的相互溢出来强化该共容利益，进而推动升级经济动员能力生成模式。

---

① 蒋百里．国防论［M］．北京：东方出版社，2013．

1. 经济动员溢出效应下的共容利益

国民经济动员需要解决如何将经济体制在平时、战时与急时之间进行有效转换的问题，而经济体制转换本质上是经济资源在不同用途上的配置。在平时、战时和急时，经济资源的用途表现出一定程度的差异。在平时，国民经济资源完全按照"需求—供给"规律进行自然生产和分配，除维持适当的战略性军用生产，大部分经济资源都在民用生产领域，且经济结构较为稳定。在战时，国民经济要打破原有的稳定状态，根据战争规模、战争地域空间和时间紧迫性对经济资源的需求做出调整，通过启封、转产和扩展生产使大量民用资源向军用领域流动；在战争末期的经济复员阶段，又要适时将军用领域的资源向民用领域转移。在急时，国民经济根据紧急情况，在短时间内为其提供大量应急物资和服务。尽管应急动员的服务对象不同于战争，但二者的指导思想、实施方式和实施程序非常相似，本质上都是经济资源在常态下的民用与急用之间相互转化。

显然，从互动的角度来看，国民经济动员在经济体制转换过程中表现出很强的溢出效应，包括知识、技术和经济的相互溢出，而这种相互溢出使军地、军民之间形成"一荣俱荣，一损俱损"的共容利益关系。例如，国民经济动员潜力是寓于民而服务于军的部分，包括大型基础设施、交通运输通信设备、工业生产能力、科学技术储备、人力资源、财政金融储备等。首先，动员潜力通过技术经济联系，即产业关联性，在军事用途和非军事用途间相互影响；其次，由于动员潜力的军民两用性，在有需求的情况下，可以将动员起来的为军服务的动员实力作用于非军事用途。通过这两个方面，动员潜力就能在军民两大系统间相互作用，使二者紧紧绑在一起。

2. 经济动员溢出效应的机理与困境

（1）国民经济动员溢出效应的形成途径，既包括溢出效应经典定义中的无意识过程，也包括转化使用价值、进行功能拓展的有意识过程，二者互为补充，共同构成国民经济动员溢出效应的传导机制。具体而言，经济动员溢出效应的实现机理表现在以下三个方面：

首先，科学技术尤其是信息技术的迅猛发展带来的资产专用性的降低，是产生和强化国民经济动员溢出效应的根本原因。纵观人类历史到目前为止的基本发展趋势，作战工具与生产工具之间的关系大致经历了"相似性—相异性—相似性"的阶段。目前，随着信息技术的全面渗透，二者的"相似性"正呈现出加强的态势，如随着军事技术资产专用性的降低，本来作为军事用途的技术更容易用于民用建设生产。现代战争的高技术性使国民经济动员呈现出技术密集型特征，高技术不仅是进行国民经济动员的重要手段，也是国民经济动员的重要内容。信息化条件下技术资产专用性的降低，既是经济基础实现转化应用的根本前提，也使军民之间的技术经济联系更趋紧密，国民经济动员所涉及的技术对象和技术手段在军民之间的转化更趋容易，溢出效果更趋明显。

其次，与经济活动社会化相关的制度建设，是引发国民经济动员溢出效应的关键因素。现代经济活动建立在高度专业化分工与全球化合作的基础上，经济主体之间的社会关联性日趋加强。国防和经济两个系统虽然在宏观上存在相对独立性，但随着市场微观主体在两大系统间的交流互动，二者逐步趋向"你中有我，我中有你"的态势。在这种"一盘棋"的大格局下，国民经济动员系统与经济社会系统也趋向整体融合。一方面，当国民经济动员系统或国防系统的发展有所调整时，就会通过社会化微观主体的作用间接对经济社会系统产生积极或消极影响，即溢出效应，反过来也成立。另一方面，对于动员起来的国民经济实力，只要政策制度上允许，就能通过功能拓展向应急和经济建设领域进行溢出。

最后，人类文明的不断发展、累积和快速传播，是最终实现国民经济动员溢出效应的基本条件。知识溢出是溢出效应的基础内容，经济学家阿格拉沃（Agrawal，2002）通过实证研究表明，知识溢出效果与被溢出主体的认知、吸收和应用能力有关，而这种吸收和应用新知识的能力取决于接受主体必要的预备知识。同时，知识溢出效果还与溢出主体和被溢出主体间知识的相似性有关。人类文明通过几千年的发展与积累，已经达到相当的高度，而信息通信技术的应用加速了文明传播，使人类文明的地域分布性日趋相似与均衡。对于国民经济动员系统而言，一方面，其参与主体本身就来自经济社会，所以动员中心等微观主体无论在知识储量上还是在知识结构上，都与经济社会主体极为相似；另一方面，动员中心等微观主体经常活动于军民两大系统，使得国民经济动员系统与经济社会系统在知识相似性上能够始终保持动态一致。总之，相似知识的积累为被溢出主体接受溢出提供了条件、创造了可能。

（2）国民经济动员溢出效应的困境。溢出效应是一把"双刃剑"。一方面，溢出效应通过强化双方的利益正向关联，将彼此绑定在一起，深化共容利益；另一方面，溢出效应本质上是一种外部性。根据外部性相关理论，如果缺乏适当的制度安排进行约束和激励，溢出效应等外部性就可能产生过度消费或者过度生产等偏离帕累托最优水平的困境。例如，当溢出效应为正时，如果没有措施激励溢出方，就会产生溢出的供给不足，进而削弱共容利益；当溢出效应为负时，如果没有措施约束溢出方，就会产生溢出的供给过度，损害被溢出方的利益，使原有的共容利益变为狭隘利益。

3. 一体化发展：溢出效应困境破除之道

针对溢出效应的困境，主流经济学的部分理论认为，溢出效应等外部性的产生是市场失灵的结果，可采取的解决办法就是将主体之间的外部作用内部化，然后通过内部分配消除外部性对主体激励的不利影响。军民结合的基本手段是统筹兼顾，本质上就是通过建立统一的组织结构，在一个统一的"大棋局"中对异质性资源进行统筹管理和配置，使不同主体间的外部性内部化，在溢出过程中实现对不同主体的有效激励。因此，构建一体化发展体制，推动国民经济动员军民一体化发展，能够有效解决溢出效应中市场失灵的问题，通过对参与主体持续有效的激励，保持不同主体间积极溢出的连续性，维持和强化共容利益。此外，实现军民一体化发展，还是提高国民经济动员能力建设质量效益、深化和拓展国民经济动员能力建设的有力抓手。一体化发展是效益目标指向性的，一体化通过构建有效的运行机制，能够消除信息壁垒，降低国民经济动员各项活动的交易成本，发展和推广两用技术应用，为国民经济动员能力溢出效应的实现创造有利条件。同时，推动一体化深化发展，拓展全领域、全要素的融合，也能够进一步拓宽国民经济动员领域，为实现国民经济动员溢出效应提供更加广阔的空间。

二、推动国民经济动员一体化发展的措施

基于国民经济动员溢出效应的内在机理与困境根源，瞄准强化共容利益的目标来构建经济动员一体化发展途径，需从以下三个方面入手：

1. 合理控制国民经济基础的资产专用性

国民经济动员根植于国民经济基础，国民经济基础的资产专用性程度是决定经济动员溢出效应，并进一步影响一体化发展的源头因素。本质上，国民经济基础的资产专用性程度由现行技术基本特性决定，而技术特性又源于现有文明程度，即科学发展水平。科学知识是对人类社会和自然界基本规律的抽象总结，其本身没有专用性，但在技术层面，由于人类现有认识水平和应用能力有限，将技术应用于不同对象时，便出现了资产专用性，并以这种资产专用性的强弱程度为划分标准，定义了军用技术、民用技术及两用技术。从一定程度上讲，技

术的资产专用性程度决定了军民结合可能的范围和深度。因为技术的资产专用性越低，融合的转化成本越低，则越容易实现军民结合。因此，推进国民经济动员军民结合式发展，必须以转化成本与结合收益之间的相对关系为价值标准，认识及控制好国民经济基础的资产专用性。

首先，要统一规划管理整个国家的科学研究、技术发展和经济基础结构。现有条件下技术资产专用性的存在，使军民结合不可能是绝对的；国民经济基础资产专用性的存在，使国民经济动员溢出效应受到一定限制，因而国民经济动员的一体化发展也不可能是绝对的。从涉及的范围来说，考虑到成本收益问题、转化难易程度，一体化发展主要出现在一些两用技术领域。那么，在对国家整体的科学研究和技术发展进行规划时，就要考虑经济发展的现状及一体化发展的要求和趋势，适当调整专用性技术和通用性技术的发展比例，并合理规划、调整经济布局和产业结构。其次，要充分挖掘现有技术在推进国民经济动员一体化发展中的基础作用。总之，要充分利用好两用技术在国民经济动员一体化发展中的基础性作用，提高融合效益；同时，对于资产专用性较强的技术，要通过加强认识并借助累积的技术应用能力，努力挖掘其在国民经济动员一体化发展中的推进作用。

2. 消除制度性障碍的不利影响

从国民经济动员一体化发展的机理来看，制度性障碍发生作用的机制主要表现为：既通过阻碍微观主体的社会性来限制市场作用的有效发挥，也通过分割军民系统间的互动来强化信息的不对称和不完全。为此，消除制度性障碍的不利影响，需从市场、法治、机制和平台三个方面着手。

首先，要不断强化市场在资源配置中的决定性作用。市场经济是生产社会化的产物，其反过来又推动生产社会化的不断深化，从而为国民经济动员系统与经济社会系统之间微观主体的互动创造条件。强化市场的决定性作用，对于军方主体来说，就是要强化交易意识，消除过去那种自成体系、搞大搞全的保守观念；对于社会主体来说，就是要充分利用市场手段激励其主动服务国防、积极参与动员。其次，要强化法治建设在推进国民经济动员一体化发展中的规范和保障作用。市场经济是法治经济，市场作用的充分发挥需要健全的法治环境。科斯认为，解决外部性市场失灵问题的最好办法是清晰界定产权，而界定产权的基本依据来自法治建设。[①] 要根据"四个全面"战略布局中有关"全面依法治国"的基本要求，对照国民经济动员及一体化发展领域的法治建设需求和实际现状，及时修订现存但已不适用的部分，适时出台新的法律法规，并配套相应的执行措施。最后，要建立健全军地信息沟通共享机制，完善动员信息平台。及时了解与动员相关的经济社会企事业单位的创新和建设能力，不断完善政府公共信息服务及民技军用信息发布平台，为军队、政府和企事业单位间的信息交流及互动合作提供制度支撑和技术保障。

3. 强化军地主体间的相互吸收转化能力

溢出活动参与主体的吸收转化能力，是决定溢出能否发生的最后条件，并且影响着军民结合能否实现。因此，强化国民经济动员系统与经济社会系统间的相互吸收转化能力，是推进国民经济动员一体化发展不可或缺的重要方面，可从以下三个层次展开：

首先，要加强国民经济动员参与主体的科学技术储备。科学技术储备是参与主体吸收和转化的根本条件，推进国民经济动员一体化发展，必须加强国民经济动员各参与主体的科学投资、知识储备和技术培训。其次，要强化国民经济动员不同参与主体间的科学技术交流。科学技术结构的相似性影响着国民经济动员参与主体间溢出的实现水平，因此，在加强各参与主体科学技术储备总量的同时，还必须注重

---

① 卢现祥，朱巧玲. 新制度经济学［M］.2版. 北京:北京大学出版社，2012.

参与主体间科学技术储备结构的相关性和相似度。较有效的措施是，发挥信息通信技术的渗透作用，促进不同参与主体间的科学技术交流，通过模仿效应、学习效应等，加强知识分布的平衡性和相似性。最后，要加快推动军民技术标准通用化建设。军民技术标准是阻碍技术溢出、影响一体化发展的技术性屏障，为此，必须充分利用和及时推广先进的民用技术标准，深入研究军民技术标准间的关系，加强军民共用标准的制定与修订工作，及时推进军民技术标准的一体化建设。

▍▍▍第三节　工具：发挥信息技术的战略支撑作用

当前，以信息技术为核心的信息化，已经成为人类社会发展的基本战略支撑，也是经济动员能力生成不可或缺的工具和手段。在技术层面，信息技术本身固化到物质基础中，成为改变人类生产方式、生活形式、斗争样式的重要工具。在制度层面，随着信息手段的普及，获取信息资源的方式更加多样，传递信息资源的速度迅速提升并趋向即时，处理信息资源的途径更加便捷，从而大大降低了社会活动的交易成本。显然，这两个层面对于应对经济动员能力生成不完全信息问题具有基础性作用。一方面，在不完全信息的真实世界中，强制措施和选择性激励措施的实施都需要相关信息资源的支撑；另一方面，通过发挥信息技术的优势，充分挖掘和利用信息资源，最大限度地降低经济动员领域信息资源的不完全性，有助于提高经济动员集体行动的规划计划效率和组织控制协调能力。

一、经济动员能力生成的信息原理

《孙子兵法》提出，"知己知彼，百战不殆"；信息理论奠基人香农（Shannon，1948）定义，"信息是用来消除随机不确定性的东西"；经济和管理学界认为，"信息是提供决策的有效数据"①；自然科学界指出，"宇宙由物质、能量和信息三者共同构成，而真正令宇宙奥秘无穷的则是信息"②。由此可见信息的地位和作用。然而，不完全信息才是人类社会活动面临的常态，也是经济动员能力生成不可逾越的鸿沟。历史上，无论是农业时代还是工业时代，进行经济动员集体行动都曾面临不完全信息的困难。如今，随着信息科学机理原理的重大突破、信息技术的迅猛发展、信息化手段的快速普及、信息要素在社会各领域的全面渗透，解决经济动员能力生成不完全信息问题似乎面临着重大机遇。然而，信息时代也并没有终结不完全信息问题，甚至将带来新的挑战和困境。

1. 不完全信息的基本内涵及其普遍影响

目前，以"信息不对称"为代表的不完全信息概念已成为社会科学各领域的一个热词。在实践中，人们常常面临不完全信息的障碍。在理论界，专家学者对不完全信息的认识由经验总结逐渐走向科学分析。以经济学理论发展进程为例，新古典经济学（也称主流经济学）建立在完全信息和理性人假设的基础上，从而推导出市场能实现资源最优配置并达到帕累托最优状态的结论。在逻辑上，由该假设推导出该结论毋庸置疑。然而，真实世界中根本不满足完全信息的假设条件，而随处可见的都是不完全信息，即人们因认识能力有限，不可能知道在任何时候、任何地方所发生的任何情况。于是，人们的实际决策能力将受到极大限制，无法保证市场行为处处最优、时时高效，即不完全信息会导致市场失灵。基于该认识，部分学者开始挑战新古典经济学理论，并推动形成了一个年轻的经济学分支：信息经济学。20 世纪70 年代，该经济学分支逐渐崛起并引起学术界重视；20 世纪 80 年代，

---

① 参见百度百科词条"信息"。

② 伊达尔戈. 增长的本质：秩序的进化，从原子到经济［M］. 浮木译社，译. 北京：中信出版社，2015.

有关信息问题的理论已成为主流经济学分析的重要组成部分。通俗来讲，信息经济学以不完全信息为对象，分析它对经济效率所产生的影响和作用机理，以及如何通过信息发送、信息甄别等机制设计来遏制其不利影响。

不完全信息包括信息不对称和信息分散，产生不完全信息的原因有人的有限理性、信息渠道不畅等。信息经济学理论认为，不完全信息条件下经济人机会主义行为，是制约经济效率实现帕累托最优的根源。例如，在信息不对称的情况下，经济人既有隐藏个人知识信息的可能，也有隐藏个人行为信息的可能，从而大大降低了资源配置效率。事实上，不完全信息的影响不仅体现在经济活动生产、分配、交换、消费全过程，而且普遍体现在人类行为的各个领域。例如，"科学管理之父"泰勒在其经典著作《科学管理原理》中就提到，信息问题是导致"磨洋工"最终出现的一个重要因素。

2. 不完全信息是制约经济动员能力生成的瓶颈

首先，在工作流程上，经济动员能力生成涉及动员准备、动员实施及经济复员全过程，而各阶段工作的实施都需要信息资源作为决策基础。其次，从经济动员能力的内容来看，包括经济信息获取、传递和判断能力，经济动员决策应变能力，经济动员计划能力和组织能力，经济动员控制和协调能力等，这些子能力的生成也需要信息资源的支撑。从某种意义上说，脱离了对相关信息的掌握，经济动员能力生成将无从谈起。而现实的经济动员集体行动又处在不完全信息环境中，因此，经济动员能力生成的内在要求决定了不完全信息是其难以跨越的一步。

当前，人类社会正步入大数据时代，国际数据公司研究表明，在绝对统计量上，2008—2011 年，每年产生的数据量分别为 0.49 ZB、0.8 ZB、1.2 ZB、1.82 ZB（其中，1 ZB = 1024 EB，1 EB = 1024 PB，

1 PB＝1024 TB，1 TB＝1024 GB）。[①] 无疑，数据信息的井喷式发展将在信息规模和结构上提高信息不完全程度，给经济动员能力生成带来极大的困难和艰巨的挑战。因此，经济动员能力生成所处的大数据环境，将进一步扩大不完全信息这道难以逾越的鸿沟。

二、经济动员能力生成的信息举措

在集体行动视角下，经济动员能力本质上就是特殊的集体行动能力。因此，通过信息技术和手段支撑经济动员能力生成，就是要发挥信息技术的作用，破除经济动员集体行动困境。从集体行动实践的基本规律来看，既要发挥信息手段的优势，破除集体行动组织、协调和沟通过程的信息障碍，也要依托信息技术挖掘数据资源，为形成更精确的制度模型提供基础性支撑。此外，为了发挥信息技术的作用，还要我国在信息技术方面实现持续、快速、稳定的发展。

1. 推进经济动员集体行动全程的信息化

一是要加快建设经济动员准备和实施的信息化平台系统。例如，经济动员准备阶段的潜力统计、规划计划制订与演练，以及动员实施阶段的指挥、控制、协调等环节，都要充分利用信息化手段和平台，提高经济动员潜力向经济动员实力转化的效率。二是要推动建立军民一体的信息化标准体系。信息化标准是降低交易成本进而发挥信息技术效能的基础条件。首先，系统梳理军地各领域已有的信息化国标、军标等技术性标准规范，按照"经济实用，能民则民，无民则军"的原则，进行归并和废改处理，打通军地之间的技术标准联系。其次，在同一系统内，打通不同区域间的标准化通道，为跨区域的信息传递提供基础支撑。

---

① 郎为民. 漫话大数据［M］. 北京：人民邮电出版社，2014.

2. 加强激励机制设计的信息支撑基础

机制设计的思路、框架和具体形式都建立在对信息掌握的基础上。首先，信息技术是当前社会生产力的集中体现，根据生产力决定生产关系的原理，信息技术决定了制度建立、实施的边际成本，从而深刻影响制度变迁的方向，即信息技术决定经济动员集体行动机制设计思想和模式的选择，决定机制模型的具体结构。其次，信息技术还影响机制模型的具体参数。机制设计思想只解决了机制模型的框架结构问题，对于模型中具体参数的选择还需要大量的技术性数据并以其模拟和检验作为支撑，而在信息化时代，信息技术决定了整个社会的数据整合能力。

3. 依托集体行动推动信息技术快速发展

为了有效发挥信息技术的战略支撑作用，首先需要信息技术本身有较好的发展基础。在科技革命迅猛发展和国际竞争异常激烈的今天，只有采用集体行动的思路才能补足我国在信息技术领域的短板，那么，一国采取集体行动的方式就是采用一体化发展的途径。为此，一是要加速推动信息领域的一体化深度发展。我国信息化水平与世界先进国家相比还有较大差距，需要举全国之力进行自主创新，实现自主可控和跨越发展，从而为发挥信息技术的战略支撑作用提供可靠保证。二是要依托军地优势力量打造一体化的综合公共服务平台。应着眼于降低信息不完全下的信息搜索成本、支撑顶层决策等目标，设计能够贯穿各领域、各行业、各部门、各区域的战略级信息服务平台框架，集智攻克制约平台建设的信息安全、大数据分析处理、跨网融合等关键技术问题，依托平台建设过程消除信息壁垒、破除信息沟通障碍，为实现信息共享及动态生成需求信息、实时掌握供给信息提供有力支撑。

▌▌第四节 本章小结

在中国特色社会主义建设进入新时代的背景下，从"根基—道路—手段"三位一体的角度探索4.0版本的经济动员能力生成模式，是现实与理论的共同要求。首先，"领导者—追随者"模型及相关历史经验分析表明，"领导者"既是共容利益水平的决定者，也是强制和选择性激励等制度的安排者和实施者。因此，夯实"领导者"的治理"根基"是首要措施。其次，一体化国家战略体系和能力的构建，必将影响经济动员能力生成的全过程，尤其是深刻影响共容利益的变迁与维持。所以，在国家战略体系和能力一体化推进的大背景下，推进国民经济动员军民结合发展就是必然和现实之道。最后，信息不完全是人类决策和行动的终极难题，而不断发展的信息技术则是试图破解该难题的基本工具。显然，经济动员能力生成离不开对该工具和手段的使用。

第八章

结论与展望

本书从集体行动的视角研究经济动员能力生成问题，主要得出以下结论。

一、经济动员能力是一种集体行动能力

经济动员的最终对象是国民经济各行各业，直接对象则是从事经济生产活动的人。经济动员的直接目的是维护国家安全提供经济保障，最终目的是提供安全这种公共产品。由于经济动员本质是一种集体行动，因此经济动员能力是一种集体行动能力，并符合"领导者—追随者"基本博弈模型。据此，可以从集体行动的基本逻辑和理论来分析经济动员能力生成的问题。对于集体行动而言，由于其产出天生具有公共特性，使参与者存在"搭便车"的倾向与可能，从而导致集体行动困境的出现。与一般的集体行动类似，经济动员这类特殊的集体行动也存在困境，人类战争史为此提供了大量的事实依据，并且该困境的出现会对经济动员产生非常不利的影响，如降低经济动员的效率、

速度等，并最终影响战争的进程和战争胜负结果。从集体行动的角度来看，解决经济动员能力生成问题，本质上就是破除经济动员集体行动困境。

二、经济动员能力生成始于共容利益

利益问题是一切经济行为的核心问题。经济动员是一种复杂的经济行为，既涉及资源的配置，又是一种特殊的集体行动，其"领导者"与"追随者"之间存在较为复杂的利益耦合关系。能否处理好这种利益耦合关系，是能否有效激发"追随者"积极性的首要问题。传统集体行动理论只注意到了集体行动中的共同利益，事实上，该共同利益还可以细化为共容利益与狭隘利益，并且二者对集体行动的效果具有明显不同的影响。通过历史梳理分析与逻辑推演可知，共容利益是促成经济动员能力生成的首要条件。因此，经济动员能力生成的首要问题就是如何打造具有共容利益的经济动员集体行动集团，这是由历史经验和集体行动理论得出的基本规律，在今后仍将继续发挥作用。但是，当前及未来经济动员内外部条件的深刻变化，正在影响共容利益的形成，对经济动员能力生成提出了新的巨大挑战，这也是需要考虑的重要问题。

三、经济动员能力生成成于制度安排

当特定的经济动员集体行动集团形成后，无论其利益共容与否，为了最终实现经济动员能力生成，都需要相应的制度安排，以确保"追随者"能够积极参与经济动员集体行动。首先，需要相应的强制制度安排，以实现普遍有效的约束。其次，需要有区别的选择性激励制度安排，以实现对异质性参与者的有效激励，避免出现逆向选择和道德风险等消极现象。最后，基于集体行动的小集团理论，还可以从行业动员入手，通过在行业层面实现局部的经济动员能力生成，进而将整个国民经济动员起来，从而避免大集团的集体行动困境。总之，这些制度安排不仅符合集体行动的基本逻辑，也是传统经济动员能力理论框架下促进各种子能力生成的手段。

四、"领导者"是决定经济动员能力生成的关键变量

国民经济动员集体行动过程符合"领导者—追随者"序贯博弈框架，由此，经济动员能力生成的过程就是"领导者"与"追随者"有效合作的过程。在合作过程中，"领导者"既是约束自身实现共容利益的可置信主体，也是实施一系列制度安排的权威主体。在经济动员能力生成过程中，自觉而坚强的"领导者"这个变量的作用就绝对不能忽略，这也是突破经典集体行动理论、破除大集团集体行动困境的一个重要研究点。所以，在优化经济动员能力生成模式时，夯实"领导者"的治理根基就成为首要工作。对于我国经济动员工作而言，首要的任务就是继续加强中国共产党的自身建设，并提升其办事能力。

▌▌▌ 第二节 展 望

本书从集体行动的角度打开了研究经济动员能力生成的新窗口，但受研究任务及能力所限，只能针对其中的部分问题进行探索性研究，未尽事宜尚多。同时，经济动员能力生成实践中也面临诸多现实挑战。下面从理论与实践两个方面做一个展望。

一、理论研究

经济动员能力理论本身构成一个开放的体系，除对自身内部结构

进行研究外，还需要关注其与外部相关要素之间的相互作用和联系。例如，经济动员能力与经济动员潜力的互动、经济动员能力与政治动员能力的结合、从经济动员能力到国家能力等。

1. 经济动员能力与经济动员潜力的互动

完整的国民经济动员活动需要经济动员能力作用于经济动员潜力才能真正实现，其中，经济动员潜力属于生产力和经济基础的范畴，经济动员能力则属于生产关系和上层建筑的范畴。显然，脱离了经济动员潜力的经济动员能力便是空中楼阁。因此，在下一步的研究中，还需要关注经济动员能力与经济动员潜力相适应的问题，以及二者相互作用、相互影响的内在机理和主要过程等。

2. 经济动员能力与政治动员能力的结合

在国防动员工作层面，经济动员与政治动员属于两个相对独立的系统，这种独立使学术界在进行理论研究时出现了分离，即从事经济动员研究的学者较少关注政治动员，政治动员理论中也很少有经济动员的相关要素。但是，从中国共产党领导的动员实践的历史可知，经济动员与政治动员耦合紧密、相互补充，经济动员手段与政治动员手段交叉使用，经济动员能力与政治动员能力相得益彰。在逻辑上，政治动员作为一种思想发动工具，深刻影响经济动员集体行动参与者的意识与偏好重塑，从而影响经济动员能力的生成。反之，经济动员能力的生成也能通过共容利益强化政治动员的动力基础。因此，在后续研究中需要高度重视经济动员能力与政治动员能力的融合统一。

3. 从经济动员能力到国家能力

当前，国家能力日益成为国家间竞争的核心，国家能力问题研究将成为国家治理研究的重大课题。经济动员能力是国家能力的重要内容，其集体行动的内在机理原理是分析和构建国家能力的理论支持和逻辑基础。一方面，经济动员能力与国家能力生成都具有相同的"领导者"，即国家行为主体；另一方面，经济动员能力与国家能力生成都是为了生产公共产品。那么，如何借鉴经济动员能力生成的逻辑重构国家能力，将是一个很有研究价值的课题。

二、实践进展

经济动员能力理论研究的最终目的是服务于实际工作，未来经济动员能力生成过程必须有效融入国家及动员相关重大实践。

1. 动员集体行动与经济动员功能拓展

国民经济动员功能拓展是动员工作发展演变的大势所趋，也是经济动员能力生成面临的巨大挑战。事实上，经济动员功能拓展涉及军、地、民各方利益主体，本身也是一项集体行动，也需要破除困境。同时，经济动员能力的有效生成能够促进功能拓展的有效实现，二者相互作用的过程将是未来实践工作中需要高度关注的一个重点。

2. 全球一体化下的经济动员集体行动

随着经济全球化以及我国国家利益的快速对外拓展，尤其是"一带一路"倡议的提出与实施，我国的经济动员能力生成将不再局限于一国之内。首先，我国在世界范围内拥有数量庞大的华侨同胞，经济动员能力的生成也就必须考虑华侨因素，在更广范围内夯实集体行动的主体基础。其次，要发挥世界友好国家的经济支援能力，强化我国经济动员能力生成的国际基础。

参考文献

[1] 阿克洛夫. 柠檬市场:质量的不确定性和市场机制 [J]. 经济导刊, 2001(6).

[2] 奥尔森. 国家的兴衰:经济增长、滞胀和社会僵化 [M]. 李增刚, 译. 上海:上海人民出版社, 2007.

[3] 奥尔森. 集体行动的逻辑 [M]. 陈郁, 郭宇峰, 李崇新, 译. 上海:格致出版社, 2014.

[4] 奥尔森. 权力与繁荣 [M]. 苏长和, 嵇飞, 译. 上海:上海人民出版社, 2014.

[5] 巴泽尔. 国家理论:经济权利、法律权利与国家范围 [M]. 钱勇, 曾咏梅, 译. 上海:上海财经大学出版社, 2006.

[6] 白春礼. 世界科技创新趋势与启示 [J]. 科学发展, 2014(3).

[7] 毕泗锋. 经济效率理论研究述评 [J]. 经济评论, 2008(6).

[8] 波札罗夫. 军事实力与经济基础 [M]. 中国人民解放军总后勤部, 译. 北京:解放军出版社, 1985.

[9] 曹固强. 抗日战争时期汉奸现象的思考 [J]. 红广角, 2015(10).

[10] 陈波, 等. 国防经济思想史 [M]. 北京:经济科学出版社, 2014.

[11] 陈德第, 库桂生. 国民经济动员:基本理论和历史经验的

研究［M］．北京:长征出版社，1995.

　　［12］陈德第，李轴，库桂生．国防经济大辞典［M］．北京:军事科学出版社，2001.

　　［13］陈德第．新时期国民经济动员理论框架［J］．北京理工大学学报（社会科学版），2003，5(3).

　　［14］陈刚．京都议定书提供的"选择性激励"［J］．国际论坛，2005，7(4).

　　［15］陈晓刚，樊传文，宋康，等．国防建设巡礼:河南省深化军民融合提升国防动员能力［J］．国防，2014(4).

　　［16］陈晓和，纪建强．装备动员潜力、效率及其对国民经济的影响评估［J］．军事经济研究，2011(12).

　　［17］陈钊．信息与激励经济学［M］.2版．上海:格致出版社，2005.

　　［18］崔博，谭清美，潘顺荣．新时代国民经济动员改革初探［J］．南京航空航天大学学报（社会科学版），2004，6(4).

　　［19］邓小平．邓小平文选:第二卷［M］．北京:人民出版社，1994.

　　［20］董平，孔昭君．从经典动员模式到敏捷动员模式［J］．北京理工大学学报（社会科学版），2009，11(3).

　　［21］董平．敏捷动员模式下国民经济动员潜力评价体系及方法研究［J］．北京理工大学学报（社会科学版），2005，7(5).

　　［22］董问樵．国防经济论［M］．北京:北京理工大学出版社，2007.

　　［23］丰子义．历史阐释的限度问题［J］．哲学研究，2019(11).

　　［24］冯建华，周林刚．西方集体行动理论的四种取向［J］．国外社会科学，2008(4).

　　［25］冯巨章．西方集体行动理论的演化与进展［J］．财经问题研究，2006(8).

［26］弗雷，斯塔特勒．经济学和心理学：一个有前景的新兴跨学科领域［M］．单爽爽，张之峰，王淑玲，等译．北京：中国人民大学出版社，2014.

［27］付启元．抗战时期汉奸形成原因探析［J］．民国档案，2002(4)．

［28］傅慧军．构建一体化联合动员新模式的"三块基石"［J］．国防，2006(2)．

［29］富勒．亚历山大的将道［M］．李磊，琚宏，译．南宁：广西人民出版社，2006.

［30］高保中，赵学增．马克思主义经济学和中国新常态下的改革与发展：全国第九届马克思主义经济学发展与创新论坛综述［J］．经济研究，2015(12)．

［31］高春芽．集体行动的逻辑及其困境［J］．武汉理工大学学报（社会科学版），2008，21(1)．

［32］高春芽．集体行动理论思想渊源探析［J］．沈阳大学学报，2009，21(1)．

［33］顾桐菲．国民经济实力对国民经济动员潜力的影响分析［J］．军事经济研究，2011(4)．

［34］管传芳，刘平．美国国防部的知识产权管理［J］．中国发明与专利，2006(7)．

［35］管仲．管子［M］．哈尔滨：北方文艺出版社，2013.

［36］郭建，李美娟．奥尔森的集体行动理论与基层党组织执行力建设［J］．中共太原市委党校学报，2015(1)．

［37］郭景萍．集体行动的情感逻辑［J］．河北学刊，2006，26(2)．

［38］国家国防动员委员会综合办公室．关于国防动员潜力统计资料提供及专项统计调查的规定［J］．国防，2011(10)．

［39］国民经济运行总体平稳、稳中有进 上半年国内生产总值340637 亿元同比增长 6.7% ［EB/OL］．中国政府网，https：//

www. gov. cn/xinwen/2016-07/15/content_ 5091786. htm. 2016-07-15.

［40］哈耶克．通往奴役之路［M］．王明毅，冯兴元，等译．北京：中国社会科学出版社，2015.

［41］汉考克．动员：美国战略政策的工具［M］．王淑梅，译．北京：军事科学出版社，2006.

［42］贺琨，曾立，陈延敏．基于溢出效应的国民经济动员军民融合发展研究［J］．科技进步与对策，2015，32(20)．

［43］贺琨，曾立．国民经济动员经济效率相关问题研究［J］．北京理工大学学报（社会科学版），2015，17(6)．

［44］贺琨，曾立．军民融合机理的范围经济解释［J］．科技进步与对策，2015，32(9)．

［45］贺琨，胡宇萱，曾立．国民经济动员军民融合发展综合评价研究［J］．装备学院学报，2016，27(6)．

［46］贺琨，易比一，曾立．基于范围经济的国民经济动员功能拓展研究［J］．军事经济研究，2016(1)．

［47］赫拉利．人类简史：从动物到上帝［M］．林俊宏，译．北京：中信出版社，2014.

［48］赫拉利．未来简史：从智人到智神［M］．林俊宏，译．北京：中信出版社，2017.

［49］亨金，罗森塔尔．宪政与权利：美国宪法的域外影响［M］．郑戈，赵晓力，强世功，译．上海：生活·读书·新知三联书店，1996.

［50］胡光正．深化国防和军队改革的几个重点理论问题：上［J］．国防，2014(11)．

［51］胡光正．中国军事百科全书：战争动员［M］．2版．北京：中国大百科全书出版社，2007.

［52］黄树光，何海花．论人类合作的起源［J］．黄冈师范学院学报，2010，30(1)．

［53］纪建强，黄朝峰，李湘黔．国家软实力对国民经济动员能力的影响［J］．中国国情国力，2010(9)．

［54］姜鲁鸣，王文华．中国近现代国防经济史（1840—2009）［M］．北京：中国财政经济出版社，2012.

［55］姜鲁鸣．犁与剑交叉与融合［M］．北京：长征出版社，2013.

［56］蒋百里．国防论［M］．北京：东方出版社，2013.

［57］金良帅．中国国民经济动员融入式发展研究［D］．武汉：军事经济学院，2011.

［58］金太军，姚虎．国家认同：全球化视野下的结构性分析［J］．中国社会科学，2014(6)．

［59］金晓峰，付志刚．"渐进反应动员"管见［EB/OL］．新浪网，http：//mil. news. sina. com. cn/2006 - 07 - 31/0906387382. html.2006-07-31.

［60］克莱姆．经济动员准备［M］．库桂生，张炳顺，译．北京：国防大学出版社，1991.

［61］孔慧珍．流程视角下民用工业敏捷动员体系建设研究［D］．北京：北京理工大学，2015.

［62］孔昭君，陈正杨．关于深化和升级国民经济动员机制的思考［J］．北京理工大学学报（社会科学版），2013，15(1)．

［63］孔昭君，韩秋露．论集成动员［J］．北京理工大学学报（社会科学版），2015，17(1)．

［64］孔昭君，李波．抗击"非典"中的动员机制［J］．北京理工大学学报（社会科学版），2004(6)．

［65］孔昭君，王成敏．供给视角的国民经济动员潜力理论探索［J］．北京理工大学学报（社会科学版），2010，12(2)．

［66］孔昭君．国民经济动员链及其意义与价值［J］．军事经济研究，2012(3)．

[67] 孔昭君．论大动员观念的培育［J］．军事经济研究，2002(10)．

[68] 孔昭君．论敏捷动员［J］．北京理工大学学报（社会科学版），2005，7(1)．

[69] 孔昭君．敏捷动员模式的实践雏形：试析国民经济动员"宁波模式"［J］．北京理工大学学报（社会科学版），2009，11(1)．

[70] 郎为民．漫话大数据［M］．北京：人民邮电出版社，2014.

[71] 李崇富．马克思主义国家观和国家认同问题［J］．中国社会科学，2013(9)．

[72] 李汉卿．中国共产党农村政治动员模式研究：1949—2012［M］．北京：中央编译出版社，2015.

[73] 李怀，贺灵敏．集体行动的内部动员过程：硬强制动员与软强制动员［J］．华中科技大学学报（社会科学版），2009，23(5)．

[74] 李慧娟，林维柏，贾树方．追随力探析：领导者—追随者互动视角［J］．商场现代化，2015(22)．

[75] 李娟，黄晖，褚云汉．从汶川地震谈灾害应急中的国防科技资源动员：以红外技术为例［J］．北京理工大学学报（社会科学版），2009，11(4)．

[76] 李娟娟．集体行动视角下的国际公共品供给研究：一个理论分析框架及应用［D］．济南：山东大学，2015.

[77] 李俊慧．经济学讲义：颠覆传统经济学26讲：上［M］．北京：中信出版社，2012.

[78] 李克强．2015年度政府工作报告：在第十二届全国人民代表大会第四次会议上［EB/OL］．中国政府网，https://www.gov.cn/guowuyuan/2015zfgzbg.htm.2016-03-05.

[79] 李然．国际安全形势与中国周边安全：专访国防大学战略教研部教授杨毅［J］．领导文萃，2015(5)．

[80] 李亚洲．适应军事斗争准备需要加强国防动员一体化建

设［J］．国防，2007(4)．

［81］李永峰．亚洲周刊：2008 风云人物：四川地震百万志愿者［EB/OL］．中国新闻网，2008-12-12．

［82］历程：大事记［N/OL］．四川日报，2011-05-12．

［83］林芳竹．转型期国民经济动员的新制度经济学分析［J］．江西社会科学，2009(3)．

［84］刘爱莲，张艳．奥尔森组织理论研究［J］．商业时代，2014(22)．

［85］刘华云．理性人、自利与道德性激励：评述奥尔森的集体行动理论［J］．西华师范大学学报（哲学社会科学版），2014(4)．

［86］刘化绵．军事经济学辞典［M］．北京：中国经济出版社，1993．

［87］刘伟光．湖南省装备经济动员潜力研究［D］．长沙：国防科学技术大学，2009．

［88］刘扬，吴月娥．金融危机影响下我国科技新闻面临的机遇与对策［J］．科技传播，2010(4)．

［89］刘翌琼，曾立．装备经济动员潜力评估与动员中心建设研究［J］．国防技术基础，2010(3)．

［90］刘永强，张复平．信息化条件下国防动员研究［M］．北京：解放军出版社，2006．

［91］卢现祥，朱巧玲．新制度经济学［M］．2 版．北京：北京大学出版社，2012．

［92］卢志雄，南文安．基于军民融合的国民经济动员问题浅探［J］．军事经济学院学报，2011，18(1)．

［93］鲁鑫．奥尔森集体行动理论脉络分析［J］．现代商贸工业，2013(10)．

［94］马存成．信息化条件下战区作战快速动员问题研究［J］．国防，2006(2)．

［95］毛泽东．毛泽东军事文集：第二卷［M］．北京：军事科学出版社，1993．

［96］毛泽东．毛泽东军事文集：第六卷［M］．北京：军事科学出版社，1993．

［97］毛泽东．毛泽东选集：第二卷［M］．北京：人民出版社，2009．

［98］毛泽东．毛泽东选集：第三卷［M］．北京：人民出版社，2009．

［99］毛泽东．毛泽东选集：第一卷［M］．北京：人民出版社，2009．

［100］糜振玉．钱学森现代军事科学思想［M］．北京：科学出版社，2011．

［101］尼克尔斯，麦克修J，麦克修S．认识商业［M］．陈智凯，黄启瑞，译．8版．北京：世界图书出版公司，2009．

［102］庇古．社会主义和资本主义的比较［M］．黄延峰，译．北京：电子工业出版社，2013．

［103］潘维．信仰人民：中国共产党与中国政治传统［M］．北京：中国人民大学出版社，2017．

［104］皮建才．领导、追随与社群合作的集体行动：基于公平相容约束的扩展［J］．经济学（季刊），2007，6（2）．

［105］秦川．四书五经［M］．北京：北京燕山出版社，2007．

［106］瞿编．"中国首善"陈光标的慈善人生［J］．决策与信息，2008（7）．

［107］任建树．奇文赏析民主至上：评陈独秀的《爱国心与自觉心》［J］．史林，1986（3）．

［108］任民．大力加强国民经济动员能力建设［J］．国防，2005（7）．

［109］任民．国防动员：平时服务·急时应急·战时应战［J］．

国防，2007(4)．

[110] 桑德勒，哈特利．国防经济学手册：全球化进程中的国防：第 2 卷［M］．姜鲁鸣，陈波，罗永光，等译．北京:经济科学出版社，2009．

[111] 山立威，甘犁，郑涛．公司捐款与经济动机：汶川地震后中国上市公司捐款的实证研究［J］．经济研究，2008(11)．

[112] 邵丹．新形势下提高国民经济动员能力的研究［D］．银川：宁夏大学，2005．

[113] 盛洪．现代制度经济学［M］．北京:中国发展出版社，2009．

[114] 盛若蔚．中国共产党党员总数超 9000 万［N］．人民日报，2019-07-01．

[115] 施莱辛格．国家安全的政治经济学：当代大国竞争的经济学研究［M］．韩亚军，李韬，陈洪桥，译．北京:北京理工大学出版社，2007．

[116] 施一丹，苏振华．从微观机制到社会结构：集体行动理论的跨学科比较［J］．学术月刊，2013(9)．

[117] 石亚东．我国战时财政动员潜力及其转化机制分析［J］．中央财经大学学报，2009(5)．

[118] 石莹，黄波，陈益高．制度变迁视角下的国民经济动员常态化发展探析［J］．军事经济研究，2010(10)．

[119] 史普博．管制与市场［M］．余晖，何帆，钱家骏，等译．上海:格致出版社，1999．

[120] 宋河洲．曼哈顿计划与阿波罗计划的组织实施［J］．科学学与科学技术管理，1981(5)．

[121] 苏振华．公共治理与集体行动效率［M］．北京:中国社会科学出版社，2013．

[122] 孙栋，顾永治，马文刚，等．大型动员装备加改装模块化

设计［J］．装备学院学报，2015，26(5)．

［123］孙海龙．国防动员潜力调查系统设计与实现［D］．长春：吉林大学，2012．

［124］孙应帅．史诗般的辉煌巨变：90 年来中国共产党党员数量与结构的变化与发展［N］．光明日报，2011-07-05．

［125］索普．理论后勤学［M］．张焱，译．北京：解放军出版社，2005．

［126］覃爱玲．新一轮军队改革拉开大幕［J］．南风窗，2015(26)．

［127］谭冬生，雷渊深．战争动员学［M］．北京：军事科学出版社，1997．

［128］汪敏达．集体行动的实验研究：理性、偏好、目标与治理［D］．天津：南开大学，2014．

［129］王冠．集体行动的动力机制研究：基于 T 市出租车罢运事件的考察［D］．长春：吉林大学，2013．

［130］王慧博．集体行动理论述评［J］．理论界，2006(4)．

［131］王建军，孔昭君．关于国民经济动员潜力的理论研究［J］．北京理工大学学报（社会科学版），2009，11(5)．

［132］王建伟．全胜：信息网络时代的制胜之道［M］．北京：长江文艺出版社，2017．

［133］王健君，尚前名，王仁贵，等．政府工作报告中的 2015 年中国经济大视角［EB/OL］．中国政府网，https://www.gov.cn/xin-wen/2015-03/07/content_ 2829856.htm.2015-03-07．

［134］王立新，孔昭君，刘义昌，等．国民经济动员学［M］．长春：吉林人民出版社，2001．

［135］王灵恩．基于文献分析的中国国民经济动员研究［J］．北京理工大学学报（社会科学版），2014，16(6)．

［136］王美权，黄承伟，陈龙．国防动员潜力调查统计指南［M］．

北京:国防大学出版社,2007.

　　[137] 王清华.集体行动的理论综述 [J].经济研究导刊,2013(8).

　　[138] 王士彬,杜献洲.习近平就军民融合发展提要求 [N].解放军报,2015-03-12.

　　[139] 王伟光.纪念中国共产党成立95周年:把人民写在自己的旗帜上 [J].学习,2016(42).

　　[140] 王兴旺.国防建设对经济社会发展的"溢出效应" [J].国防,2009(3).

　　[141] 尼克·威尔金森.行为经济学 [M].贺京同,那艺,等译.北京:中国人民大学出版社,2012.

　　[142] 威尔逊.论人性 [M].方展画,周丹,译.杭州:浙江教育出版社,2001.

　　[143] 尉缭.武经七书尉缭子 [M].北京:中华书局,2011.

　　[144] 文件起草组.《中共中央关于制定国民经济和社会发展第十三个五年规划的建议》辅导读本 [M].北京:人民出版社,2015.

　　[145] 吴光敏.刍议运用军事运筹学谋求精确动员 [J].国防,2015(11).

　　[146] 吴景亭.战争动员 [M].北京:解放军出版社,1987.

　　[147] 吴敬琏,等.供给侧改革:经济转型重塑中国布局 [M].北京:中国文史出版社,2016.

　　[148] 习近平.在庆祝中国共产党成立95周年大会上的讲话 [J].学习,2016(43).

　　[149] 习近平.在哲学社会科学工作座谈会上的讲话 [J].学习,2016(41).

　　[150] 夏纪军.公平与集体行动的逻辑 [M].上海:格致出版社,2013.

　　[151] 谢翠华,胡海燕.试论经济动员潜力与经济动员能力 [J].

军事经济研究，2001(3)．

［152］谢翠华．论加快转变国防动员能力生成模式［J］．军事经济研究，2013(5)．

［153］谢翠华．信息化战争条件下国防动员能力生成机理研究［J］．军事经济学院学报，2014(7)．

［154］谢翠华．转型期中国国民经济动员制度创新及其路径选择［D］．武汉：军事经济学院，2007．

［155］谢林．冲突的战略［M］．赵华，等译．北京：华夏出版社，2011．

［156］谢岳，曹开雄．集体行动理论化系谱：从社会运动理论到抗争政治理论［J］．上海交通大学学报（社会科学版），2009，17(3)．

［157］新华社．截至 13 日 12 时　四川汶川地震已经造成 69163 遇难［EB/OL］．中国政府网，https：//www. gov. cn/jrzg/2008－06/13/content_ 1016050. htm. 2008－06－13．

［158］许四海，叶满宇，王鹏．交通战备建设在军民融合中迈向现代化［N］．中国交通报，2010－06－21．

［159］荀况．荀子［M］．北京：中华书局，2015．

［160］闫吉昌．国防经济动员能力生成模式浅谈：基于美国两次海湾战争的动员模式［J］．经济视野，2013(19)．

［161］杨蕙馨，刘春玉．知识溢出效应与企业集聚定位决策［J］．中国工业经济，2005，12(12)．

［162］杨静．网络集体行动研究：以"PX"事件为例［D］．南宁：广西大学，2015．

［163］杨小卿．64 位诺贝尔经济学奖获得者学术贡献评介［M］．北京：社会科学文献出版社，2010．

［164］伊达尔戈．增长的本质：秩序的进化，从原子到经济［M］．浮木译社，译．北京：中信出版社，2015．

［165］于川信，王鑫，袁伟．发挥国防建设"溢出效应"促进社

会经济发展〔J〕. 军事经济研究，2013(1).

〔166〕曾立. 国民经济动员能力量化与优化〔D〕. 北京：中国人民解放军国防大学，2003.

〔167〕张翠芳，程曼莉. 经济建设贯彻国防需求：国防动员能力提升的基本途径〔J〕. 军事经济研究，2012(2).

〔168〕张济顺. 上海里弄：基层政治动员与国家社会一体化走向(1950—1955)〔J〕. 中国社会科学，2004(2).

〔169〕张继亮. 走出集体行动困境的社会资本逻辑理路探析〔J〕. 学术交流，2014(6).

〔170〕张敬媛，林文. 做好后勤供应人民支援前线：纪念辽沈战役胜利50周年〔J〕. 兰台世界，1998(12).

〔171〕张生. 中国历史上的汉奸现象和"汉奸文化"〔J〕. 江淮文史，2015(4).

〔172〕张仕波. 战争新高地〔M〕. 北京：国防大学出版社，2017.

〔173〕张苏阳. 国民经济动员中心动员潜力测度研究〔D〕. 北京：北京理工大学，2014.

〔174〕张涛，刘冬. 信息化条件下国民经济动员能力生成模式研究〔M〕. 北京：国防大学出版社，2015.

〔175〕张维迎. 市场与政府：中国改革的核心博弈〔M〕. 西安：西北大学出版社，2014.

〔176〕张晓雁. 关于强化国民经济动员能力生成的思考〔J〕. 国防，2009(2).

〔177〕张秀生，盛见. 关于经济效率内涵的分环节探讨〔J〕. 生产力研究，2008(3).

〔178〕张宇燕. 利益集团与制度非中性〔J〕. 改革，1994(2).

〔179〕张羽. 战争动员发展史〔M〕. 北京：军事科学出版社，2004.

［180］赵阳，姜树广．领导、追随与人类合作秩序的维持［J］．南方经济，2015(3)．

［181］赵义良，刘佳．论马克思工人阶级集体行动理论的内在逻辑及其当代发展［J］．理论学刊，2013(4)．

［182］中共中央　国务院　中央军委印发《关于经济建设和国防建设融合发展的意见》［EB/OL］．新华网，http：//www.gov.cn/xin-wen/2016-07/21/content_ 5093488. htm. 2016-07-21.

［183］中共中央党史研究室．中国共产党的九十年［M］．北京：中共党史出版社，2016.

［184］中共中央马克思恩格斯列宁斯大林著作编译局．列宁全集：第16卷［M］．北京：人民出版社，1988.

［185］中共中央马克思恩格斯列宁斯大林著作编译局．马克思恩格斯全集：第一卷［M］．北京：人民出版社，1995.

［186］中共中央马克思恩格斯列宁斯大林著作编译局．列宁全集：第38卷［M］．北京：人民出版社，1959.

［187］中共中央马克思恩格斯列宁斯大林著作编译局．列宁全集：第4卷［M］．北京：人民出版社，1984.

［188］中国大百科全书编委会．中国大百科全书：军事卷［M］．北京：中国大百科全书出版社，1989.

［189］中国人民解放军军事科学院．马克思恩格斯军事文集：第一卷［M］．北京：战士出版社，1981.

［190］中国人民解放军军事科学院．斯大林军事文集［M］．北京：战士出版社，1981.

［191］中国人民解放军总参谋部动员部．中国军事百科全书：战争动员分册［M］．北京：军事科学出版社，1992.

［192］中国人民解放军总政治部．习主席国防和军队建设重要论述读本［M］．北京：解放军出版社，2014.

［193］中国战争动员百科全书编审委员会．中国战争动员百科全

书［M］．北京：军事科学出版社，2003．

［194］《中华人民共和国国民经济动员史》编写组．中华人民共和国国民经济动员史：1949—1978［M］．北京：军事科学出版社，2014．

［195］中华人民共和国国民经济和社会发展第十三个五年规划纲要［EB/OL］．中国政府网，https：//www. gov. cn/xinwen/2016-03/17/content_ 5054992. htm. 2016-03-17．

［196］中华人民共和国国务院新闻办公室．新疆的反恐、去极端化斗争与人权保障［R］．2019-03-18．

［197］仲永龙，于元斌，张根亮．中外战争动员比较研究［M］．北京：军事科学出版社，2010．

［198］周利敏．灾害情境中的集体行动及形成逻辑［J］．北京理工大学学报（社会科学版），2012，14(3)．

［199］周涛．军民融合经济动员模式研究［D］．成都：西南财经大学，2010．

［200］周兴昌．模块化配置：实现动员需求和供给对接的必要途径［J］．中国国防经济，2007(6)．

［201］周晔馨，涂勤，胡必亮．惩罚、社会资本与条件合作：基于传统实验和人为田野实验的对比研究［J］．经济研究，2014(10)．

［202］朱富强．如何理解真实世界中的人类行为：行为功利主义抑或互利主义之辨析［J］．改革与战略，2010(3)．

［203］朱茂群．精确化：未来战争动员的走向［J］．国防，2002(2)．

［204］朱庆林，李海军，谢翠华．中国国民经济动员学研究［M］．北京：军事科学出版社，2005．

［205］朱庆林，李学武．国民经济动员学教程［M］．3 版．北京：军事科学出版社，2012．

［206］朱庆林，肖廷杰．国民经济动员概论［M］．北京：军事科

学出版社，1997．

[207] 朱庆林，朱华珍．适应军队战斗力生成模式转变进一步推进国民经济动员建设 [J]．军事经济研究，2013(2)．

[208] 朱庆林．"寓于式"发展：多种安全威胁下国民经济动员准备的最佳模式 [J]．军事经济研究，2012(1)．

[209] 朱庆林．论新世纪我国国民经济动员潜力建设 [J]．后勤学术，2002(10)．

[210] 朱庆林．试论战争经济动员能力 [J]．军事经济学院学报，1997(1)．

[211] 朱宪辰，李玉连．领导、追随与社群合作的集体行动：行业协会反倾销诉讼的案例分析 [J]．经济学（季刊），2007，6(2)．

[212] 朱志方．集体意向：一个无用的虚构 [J]．哲学研究，2012(5)．

[213] 邹云松，赖祥，涂海燕．国民经济动员"逆向"潜力调查模式初探 [J]．军事经济研究，2010(7)．

[214] 左胤武．奥尔森集体行动理论综述 [J]．中国商贸，2012(23)．

[215] ACHESON J M. The lobster fiefs：Economic and ecological effects of territoriality in the maine lobster industry [J]．Human ecology，1975，3(3)．

[216] AGRAWAL A. Innovation，growth theory and the role of knowledge spillovers [J]．Innovation analysis bulletin，2002，4(3)．

[217] AKERLOF G A，KRANTON R E. Identity economics：How our identities shape our work，wages，and well-being [M]．Princetion：Princeton University Press，2010．

[218] ANDREONI J. Privately provided public goods in a large economy：the limits of altruism [J]．Journal of public economics，1988，35(1)．

[219] ARCE D G. Leadership and the aggregation of international col-

参考文献

lective action [J] . Oxford economic papers, 2001, 53(1) .

[220] ARISTOTLE. Politics [M] . Translated by BENJAMIN A H. Shanghai: World Book Inc. , 2011.

[221] ARROW K. Social choice and individual values [M] . New York: John Wiley & Sons, 1951.

[222] AXELROD R. The evolution of cooperation [M] . New York: Basic Books, 1984.

[223] BALAND J M, PLATTEAU J P. Division of the commons: A partial assessment of the new institutional economics of land rights [J] . American journal of agricultural economics, 1998, 80(3) .

[224] BARRETT S. Why cooperate? The incentive to supply global public goods [M] . Oxford: Oxford University Press, 2007.

[225] BARRINGTON M. Privacy [M] . Armonk: M. E. Sharpe, 1984.

[226] BAUMOL W J. Welfare economics and the theory of the state [M] . Cambridge: Harvard University Press, 1952.

[227] BAURMANN M. Der markt der tugend: Recht und moral in der liberalen [M] . Tübingen: Mohr Siebeck, 2000.

[228] BENTLEY A. The process of government [M] . Evanston: Principia Press, 1949.

[229] BENZ M, MEIER S. Do people behave in experiments as in the field? Evidence from donations [D] . Zurich: University of Zurich,2005.

[230] BEWLEY T F. Why wages don't fall during a recession [M]. Cambridge: Harvard University Press, 1999.

[231] BINMORE K. Playing for real: A text on game theory [M]. Oxford: Oxford University Press, 2007.

[232] BLUMER H. Elementary collective behavior [M] //LEE A M. New outline of the principles of sociology. New York: Barnes & Noble,

Inc. , 1946.

[233] BOWLES S, GINTIS H. The evolution of strong reciprocity: Cooperation in heterogeneous populations [J] . Theoretical population biology, 2004, 65(1) .

[234] BOYD R, RICHERSON P J. Culture and the evolutionary process [M] . Chicago: University of Chicago Press, 1985.

[235] BUCHANAN J M. An economic theory of clubs [J] . Economica, 1965, 32(125) .

[236] BUCHANAN J M, TULLOCK G. The calculus of consent [M]. Ann Arbor: Michigan University Press, 1962.

[237] BULLOCK K, BADEN J. Communes and the logic of the commons [M] . San Francisco: Freeman, 1977.

[238] CARPENTER J, SEKI E. Do social preferences increase productivity? Field experimental evidence from fishermen in Toyama Bay [J]. Economic inquiry, 2005, 49(2) .

[239] CHAMBERLIN J R. Provision of collective goods as a function of group size [J] . American political science review, 1974, 68(2) .

[240] CHAN K S, MESTELMAN S, MOIR R, et al. Heterogeneity and the voluntary provision of public goods [J] . Experimental economics, 1999, 2(1) .

[241] CHONG D. Collective action and the civil rights movement [M]. Chicago: Chicago University Press, 1991.

[242] CLEM H J. Mobilization preparedness [M] . Washington D. C. : National Defense University Press, 1983.

[243] COMMONS J R. The economics of collective action [M] . Madison: University of Wisconsin Press, 1970.

[244] DAHL R A, LINDBLOM C E. Politics, economics and welfare [M] . New York: Harper and Bros, 1953.

[245] DALES J H. Pollution, property and prices: An essay in policy-making and economics [M]. Toronto: University of Toronto Press, 1968.

[246] DAWES R M, MESSICK D M. Social dilemmas [J]. International journal of psychology, 2000(2).

[247] DE TOCQUEVILLE A. Democracy in America [M]. London: Penguin Classics Press, 2015.

[248] DOWNS A. An economic theory of democracy [M]. New York: Harper and Bros, 1957.

[249] DRAKOS K, KUTAN A M. Regional effects of terrorism on tourism in three Mediterranean countries [J]. Journal of conflict resolution, 2003(47).

[250] DRAKOS K. Terrorism-induced structural shifts in financial risk: airline stocks in the aftermath of the September 11th terror attacks [J]. European journal of political economy, 2004, 20(2).

[251] FEHR E, GÄCHTER S. Altruistic punishment in humans [J]. Nature, 2002, 415(6868).

[252] FISCHBACHER U, GÄCHTER S, FEHR E. Are people conditionally cooperative? Evidence from a public goods experiment [J]. Economics letters, 2001, 71(3).

[253] FOSS N J. Leadership, beliefs and coordination: An explorative discussion [J]. Industrial and corporate change, 2001, 10(2).

[254] FREY B S, MEIER S. Social comparisons and pro-social behavior: Testing "conditional cooperation" in a field experiment [J]. American economic review, 2004, 94(5).

[255] FRIEDMAN D, OPREA R. A continuous dilemma [J]. American economic review, 2012(1).

[256] FRIEDMAN M. The methodology of positive economics [M].

Chicago: University of Chicago Press, 1953.

[257] GAVIOUS A, MIZRAHI S. Continuous time models of collective action and political change [J]. Constitutional political economy, 2000, 11(2).

[258] GELLHOM E, PIERCE, R J. Regulated industries [M]. St. Paul: West Publishing Co., 1982.

[259] GORDON H S. The economic theory of a common-property resource: the fishery [J]. Journal of political economics, 1954(62).

[260] GREEN E D, WATSON J D, COLLINS F S. Nature: 人类基因组回顾大生物学的 25 年 [J]. 陈晓青, 译. 中国科技奖励, 2015(12).

[261] GURR T R. Why men rebel [M]. Princeton: Princeton University Press, 1970.

[262] GüTH W, SCHMITTBERGER R, SCHWARZ B. An experimental analysis of ultimatum bargaining [J]. Journal of economic behavior and organization, 1982(3).

[263] HAIGNER S, WAKOLBINGER F. To lead or not to lead: Endogenous sequencing in public goods games [J]. Economics letters, 2010, 108(1).

[264] HAMILTON W D. The genetical evolution of social behaviour, I and II [J]. Journal of theoretical biology, 1964, 7(1).

[265] HARDIN G. The tragedy of the commons [J]. Science, 1968(168).

[266] HARDIN R. Collective action [M]. Baltimore: Johns Hopkins University Press, 1982.

[267] HELDT T. Conditional cooperation in the field: Cross-country skiers' behavior in Sweden [D]. Sweden: Dlama University and Uppsala University, 2005.

[268] HENRICH J P. Foundations of human sociality: Economic experiments and ethnographic evidence from fifteen small-scale societies [M].

Oxford: Oxford University Press, 2004.

[269] HERMALIN B E. Toward an economic theory of Leadership: Leading by example [J] . American economic review, 1998, 85(5) .

[270] HIRSHLEIFER J. From weakest-link to best-shot: The voluntary provision of public goods [J] . Public choice, 1983, 41(3) .

[271] HOBBES T. Leviathan [M] . London: J. M. Press, 1957.

[272] HUME D. A treatise of human nature [M] . Oxford: L. A. Selby-Bigge, 1946.

[273] KANBUR R. IFL's and IPG's: Operational implications for the world bank [R] . Working Paper, 2002.

[274] KESER C, WINDEN F V. Conditional cooperation and voluntary contributions to public goods [J] . Scandinavian journal of economics, 2000, 102(1) .

[275] KITTS J A. Collective action, rival incentives, and the emergence of antisocial norms [J] . American sociological review, 2006(2) .

[276] KORNHAUSER W. The politics of mass society [M] . New York: The Free Press, 1959.

[277] LASSWELL H D, KAPLAN A. Power and society: A framework for political inquiry [M] . City of New Haven: Yale University Press, 1950.

[278] LE BON G. The crowd: A study of the popular mind [M] . New York: Dover Publications, Inc. , 1895.

[279] LEONI B. The meaning of "political" in political decisions [J] . Political studies, 1957(5) .

[280] LEVITT M. Stemming the flow of terrorist financing: Practical and conceptual challenges [J] . Fletcher forum of world affairs, 2003(27) .

[281] LIN J Y. An economic theory of institutional change: Induced and imposed change [J] . Cato journal, 1989, 9(1) .

参考文献

[282] LLOYD W F. Two lectures on the checks to populationt [M]. Oxford: Oxford University Press, 1833.

[283] LUMSDEN M. The cyprus conflict as a prisoner's dilemma game [J]. Journal of conflict resolution, 1973, 17(1).

[284] MAGILL F N. International encyclopedia of economics [M]. Salem: Salem Press, 1997.

[285] MARTIN R, RANDAL J. Voluntary contributions to a public good: A natural field experiment [D]. Wellington: Victoria University, 2005.

[286] MARWELL M G, AMES R E. Economists free ride, does anyone else? Experiments on the provision of public goods [J]. Journal of public economics, 1981, 15(6).

[287] MARWELL M G, AMES R E. Experiments on the provision of public goods [J]. American journal of sociology, 1979(84).

[288] MASKIN E, SEN A. The Arrow impossibility theorem [M]. New York: Columbia University Press, 2014.

[289] MATTHEW E. A note on collective action, marxism, and the prisoner's dilemma [J]. Journal of economic issues, 1979, 13(3).

[290] MCADAM D. Political process and the development of black insurgency 1930–1970 [M]. Chicago: University of Chicago Press, 1982.

[291] MCCARTHY J D, ZALD M N. Resource mobilization and social movements: A partial theory [J]. American journal of sociology, 1977, 82(6).

[292] MCCARTHY J D, ZALD M N. The trend of social movements in America: Professionalization and resource mobilization [M]. Morristown: General Learning Corporation, 1973.

[293] MILL J S. Principles of political economy [M]. Seattle: Create Space Independent Publishing Platform, 2013.

［294］MIRRLEES J. An exploration in the theory of optimum income taxation ［J］. Review of economic studies, 1971, 38(3).

［295］MITNICK B M. The pilitical economy of regulation ［M］. New York: Columbia University Press, 1980.

［296］MORRIS I. The measure of civilization: How social development decides the fate of nations ［M］. Princeton: Princeton University Press, 2013.

［297］NEHER P A. The pure theory of the muggery ［J］. American economic review, 1978, 68(3).

［298］NITSCH V, SCHUMACHER D. Terrorism and international trade: An empirical investigation ［J］. European journal of political economy, 2004, 20(2).

［299］NORTH D C. Institutions, institutional change and economic performance ［M］. Cambridge: Cambridge University Press, 1990.

［300］NORTH D C. Structure and change in economic history ［M］. New York: W. W. Norton & Company, Inc. , 1981.

［301］NOWAK M A, MAY R M. Evolutionary games and spatial chaos ［J］. Nature, 1992, 359(6398).

［302］NOWAK M A, SIGMUND K. Evolution of indirect reciprocity by image scoring ［J］. Nature, 1998, 393(6685).

［303］NOWAK M A. Evolving cooperation ［J］. Journal of theoretical biology, 2012(299).

［304］OHTSUKI H, HAUERT C, LIEBERMAN E, et al. A simple rule for the evolution of cooperation on graphs and socail networks ［J］. Nature, 2006(441).

［305］OLIVER H. Attitude toward market and political self-interest ［J］. Ethics, 1955(65).

［306］OLIVER P E, MARWELL G. The paradox of group size in collective action: A theory of the critical mass II [J]. American sociological association, 1988, 53(1).

[307] OLIVER P E. Formal models of collective action [J]. Annual review of sociology, 1993, 19(8).

[308] OLIVER P E. Selective incentives in an apex game: An experiment in coalition formation [J]. Journal of conflict resolution, 1980(24).

[309] OLSON M, ZECKHAUSER R. An economic theory of alliance [J]. Review of economics and statistics, 1966, 48(3).

[310] OLSON M, ZECKHAUSER R. Collective goods, comparative advantage and alliance efficiency [C] //MCKEAN R N. Issues in defense economics. New York: Columbia University Press, 1967.

[311] OLSON M. Big bills left on the sidewalk: Why some nations are rich, and others poor [J]. Journal of economic perspectives, 1996, 10(2).

[312] OLSON M. Diseconomies of scale and development [J]. Cato journal, 1987, 7(1).

[313] OLSON M. Power and prosperity [M]. New York: Arts & Licensing International, Inc., 2000.

[314] OLSON M. The logic of collective action [M]. Cambridge: Cambridge University Press, 1965.

[315] OSTROM E. A behavioral approach to the rational choice theory of collective action [J]. American political science review, 1998(92).

[316] OSTROM E. Collective action and the evolution of social norms [J]. The journal of economic perspectives, 2000, 14(3).

[317] OSTROM E. Governing the commons: The evolution of institutions for collective action [M]. Cambridge: Cambridge University Press, 1990.

[318] PANCHANATHAN K, BOYD R. Indirect reciprocity can stabilize cooperation without the second-order free-rider problem [J]. Nature,

2004, 432(7016).

[319] PENNISI E. How did cooperative behavior evolve? [J]. Science, 2005, 309(5731).

[320] PICARDI A C, SEIFERT W W. A tragedy of the commons in the Sahel [J]. Ekistics, 1977(43).

[321] PIVEN F F, CLOWARD R A. Poor people's movements: Why they succeed, how they fail [M]. New York: Vintage Books, 1977.

[322] POTEETE A R, OSTROM E. Heterogeneity, group size and collective action: The role of institutions in forest management [J]. Development and change, 2004, 35(3).

[323] RABIN M. Incorporating fairness into game theory and economics [J]. American economic review, 1993, 83(5).

[324] RIVAS M F, SUTTER M. The benefits of voluntary leadership in experimental public goods games [J]. Economics letters, 2011, 112(2).

[325] RUNGE C F. Institutions and the free rider: The asssurance problem in collective action [J]. Journal of politics, 1984, 46(1).

[326] RUSSETT B, SULLIVAN J. Collective goods and international organization [J]. International organization, 1971, 25(4).

[327] SANDLER T, HARTLEY K. Handbook of defense economics, volume 2 [M]. Amsterdam: Elsevier B. V., 2007.

[328] SANDLER T. Collective action: Theory and applications [M]. Ann Arbor: University of Michigan Press, 1992.

[329] SANDLER T. Global and regional public goods: A prognosis for collective action [J]. Fiscal studies, 1998, 19(3).

[330] SANDLER T. Global collective action [M]. Cambridge: Cambridge University Press, 2004.

[331] SCHARPF F W. A game-theoretical interpretation of inflation and unemployment in Western Europe [J]. Journal of public policy, 1987(7).

[332] SCHARPF F W. Ideological conflict on the public-private frontier: Some exploratory notes [R]. Working Paper, 1985.

[333] SCHARPF F W. The joint-decision trap: Lessons from German Federalism and European Intergration [J]. Public administration, 1988, 66(3).

[334] SCHELLING T C. Micromotives and macrobehavior [M]. Hoboken: John Wiley & Sons, 1990.

[335] SCHLESINGER J R. The political economics of national security [M]. Westport: Praeger Press, 1960.

[336] SHANG J, CROSON R. Field experiments in charitable contribution: The impact of social influence on the voluntary provision of public goods [D]. Philadelphia: The Wharton School of the University of Pennsylvania, 2005.

[337] SHANNON C E. A mathematical theory of communication [J]. The bell system technical journal, 1948(27).

[338] SMELSER N J. Theory of collective behavior [M]. New York: The Free Press, 1962.

[339] SMITH A. An inquiry into the nature and causes of the wealth of nations [M]. London: Penguin Classics Press, 1982.

[340] SNIDAL D. Coordination versus prisoner's dilemma: Implications for international cooperation and regimes [J]. American political science review, 1985, 79(4).

[341] STEVENS J B. The economics of collective choice [J]. Boulder: Westview Press, Inc., 1993.

[342] STIGLER G J. The theory of economic regulation [J]. The bell journal of economics and management science, 1971, 2(1).

[343] TAYLOR M. The possibility of cooperation [M]. Cambridge: Cambridge University Press, 1987.

[344] THOMSON J T, GLANTZ M H. Ecological deterioration: Local-level rule making and enforcement problems in Niger [M]. Boulder: Westview Press, 1977.

[345] TILLY C. From mobilization to revolution [M]. New York: Newbery Award Records, 1978.

[346] TILLY C. The formation of national states in Western Europe [M]. Princeton: Princeton University Press, 1975.

[347] TRIVERS R L. The evolution of reciprocal altruism [J]. Quarterly review of biology, 1971(46).

[348] TRUMAN D B. The government process [M]. New York: Knopf, 1958.

[349] TURNER R H, KILLIAN L M. Collective behavior [M]. Englewood Cliffs: Prentice-Hall, 1987.

[350] VAN LANGE P A M, JOIREMAN J, PARKS C D, et al. The psychology of social dilemmas: A review [J]. Organizational behavior and human decision processes, 2013(2).

[351] VICKREY W. Counterspeculation, auctions and competitive sealed tenders [J]. Journal of finance, 1961, 16(1).

[352] VISCUSI K W, VERNON J M, HARRINGTON J E. Economics of regulation and artitrust [M]. Cambridge: MIT Press, 1995.

[353] WHITE T A, RUNGE C F. Common property and collective action: Lessons from cooperative watershed management in Haiti [J]. Economic development and cultural change, 1994, 43(1).

[354] WILSON R. Constraints on social dilemmas: An institutional approach [J]. Annals of operations research, 1985(2).

后记

　　国民经济动员能力问题既是国防和军队建设的重要现实问题，也是国防经济领域的重要理论问题，还是推进国家治理体系和治理能力现代化的重要内容。本书着眼于人民战争的革命历史、优良传统和中国特色社会主义制度的优越性，基于集体行动这个新制度经济学的基本理论和方法，对新时代国民经济动员能力重构的本质、困境和路径，进行了系统的理论分析和案例实证检验，为拓展与深化对经济动员能力的理解提供了新视角，为重构经济动员能力提供了理论依据。

　　本书是笔者在博士学位论文《集体行动视角下的国民经济动员能力研究》的基础上修改完善的。在博士学位论文的写作过程中，笔者得到了导师曾立教授的悉心指导，吸收了黄朝峰教授、吴鸣教授、张伟超教授、李湘黔教授、廖国庚教授、曾华锋教授、谭跃进教授、陈英武教授、顾建一研究员、汤建军研究员、李自力研究员、高建平研究员等专家的宝贵建议，并得到董晓辉老师、郭勤老师、谢玉科老师、谭琦老师、周长峰老师、邹小军老师、纪建强老师、鞠晓生老师、闫仲勇老师、石海明老师等师长及乔玉婷等同门师兄师姐师弟师妹的无私帮助；在本书出版过程中，出版社编辑部老师付出了辛勤劳动，在此一并表示衷心的感谢。同时，对本书所引用文献的作者表示诚挚的谢意。

　　本书力图严谨、准确地表达所取得的研究成果，并希望在研究视野、理论、方法上有所创新和突破，但囿于笔者的能力和水平，书中疏漏与不足恐难避免，望各位专家和广大读者批评指正。

2022 年 6 月 10 日于上海